Manual de recursos cabalísticos

Volumen I

EDUARDO MADIROLAS

Manual de recursos cabalísticos

*Para la iluminación, la sanación
y la resolución de problemas*

Volumen I

EDICIONES OBELISCO

Si este libro le ha interesado y desea que le mantengamos informado
de nuestras publicaciones, escríbanos indicándonos qué temas son de su interés
(Astrología, Autoayuda, Psicología, Artes Marciales, Naturismo,
Espiritualidad, Tradición…) y gustosamente le complaceremos.

Puede consultar nuestro catálogo en www.edicionesobelisco.com

Colección Cábala y Judaísmo
Manual de recursos cabalísticos. Volumen I
Eduardo Madirolas

1.ª edición: abril de 2022

Maquetación: *Isabel Also*
Corrección: *Sara Moreno*

© 2022, Eduardo Madirolas
(Reservados todos los derechos)
© 2022, Ediciones Obelisco, S. L.
(Reservados los derechos para la presente edición)

Edita: Ediciones Obelisco, S. L.
Collita, 23-25. Pol. Ind. Molí de la Bastida
08191 Rubí - Barcelona - España
Tel. 93 309 85 25
E-mail: info@edicionesobelisco.com

ISBN: 978-84-9111-839-8
Depósito Legal: B-3.781-2022

Impreso en los talleres gráficos de Romanyà/Valls S. A.
Verdaguer, 1 - 08786 Capellades - Barcelona

Printed in Spain

Reservados todos los derechos. Ninguna parte de esta publicación, incluido el diseño de la cubierta,
puede ser reproducida, almacenada, transmitida o utilizada en manera alguna por ningún medio,
ya sea electrónico, químico, mecánico, óptico, de grabación o electrográfico, sin el previo consentimiento
por escrito del editor. Diríjase a CEDRO (Centro Español de Derechos Reprográficos, www.cedro.org)
si necesita fotocopiar o escanear algún fragmento de esta obra.

LeShem Yijud Kudshá Berij Hu UShjintéh [יאהדונהי]
BiDjilú URjimú [יאההויההה]
URjimú UDjilú [איההיוהה]
LeYajadá Shem Yud He BeVav He
BYjudá Shelim [יהוה]
BeShem Kol Israel.

Por la unidad del Santo, bendito sea, y su Shejiná *(Tiféret-Zeir Anpin y Maljut-Nukva)*, en temor y amor *(Jojmá y Biná)*, en amor y temor *(Biná y Jojmá)*, para unir el Nombre Yod He con Vav He *(por la energía de En Sof que vivifica y une las letras)* en perfecta unidad *(Kéter)*, en el nombre de todo Israel *(el alma espiritual arquetípica de la humanidad)*.

אֲנִי־אָמַרְתִּי אֱלֹהִים אַתֶּם וּבְנֵי עֶלְיוֹן כֻּלְּכֶם׃

Yo dije: Vosotros sois dioses, y todos vosotros hijos del Altísimo.
(Sal 82, 6)

יְהוָה אֲדֹנֵינוּ מָה־אַדִּיר שִׁמְךָ בְּכָל־הָאָרֶץ

¡Oh, YHVH, Señor nuestro, qué poderoso es tu Nombre en toda la tierra!
(Sal 8, 10)

PREÁMBULO

Éste es un libro de cabalá práctica. En él se explican y detallan varias metodologías y muchos procedimientos concretos. Todo en aras de poner al alcance de la mano un instrumento útil para el desarrollo y bienestar personales, así como para un mejor servicio a los demás.

Desde el punto de vista personal, su propósito es ayudar a conseguir todos los objetivos espirituales del individuo, entre los que también se incluyen los llamados objetivos materiales. No hay dicotomías ni dualismos artificiales y abogamos por una concepción integral del ser humano.

Según la cabalá, el ser humano está presente en todos los planos del ser, y una realización completa debe abarcarlos todos. El estudio y la práctica de la cabalá son como el gimnasio, o el laboratorio, que nos capacitan para desarrollar el modo de vida abierto a las dimensiones interiores y exteriores, desde el Fundamento Divino hasta la circunferencia más externa de la realidad.

Por otro lado, desde la cabalá, todos los seres humanos estamos entretejidos y formamos un alma común a un determinado nivel. Nuestros actos tienen siempre consecuencias para otros. E igualmente los de los demás para nosotros.

Por ello, el desarrollo completo no es sólo una cuestión individual, sino que conlleva una carga colectiva. Tiene una incidencia en el nivel global de la humanidad.

Las cosas están diseñadas para que nos necesitemos, para que nos ayudemos unos a otros. Incluso no puede darse un verdadero crecimiento personal sin que este aspecto se dé, y de una forma desinteresada, no egoica. Porque ésa es la naturaleza intrínseca de la espiritualidad. Y como hemos apuntado antes, toda la realidad es espiritual en el verdadero sentido del término.

Siendo pues estudiantes de cabalá, nuestra obligación es dales un uso práctico a todos los recursos que nos proporciona esta vía regia hacia la espiritualidad profunda.

La recomendación para alcanzar el éxito es ejercitarnos asiduamente hasta que la cabalá sea, por así decir, nuestra segunda piel. O quizá la primera, siendo nuestra envoltura actual una manifestación de esa vestidura de luz que recubre nuestro propio centro divino.

Por eso, aunque somos conscientes de que podría usarse así, éste no es un manual simplemente de fórmulas, sino una invitación a una totalidad de práctica, a alcanzar un estado y estatus de Baal Shem, es decir, señor o maestro del Nombre, alguien con capacidad y autoridad espiritual para utilizar los Nombres de Dios —el instrumento fundamental de la cabalá— no sólo para el propio desarrollo personal, sino para el beneficio de todos los seres.

Por supuesto que esto es algo que sólo la Deidad —sea cual sea la advocación bajo la que nos relacionamos con Ello— puede conceder. Y exige como condición necesaria un alto grado de realización espiritual, o al menos un programa constante de trabajo intenso en uno mismo. Éste es un requisito indispensable.

Insistimos: éste no es un texto de introducción a la cabalá, cuyo conocimiento se supone ya suficientemente asimilado. Hay varios libros que pueden llenar esa función, en particular los escritos por este autor:

—*El camino del Árbol de la Vida. Un curso de introducción a la cabalá mística.* (2 vols. Editorial: Equipo Difusor del Libro).

—*Senderos en el jardín de la Conciencia. Manual de meditaciones cabalísticas.* (Equipo Difusor del libro).

—*La cábala de la Mercavá.* Edición digital: www.lacabaladelaluz.com

Es bueno que la persona conozca varias aproximaciones para encontrar la suya propia, y existen en el mercado muchos otros libros, clásicos y modernos, tanto de teoría como de práctica.

Una última consideración: éste es un libro abierto y muy empírico. Incorpora una buena dosis de la práctica personal del autor. En modo alguno es una obra dogmática.

Su finalidad es didáctica. Pretende estimular al lector a que experimente, decida por sí mismo y abra su propia vía. Está claro que sólo se puede avanzar en el camino recorriéndolo. Y tal como se apunta en el libro cabalístico del Bahir: el practicante comete errores, pero hereda el camino de vida.

Un camino que está abierto para todo el que quiera recorrerlo.

Nota: Muchos de los procedimientos y prácticas que aparecen en esta obra han sido ya descritos en los tres libros de referencia anteriores. En aras de la completitud, se han reintroducido aquí, algunos con modificaciones o reinterpretaciones, otros sin cambios.

Introducción

Puede parecer redundante, pero cabalista es la persona que vive según la cabalá, o mejor dicho, que vive la cabalá, que ha hecho de ella segunda naturaleza. Eso se extiende a todos los ámbitos de su ser, no sólo a los aspectos mentales y supramentales, sino también y principalmente al modo de vida.

Es necesario recalcar que el nivel de realidad que queremos alcanzar y manejar es el de la causalidad profunda, un nivel apenas entrevisto por los paradigmas materialistas y fenomenológicos dominantes.

A pesar de ello, la misma ciencia actual, en su vanguardia, nos proporciona los modelos cognitivos sobre los que construir una nueva visión del mundo que fundamente nuestra práctica.

Nos referimos a conceptos tales como «dimensión», aumentando su número más allá de las tres espaciales e incluso de la dimensión temporal. Eso nos da pie a hablar de dimensiones abstractas (energéticas, espirituales) como interpenetrando los pliegues de la realidad ordinaria. Lo cual nos evita tener que recurrir a conceptos espaciales de lugar (como «cielos», etc.), y nos permite asumir existencia y presencia en esas dimensiones (alma, espíritu…).

O el concepto de «campo», como una propiedad extendida en todos los puntos, con sus «cuantos» (portadores energéticos) y las partículas sobre las que actúan sus fuerzas. Podemos hablar entonces del campo de la conciencia o del campo de pensamiento, o de otros, de los cuales los seres son las «partículas» que interactúan con esos campos (lo que admite la objetividad del pensamiento, por ejemplo).

También el programa de unificación de las fuerzas, que nos confirma el punto de vista de la unidad de la Fuente y el esquema emanatorio que utiliza la cabalá.

Por no hablar del panel de propiedades que rigen el nivel cuántico:

- Dualidad onda-corpúsculo que nos permite hablar de una identidad definida (partícula) al tiempo que de una cualidad vibratoria extendida por todo el espacio (onda)
- El colapso de la función de onda, asumiendo que el estado de la realidad es una superposición de todos sus estados posibles, los cuales colapsan a unos valores concretos con la observación.
- El papel del observador (y por tanto de la conciencia) en el colapso anterior de la función de onda y en la determinación del tipo de realidad que se concreta (teniendo en cuenta la dualidad onda-corpúsculo).
- El principio de incertidumbre, que mina los parámetros de una realidad unívocamente determinada.
- El entrelazamiento cuántico, que incide directamente sobre la realidad del par sujeto-objeto poniendo en tela de juicio la independencia o preponderancia de uno sobre otro y, como corolario, propugnando la unidad esencial de todas las cosas.
- El concepto de vacío cuántico como un estado de máxima energía potencial, y un largo etcétera.

Lo cual nos abre a todo un abanico de posibilidades de concepto y de lenguaje a la hora de basar nuestra práctica.

Así, decimos que queremos alcanzar un plano, a veces llamado **el campo único o unificado,** anterior a todo (como el vacío cuántico), que no solamente es energético (en la concepción más general posible del concepto de energía como potencial), sino también cognitivo (un campo de conciencia).

En lenguaje cabalístico, llamaríamos a este nivel Dáat o Conocimiento, un nivel básico de información en estado de superposición que, tras el colapso de sus posibilidades inherentes, se dividirá en conocedor (sujeto), conocido (objeto) y el modo de interacción entre ambos (lenguaje en sentido amplio).[1]

Es desde este nivel –que no sólo es pasivo, sino causal-activo– desde donde se pueden generar cambios significativos y positivos en nuestra vida y en la realidad global.

Pero no podemos hacerlo desde fuera, sin involucrarnos personalmente, porque nosotros mismos somos partículas o cuantos de ese campo.

Por eso, el operador –el cabalista– es tan importante como la operación en sí (la fórmula utilizada). Hay una serie de cualidades, como fe, confianza, serenidad, desapego respecto de los resultados, que es necesario que la persona asuma para que el trabajo «funcione», es decir, se realice la intención (para que tenga lugar la curación deseada, etc.).

Resaltamos también la importancia del lenguaje y no nos referimos solamente a los lenguajes verbales, sino también a todo el marco de categorías que conforman nuestra experiencia de la realidad.

Porque lo que llamamos Realidad es una resultante de la interacción de estos tres polos irreducibles entre sí: sujeto, objeto y lenguaje. No podemos borrar de la ecuación ni el polo subjetivo, ni el objetivo, ni el tercer elemento de mutua comunicación (interacción, relación).

Por tanto, siempre debemos estar trabajando de hecho en los tres planos simultáneamente, si bien tendemos a dar preponderancia a uno o a otro como punto de partida.

Podemos empezar estudiando un nuevo lenguaje operativo –el lenguaje de la cabalá– que, puesto en práctica, redundará por un lado en cambios subjetivos, con una transformación de la personalidad que devenga en un nuevo sentido de identidad y un estado de conciencia ampliado, y por otro en resultados objetivos que se pueden reflejar en el entorno de la vida personal y en cambios en la realidad externa.

---

1. Se habla así del lenguaje de la realidad o del lenguaje de la naturaleza, que presupone implícitamente un modo de interacción sujeto-objeto.

Éste es el modo tradicional de enseñanza y aprendizaje en prácticamente todas las disciplinas no empíricas. Aprender un lenguaje, que implica un modo de ver la realidad y la vida, y hacerlo actuar en uno mismo (prácticas de desarrollo personal) o en el entorno (tecnología espiritual o cabalá práctica y tecnologías o técnicas materiales).

Porque hay que tener en cuenta que en la cabalá, el lenguaje no es un ente pasivo, simplemente un espejo, más o menos translúcido de la realidad. El lenguaje es también creador: según el Génesis, el lenguaje es el Logos creador de todo lo que existe («Y dijo Dios...»).

¿No puede ocurrir que la realidad sea como un «modelo» del lenguaje (en el significado semántico del término), es decir, una estructura que verifica o valida las proposiciones lingüísticas?

¿No puede ocurrir que la realidad nos responda en los términos del lenguaje con el que la estamos interrogando?

Después de todo, ¿dónde sucede el mundo? ¿Ahí afuera o en el sistema nervioso? ¿Qué resulta ser, por tanto, exterior y qué interior?

Estamos hablando de lo que se llaman realidades entrelazas: una hace referencia a la otra y viceversa.

De hecho, se trata de una terna: hay un nudo gordiano que enlaza inextricablemente los vértices del triángulo objeto/lenguaje/sujeto.

La filosofía antigua da preponderancia al objeto (el mundo existe «ahí afuera» independientemente de que haya sujetos que lo perciban), y es tildada de realista ingenua.

La filosofía moderna parte del sujeto (teoría del conocimiento que comienza en el famoso «pienso luego existo»), y termina en un idealismo a ultranza.

La filosofía contemporánea –y posiblemente la futura– necesita enfatizar el tercer término, el lenguaje, pero en sus tres campos de semántica (relación con el objeto), pragmática (relación con el sujeto) y sintaxis (relación consigo mismo).

La ciencia contemporánea (léase física cuántica) se halla perpleja ante las paradójicas intersecciones de los tres términos (papel del observador, estatus de la partícula elemental, etc.).

El cabalista opta radicalmente por una visión monista, devolviendo a la palabra su estatus ontológico y creador. Los tres vértices son uno y el mismo. Existen actualmente como «separados» para determinado nivel de conciencia, el cual es una fase de desarrollo o desenvolvimiento de un «algo» único omniabarcante. Éste es el modo en el que considera al lenguaje (sagrado) en el cual está escrita la Torá.

Quizá si utilizamos la palabra «programa» (de *software*) en vez de «lenguaje» y consideramos la realidad (objetiva y subjetiva) como un metaprograma (pues todo orden conlleva inherentemente una cantidad de información) procesado por la «maquinaria cósmica», tendremos una imagen plástica de lo que se quiere decir.

Quizá en lugar de maquinaria, y ya que ella misma debe formar parte del programa (entrelazamiento), habría posiblemente que utilizar conceptos como «inteligencia universal» o «mente divina».

El centro integrador, que da dirección y sentido a todo ello desde una «dimensión vertical»,[2] movilizando al mismo tiempo las energías necesarias, es nuestra realidad trascendente, llamémosle nuestro propio **ser** (o self) **arquetípico**.

Podemos concebirlo analógicamente como un «fotón» o cuanto de la Luz Infinita, que es transpersonal (en el sentido de que está más allá de ese triple Dáat reunificado). Podríamos quizá llamarle Voluntad, dando también a este término un sentido trascendente, más allá de la voluntad personal egoica.

Es este punto o nivel el que aspiramos a activar con nuestro aprendizaje y nuestra práctica: el principio rector o director de nuestras vidas y circunstancias, presente siempre desde nuestro subconsciente, generalmente no percibido y más bien bastante bloqueado por la unilateralidad de nuestra orientación consciente y por las capas de rutinas, hábitos y complejos mentales y emocionales que llevamos sobreimpuestos. De hecho, está dos mundos (cabalísticos) por encima del plano de lo físico espacio-temporal.

---

2. Es la forma de trascender el entrelazamiento, dando una dimensión extra.

Para conectar con este centro es para lo que aprendemos y utilizamos el lenguaje de la cabalá, para que con una nueva categorización de la Realidad –un nuevo mapa, que es un mapa de la Conciencia– podamos acceder a distintos paisajes mentales y energéticos. Y para que podamos manejarlos de una forma creativa y positiva. Nosotros mismos, como uno de los vértices del triángulo del Dáat, también nos transformaremos en el proceso, ya que formamos parte de las ecuaciones.

¿Dónde ubicaríamos este nivel causativo en nuestro esquema cabalístico del Árbol de la Vida (y empezamos así a interaccionar con el lenguaje)?

En el Árbol extendido[3] en los cuatro mundos *(véanse* figuras 1y 2), el lugar del ser o self trascendente –el Yo Arquetípico transpersonal– es el punto sefirótico del Tiféret del mundo de Briá, que es asimismo el Maljut de Atsilút y el Kéter de Yetsirá (punto 4 en la figura).

Técnicamente no es sólo el Tiféret de Briá, sino, de hecho, todo lo que se conoce como el Zeir Anpin o Rostro Menor briático (hexagrama de la figura 1). Es una estructura que abarca desde el Dáat de Briá/Yesod de Atsilút (punto D) hasta el Yesod de Briá/Dáat de Yetsirá (punto 5).

Incluye además a las sefirot Jésed y Guevurá de Briá, Nétsaj de Briá/Jojmá de Yetsirá y Hod de Briá/Biná de Yetsirá, además del Tiféret nombrado anteriormente.

---

3. Es necesario para lo que sigue un conocimiento fehaciente del esquema del Árbol extendido. Remitimos al lector a los capítulos 2 y 3 de mi libro *La cábala de la Mercavá,* que se halla disponible en Internet, tal como se referencia en el preámbulo.

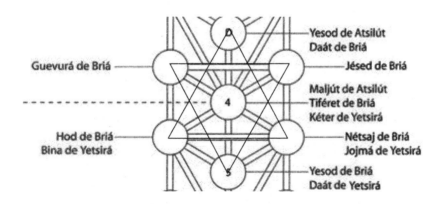

Figura 1. Hexagrama de Tiféret de Briá

Es, de hecho, el submundo yetsirático del mundo de Briá, representado geométricamente por un círculo de centro Tiféret y radio desde Tiféret a cualquiera de los dos Yesodot, que son equidistantes *(véase figura 3).*

Tiféret–centro es el principio de identidad que rige esa estructura y representa a toda ella.

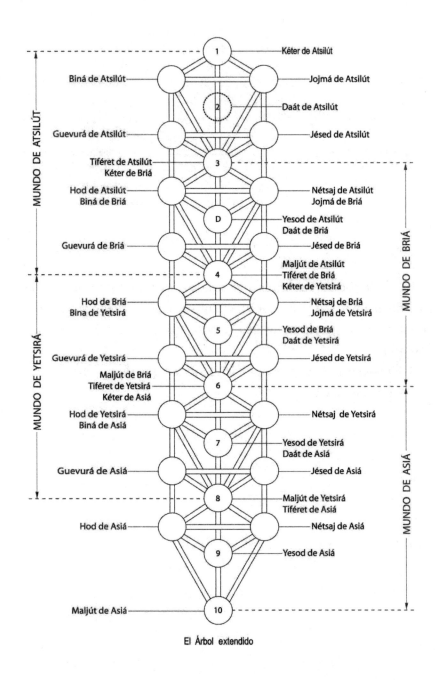

El Árbol extendido

Figura 2

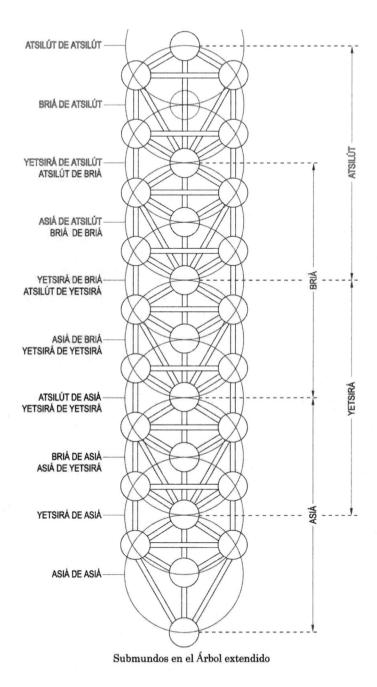

Submundos en el Árbol extendido

Figura 3

Debemos tener claro el esquema de los mundos cabalísticos. Briá es el plano metafísico, de ser puro, de energías arquetípicas. Asiá es el plano físico, de la materia/energía, el espacio y el tiempo. Y Yetsirá es el plano de la psique, de la mente y sus contenidos. Por supuesto, los mundos están solapados, con la coincidencia del rostro superior de un mundo con el inferior del inmediato superior.

El Yesod de Yetsirá (n.º 7 en la figura 2) es el centro de la **personalidad egoica**, normalmente el mundo desde donde se procesa –como Dáat de Asiá– la experiencia convencional en el mundo. Es el plano en el que en la actualidad opera el ser humano promedio preindividualizado.

En la escalera de los mundos, el siguiente estadio psicológico evolutivo corresponde al Tiféret de Yetsirá (n.º 6). Es el **self o sí mismo** psicológico y el verdadero centro de la psique. Acceder a este nivel supone un alto grado de individuación de los arquetipos personales (como la sombra o parte oscura de la psique) y de integración de éstos en un conjunto armonioso que se convierte en un nuevo centro operativo.

En general, esto conlleva un proceso de autoconocimiento y de trabajo en uno mismo más o menos problemático según cuál haya sido el punto de partida. Y, sin embargo, este estado tiferético del self (n.º 6) es el lugar natural del ser humano, el punto que todos estamos llamados a ocupar.

Tiféret de Yetsirá es también Maljut de Briá, el estrato más denso del mundo del ser, el estado correspondiente al «cuerpo físico» del mundo de las cualidades puras. De ahí la intensidad de «ser auténtico» que acompaña a ese nivel.

En cualquier caso, es la resultante de la pauta arquetípica –la vasija– de la persona para la encarnación presente.

También es el Kéter de Asiá, por tanto, el foco de donde brota la acción del sujeto según esa pauta.

Es posible que se trate de una acción desde detrás del escenario, percibida sólo de una forma semiinconsciente cuando se está operando desde el ego yesódico.

Desde Tiféret trabajamos por abrirnos a Dáat de Yesirá (n.º 5), que es Yesod de Briá, el Fundamento verdadero desde donde cuelga, por así decir, esa fulguración de energía consciente que es nuestra psique y nuestro cuerpo. A la estructura de identidad correspondiente le damos el nombre de **Yo sutil** (de naturaleza psicoespiritual), o más corrientemente, «**alma**».

Es en ese punto donde se da la confluencia entre sujeto, objeto y lenguaje de comunicación de la que hablamos al principio; o, dicho de otro modo, unificación de conocedor, conocido y acto de conocimiento.

En sentido descendente, en Dáat todavía no ha tenido lugar el colapso de la función de onda —por utilizar la nomenclatura de la mecánica cuántica— que contiene toda la información respecto a nosotros.

Al decir colapso, nos referimos a tomar unos valores concretos de subjetividad —un polo de identidad personal— y de objetividad —de las circunstancias vitales en las que se desenvuelve esa identidad—. Ambas facetas, más su interfase, no son independientes entre sí, sino que constituyen una realidad entrelazada.

Antes de esa valoración concreta (colapso), es decir, antes de devenir en una individualidad unida inseparablemente a unas circunstancias específicas de su desenvolvimiento, somos una superposición de posibilidades energéticas. ¿Quién o qué establece esa actualización a una vida determinada? Dicho de otro modo, ¿quién o qué provoca el colapso de nuestra función de onda?

La respuesta es esa entidad que hemos llamado el **ser o self trascendente transpersonal** que ubicábamos en Tiféret de Briá y Kéter de Yetsirá (n.º 4). A veces se le ha llamado la **Mónada**, el **Yo Superior**, la **Neshamá Suprema** y modernamente el **Yo Cuántico**. Lo hemos definido antes como un cuanto o fotón —valga la analogía— de la Luz Infinita.

Su naturaleza es Divina. También es el Maljut de Atsilút y, por tanto, forma parte de esa realidad a la que damos el nombre de Shejiná o Presencia Divina. Podemos asimismo usar la metáfora de considerar esta mónada como un átomo del cuerpo de Dios.

Por supuesto, por encima de él, ella o ello, está el Yesod de Atsilút/Dáat de Briá (letra D, sin número en la figura), el **Espíritu de Dios** (aleteando sobre la superficie de las aguas de la Creación) que como Yesod recibe y canaliza todas las emanaciones del mundo de Atsilút, en particular del Tiféret de Atsilút y Kéter de Briá (n.º 3), el **Dios Único y el Creador**.

No se piense, sin embargo, que en la vida de la persona todo está rigurosamente configurado. Queremos decir, después de ese colapso de la función de onda, pasando el Dáat de Yetsirá en sentido descendente, de forma que al individuo sólo le queda vivir una pauta de acontecimientos predeterminados. No; estamos hablando de estructuras dinámicas, no sólo en horizontal, en el intercambio self-mundo, sino también en sentido vertical.

La realidad colapsada es sólo un punto de partida. La enseñanza de que esta vida es una escuela de experiencia en aras de la actualización de ese ser superior transpersonal es básica y un buen fundamento de actitud positiva. Hay evolución, hay crecimiento, hay cambio.

Por supuesto, también hay inercias y rigideces, pero una vez abiertos al flujo energético del pilar del medio —y al aumento resultante tanto en la extensión como en la elevación del nivel de conciencia—, las posibilidades son inmensas. En esencia, todo se hace posible.

De ahí que ése sea el trabajo del cabalista práctico, contactar con su ser transpersonal (éste, siendo de la naturaleza de un «fotón» o cuanto de Luz Divina, se halla en armonía con la Voluntad Suprema) y hacerlo efectivo en la vida práctica, previa la transformación de su ser personal inferior para adaptarlo a su realidad superior y para ser un agente activo y positivo en la evolución humana.

Ése es el objetivo y el tema del presente libro. ¿Cómo llevarlo a cabo?

La obra está dividida en dos partes. Para utilizar este libro es importante tener una visión global de los elementos del lenguaje cabalístico y profundizar en los recursos más utilizados a lo largo de toda la obra, como el uso intensivo de la guematria (valores numéricos) y de los 72 Nombres de Dios, entre otros. También de las técnicas básicas de meditación, oración y, en general, activación energética (puede ser ritual).

La primera parte (**caps. 1 al 4**) trata del desarrollo personal, de alcanzar el estado de conciencia al que aludimos antes, con una serie de ejercicios progresivos de meditación y trabajo en uno mismo.

En otras obras *(véase* el preámbulo) hemos propuesto ejercicios y prácticas de distinta índole, pero quizá el estudiante pueda sentirse desbordado por su número. Nos proponemos ahora trabajar a modo de síntesis lo que sería un sistema integrado de práctica en varias fases a lo largo del pilar del medio del Árbol extendido.

La segunda parte es la de los recursos prácticos propiamente dichos. Las posibilidades son inmensas y necesariamente nos hemos restringido a algunos campos de aplicación directa. Son los capítulos **del 5 al 12**, de los cuales el quinto, sobre el uso de los Salmos, y el sexto, sobre los nombres de 42 y 72, se incluyen en el presente volumen I (*véase* índice al final). En el volumen II se completa esta segunda práctica con los siguientes capítulos:

7. El cuerpo de luz.
8. Sanación.
9. Recursos generales.
10. La carta natal. Reprogramación.
11. Adivinación. El Tarot cabalístico.
12. Guía para la práctica diaria avanzada.

La idea es que tras el «ascenso» en conciencia de la primera parte, en esta segunda «descendemos» para canalizar y extender las energías superiores en el servicio a los demás y en aras de la gran obra del tikún olam.

Es hacernos, con el permiso Divino, canales activos de la Gracia y la Bendición de los mundos superiores. Esto es el todo de la presente obra.

PRIMERA PARTE

DESARROLLO PERSONAL

CAPÍTULO 1

El Yo Cuántico

Principios generales

Vivimos bajo la ilusión de la existencia egoica, como seres separados, encapsulados frente a un medio o entorno que reconocemos como independiente de nosotros.[1] Nuestra conciencia se despliega en lo que se llama mojín de kadnut, conciencia pequeña o restringida. Sabemos, siquiera en el fondo de nosotros mismos, que somos mucho más que eso, tanto en el aspecto encarnado (nuestra vida actual) como trascendente (nuestros planos superiores).

A partir de Tiféret[2] (el Self) se abre el estado de conciencia que definimos como mojín de gadlút, conciencia expandida, que es como un embudo que se va dilatando según la conciencia asciende por el Árbol de la Vida y accede plenamente al Dáat de Yetsirá,[3] el asiento de lo que llamamos Yo sutil (o simbólico-psíquico).

Pero la conciencia «individual»[4] no alcanza su máximo –mojín iláh, conciencia suprema– sino cuando alcanza el siguiente nivel, el Kéter

---

1. Punto 7 de la figura 2 (introducción)
2. Punto 6. *Ibid.*
3. Punto 5. *Ibid.*
4. Lo escribimos entre comillas porque es, de hecho, un nivel transpersonal.

de Yetsirá o Tiféret de Briá,[5] cuya estructura de identidad es lo que llamamos Yo Cuántico, entre otros nombres (Neshamá Suprema, Mónada, Yo Arquetípico, Yo Superior…).

Por supuesto, por encima están los niveles propios de la Deidad Atsilútica, el Yesod del Espíritu de Dios[6] (Rúaj Elohim), el nivel de Tiféret del Dios único[7] (HaEl HaEjad, Conciencia Omniabarcante), que sería como el Self Divino, y los dos niveles últimos de la Conciencia Pura sin Forma o Vacío (Ayin; Dáat) y de la Infinitud Divina (Ein Sof, identidad de vacío y forma).

Pero hay que tener en cuenta que el Yo Cuántico es también Divino. Es el Maljut del mundo de Atsilút, un átomo metafórico de la Shejiná,[8] y la canalización de lo Atsilútico Divino se realiza a través de ese conducto. No hay discontinuidad. No hay contradicción.

El Yo Superior, cuántico, es por lo que a nosotros respecta, el verdadero mago. Y ese nivel, elevadísimo sin duda, es sin embargo accesible a nosotros. Siempre que se den, claro está, los supuestos de intensa práctica y desarrollo espiritual que son condición necesaria. La condición suficiente es la propia Gracia Divina. Pero ahí no podemos entrar, pues se trata de la propia relación personal del aspirante con Dios.

Así pues, nos detenemos en ese punto. El esquema progresivo es el siguiente:

Yo mental (Ego): Yesod de Yetsirá → Self psicológico (Tiféret de Yetsirá) → Yo sutil: alma (Dáat de Yetsirá) → Yo Arquetípico causal (cuántico) (Kéter de Yetsirá).

---

5. Punto 4. Fig. 2. Nótese que hemos ascendido todo el mundo de Yetsirá.
6. Punto D. *Ibid.*
7. Punto 3. *Ibid.*
8. Y a pesar de esta nomenclatura no hay partes ni divisiones en lo Divino.

Yo mental (Ego)		Yo Arquetípico (cuántico)
Plano de lo fenoménico →	Self y Alma →	Plano de lo eterno
Mojín de kadnut → (Conciencia restringida)	Mojín de gadlút → (Conciencia expandida)	Mojín Iláh (Conciencia suprema)
Ilusión de la → existencia inherente		Cuanto de la Shejiná

Para actuar en Maljut, Tiféret necesita a Yesod. Eso se da en todos los mundos. El Yo Cuántico (el self arquetípico trascendente) no actúa directamente, sino a través del Yo sutil o alma. Este Yo, que es un Yesod (de Briá) opera sobre su Maljut, que es el Tiféret de Yetsirá, el self psicológico.

La unidad evolutiva en una encarnación es el self psicológico (Tiferético), que a su vez se representa en el ego (Yesódico) como regente y en el vehículo físico (en Maljut) como ejecutor.

La unidad evolutiva en el ciclo de encarnaciones es el self trascendente (Yo Cuántico) que opera a través del alma (¡el Yo Cuántico es el Espíritu!) que es el Yesod de Briá y Dáat de Yetsirá, directamente sobre el self psicológico (que es Tiféret de Yetsirá).

Dáat de Yetsirá/Yesod de Briá (el yo sutil, el alma) es la mátriz interdimensional, la interfase entre el mundo espiritual y el mundo psicológico. Contiene la función de onda Yo/Mundo (conocedor/conocido) antes del colapso en una vida concreta. Como espejo (Yesod) de la conciencia espiritual (Briá) contiene la información relevante a nuestra encarnación actual.

El plano de lo eterno (Briá), por contraste con lo fenoménico, está por encima del principio de las causas locales (principio de no localidad). En este plano todo se despliega en un constante estar presente de la Conciencia, sin los condicionantes de las categorías usuales de la mente: espacio, tiempo, sujeto, objeto, fenómenos... Es en este nivel en el que podemos actuar.

Para entender adecuadamente este nivel, vamos a dar un rodeo por el campo de la mecánica cuántica:

Hablamos de la aplicación de la metodología que se deriva de la mecánica cuántica a la visión del mundo que siempre ha propugnado la sabiduría perenne, y en particular la cabalá.

Notas sobre el paradigma cuántico:

Un sistema cuántico (una o varias partículas, estamos hablando a nivel microscópico) queda descrito por una función de onda (más técnicamente, por un vector en un espacio de Hilbert) en la que están en superposición todos los estados posibles del sistema.

Esta onda es, pues, una onda de posibilidad. Con ella podemos calcular la probabilidad de que el sistema se halle en determinado estado: posición, energía, etc.

Debemos, por tanto, evitar por ejemplo la imagen clásica del electrón, por ejemplo, como una minúscula esfera sólida que gira cual planeta alrededor de un núcleo. Es más exacto imaginarlo como una nube de densidad de presencia extendida por todo el espacio.

Si algo se hace presente... ¿para quién se hace presente? El factor de conciencia es algo que no se puede eliminar de las ecuaciones. Y si la esencia de una partícula es que se puede decir si está aquí o no, quiere decir que su esencia es información. Una partícula es como un bit de información. Buceando en pos de la sustancia no encontramos nada sustancial, sino más bien mental. La función de onda es una función de información. Generalizando: **la esencia de la realidad es Dáat, Conocimiento** (lo que nos ubica de nuevo dentro del Árbol de la Vida).

Un sistema físico no es algo dado, sino una superposición de estados posibles, y no asume, por tanto, una manera de ser o estado concreto hasta que no lo observamos de alguna manera. En el acto de observación la función de onda colapsa en un conjunto de valores determinado que define el estado del sistema (y podemos dar valores a su posición, su movimiento, su energía, etc.).

Existen diversas representaciones de un mismo sistema que son complementarias entre sí: una partícula a veces se comporta como tal y a veces como una onda. Es la famosa dualidad onda-corpúsculo. Y es el tipo de experimento que programemos, es decir, el tipo de observación que hagamos, el que determina si vamos a obtener una onda o una partícula; dos realidades que en esencia son complementarias, incluso contradictorias: una onda es una vibración extendida en el espacio; una partícula es algo localizado, con unos valores de posición y velocidad determinados (dentro de los límites que permite el principio de incertidumbre de Heisenberg).

Dando un salto metodológico, podemos generalizar y suponer que existen dos representaciones complementarias de la realidad: cuando contemplamos ésta como un conjunto de entes separados, singularizados, cada uno con su propia historia o trayectoria en el espacio-tiempo, estamos teniendo una visión tipo partícula; cuando contemplamos la realidad como una unidad omniabarcante, tal como si observáramos la superficie de un estanque con sus miríadas de vibraciones y ondulaciones, interpenetrándose y en superposición unas con otras –pero sin singularizarlas más que como un recurso descriptivo en aras de la argumentación–, estamos teniendo una visión tipo onda de la realidad.

La primera visión se llama en cabalá Árbol del Conocimiento del Bien y del Mal. La segunda se llama Árbol de la Vida. Cuando nos experimentamos a nosotros mismos como yoes únicos, definidos y separados de los demás y del mundo, que entonces experimentamos de una forma fragmentada, múltiple, finita (es decir, cuando nos experimentamos como partícula), estamos en el Árbol del Conocimiento del Bien y del Mal, el árbol de las dualidades. Cuando nos experimentamos de forma transpersonal como representaciones o manifestaciones de la conciencia única universal, en unidad esencial, por tanto, con todas las cosas (es decir, cuando somos una onda extendida por todo el campo de lo existente), estamos en el Árbol de la Vida.

Ambas representaciones son excluyentes. No podemos estar al mismo tiempo en las dos. Sí podemos oscilar de una a otra, en estado de flujo con el proceso de la conciencia universal, ya que ambas son necesarias y la realidad absoluta es una, se manifieste como se manifieste.

Nos podemos preguntar, ¿quién realiza el colapso de la función de onda (que, recordemos, crea el mundo a unos estados definidos)? ¿El aparato de medida, en el caso de un experimento con partículas? No tiene sentido. El aparato es también un sistema hecho de partículas, un objeto cuántico descrito por una función de onda que debería superponerse a la de las partículas del experimento y, ciertamente, no colapsarlas. ¿Es el observador? Sí, pero ¿qué del observador? ¿El cerebro? Resulta que también es un sistema cuántico en superposición de interferencia con el experimento. ¿Por medio de qué mecanismo se efectuaría el colapso?

Sólo cabe una respuesta coherente. Es la conciencia, como realidad de orden superior, la que realiza este colapso, que incluye tanto al observador como lo observado.

La conciencia realiza simultáneamente una representación de un polo subjetivo, con el que se identifica, y un polo objetivo, que se observa, tal como el Dáat o conocimiento se divide en conocedor y conocido *(véase* la introducción). Pero ambos polos (en cabalá es el andrógino Adam que es dividido en Ish e Ishá, posteriormente Adam y Javá, conciencia subjetiva y conciencia objetiva) están mutuamente referidos el uno al otro. Forman lo que se conoce como una jerarquía entrelazada. No hay modo de salir de ella salvo trascendiéndola, es decir, dando el salto a esa conciencia transpersonal o universal, de la que todo son representaciones.

Por supuesto que esto, si se quiere explicar, es más complicado. Hablaríamos de colapso en diversos niveles, es decir, con representación en diversos niveles, que son los mundos de la cabalá. Pero queda un aspecto importante por tratar: **el principio de no localidad.**

Es el de la vinculación o coordinación de dos sistemas que, desde nuestro punto de vista, funcionan como si se produjera una trasmisión instantánea de información. Esto contradice la física clásica, incluyendo la relatividad, en la que cualquier trasmisión entre dos sistemas físicos no puede realizarse a velocidad superior a la de luz. Es decir, las cosas están ligadas a un lugar del espacio-tiempo (localidad) y las interacciones con otros sistemas se propagan a la velocidad máxima de 300 000 km/s.

No es así en la mecánica cuántica, en sistemas que han estado vinculados y, por tanto, que han sido descritos por una misma función de onda. Aunque dos partes de ese sistema se hallen en un momento dado a una distancia mayor que la alcanzable por la velocidad de la luz, sucede que un cambio en una parte es registrado automáticamente en la otra, la cual cambia también consecuentemente, sin que haya mediado ningún tipo de trasmisión por medio físico alguno conocido. Es el principio de no localidad. Está comprobado experimentalmente (por Aspect y otros).

Podría objetarse que este principio sólo funciona para sistemas microscópicos. Sucede, sin embargo, que si el universo todo procede de un Big Bang, en los instantes primigenios este universo era microscópico y un objeto plenamente cuántico, por lo tanto, podemos deducir que esta vinculación no local se da en todo el universo y a todos los niveles.

En línea con el razonamiento anterior, podemos deducir que la vinculación no local se produce al nivel de la conciencia; no de la conciencia egoica (mojín de kadnut), inmersa ella misma en el colapso de la función de onda cósmica, sino de la conciencia primordial (mojín iláh), el agente causal del colapso, cuyo medio pleromático es un espacio de pura posibilidad o potencialidad. Y lo que hemos llamado mojín de gadlút, o conciencia expandida, es el espacio psíquico que media entre ambas.

En el nivel macrocósmico, la conciencia primordial (de la cual nuestro Yo Superior es un canal) elige de entre todas las posibilidades la que llamamos el universo (y que se crea en cada instante, en sincronicidad con los sujetos/objetos, pues éstos son el resultado del Dáat fragmentado). Así, todo objeto (o sistema, o acontecimiento, etc.) está vinculado con todos los demás en la conciencia a través de la no localidad.

Entendemos que esta vinculación no local –esta ventana no local que se abre entre todas las dimensiones, a todos los niveles, con tal de que se «ascienda» suficientemente en el nivel de conciencia– es la justificación cuántica de toda la fenomenología mística y esotérica. También nos permite ser creadores de nuestro propio mundo, siendo el espacio propio del Yo Cuántico, nuestro Yo Superior.

Es, de hecho, la fuente de la verdadera creatividad, al posibilitar entrar en fase vibratoria con la conciencia universal, y por tanto con el espacio de superposición de posibilidades antes de que se produzca el colapso que crea el mundo en general, y nuestra realidad en particular.

El futuro no está escrito. Es un conjunto de posibilidades en superposición. Podemos elegir. Ciertamente no con nuestra conciencia egoica tipo partícula, que aquí identificamos con nuestra conciencia yesódica (en Yetsirá). Aquí nuestro margen de maniobra es limitado. Lo que determina nuestras elecciones es nuestra presencia (identidad tipo onda) en la conciencia universal, lo venimos llamando **el Yo Superior, la Neshamá Suprema, el atman, el Yo Cuántico, y otros.**

Para acceder a este nivel es un paso necesario profundizar en nuestra identidad, entrar en relación de jerarquía entrelazada (dependencia mutua) con todo lo que nos rodea, aflojar las fronteras de la separatividad, superar la dicotomía yo/mundo, percibiendo que esto forma parte de la unidad superior del Dáat (de Yetsirá), que a su vez es la manifestación y modo de acción del Espíritu (el Tiféret de Briá, el Yo Superior). Ésta es nuestra verdadera morada, desde donde se proyecta nuestra verdadera Voluntad.

Dado que estamos –si bien como Maljut– participando de lo Divino Atsilútico (y como hemos dicho antes no hay partes en lo Divino), nuestra Voluntad superior está en total armonía con la Voluntad Divina. Pensar que ahí puede haber algún tipo de discontinuidad es una treta de nuestro ego.

Para caracterizar de una forma más precisa este nivel, incluyo unos extractos de mi libro *El camino del Árbol de la Vida*, que a su vez contienen unas citas del libro *Los tres ojos del conocimiento* de Ken Wilber. Están en otro lenguaje descriptivo, pero que se puede superponer directamente con nuestro esquema cabalístico:

«La estructura profunda de este siguiente peldaño en la escala jerárquica del ser corresponde «… a la de la *forma arquetípica* [Yo Superior], caracterizada por la *iluminación*, la *intuición* y el comienzo de la *gnosis* transmental [Tiféret de Briá]. Así pues, este dominio no es *informe*, o absolutamente trascendente, sino que expresa una profunda penetración en las formas arquetípicas fundamentales del ser y de la existencia, en las formas más sutiles de la mente, del ser y de la deidad manifiesta». Y, un poco más adelante, dice: «En cualquier caso, el hecho es que la conciencia, en un rápido ascenso, termina diferenciándose completamente de la mente y del yo cotidianos, y por ello puede denominársela "superyo" o "supermente" (algo parecido a calificar al ego mental de "supercuerpo" o de "superinstinto" por el hecho de superar y trascender las simples sensaciones y percepciones del tifón [el segundo de los estadios en la psicología evolutiva de Wilber]. La supermente supone tan sólo una trascendencia de las formas mentales inferiores, revelando, en su cúspide, una intuición de lo que está por encima y es anterior a la mente, al yo, al cuerpo y al mundo, algo que, como hubiera dicho santo Tomás de Aquino, todos los hombres y mujeres llamarían Dios. Pero éste no es un Dios ontológicamente ajeno, desvinculado del cosmos, de los seres humanos y de la creación en general, sino el mismo arquetipo supremo de la Conciencia».

«En cabalá, este nivel recibe el nombre de **Shejiná,** Presencia Divina, y es el asiento del **Aní,** el Yo Divino,[9] la verdadera raíz del yo individual, razón por la cual se lo llama **Yo Arquetípico, self transpersonal** o, de una forma más clásica, **Neshamá Suprema,** y más moderna, **Yo Cuántico.** Y constituye nuestro «punto de enganche» con la Conciencia Divina. Pero no se alcanza antes de la reducción a nada de todas nuestras características personales».

«Así, pues, la estructura profunda de este nivel –independientemente de las diversas manifestaciones superficiales, más o menos his-

---

9. En el mismo sentido en que, metafóricamente, podríamos decir que el cuerpo es el asiento del ego de la persona (Maljut y Yesod).

tóricamente condicionadas– consiste en la visión/experiencia de la Forma/Esencia Arquetípica y la absorción en ella.

»Es el Tiféret de Briá y por analogía el self o verdadero ser del mundo del Ser. En otro lenguaje, es el Zeir Anpin (Rostro Menor) briático, en el centro de los siete poderes (o sefirot del mundo de Briá, de Dáat a Yesod) a veces visualizados como Serafim,[10] o como el séptuple arcoíris.[11]

»Es el Kéter de Yetsirá y, por tanto, la fuente (o voluntad, como decía Kaplan más arriba)[12] del mundo psíquico y de todas las funciones de la personalidad –el Formador de mí mismo–.

»Es, por último, el Maljut de Atsilút y, por tanto, definidamente divino, la Presencia Divina en nosotros como algo vivo, actuante –la verdadera vida, el centro de la Jaiá–, el nivel último de concreción o «corporeización» (Maljut) de lo Divino».

«Ken Wilber[13] cita a otro autor, Lex Hixon,[14] para dar un ejemplo de manifestación de esta estructura del "nivel sutil" bajo la forma del *ishtadeva*[15] [pero sustitúyase en las citas que siguen la palabra ishtadeva por *Neshamá Suprema* y se obtendrá una imagen muy exacta en lenguaje cabalístico]. Wilber dice que: "El ishtadeva es un tipo de cognición arquetípica superior que se evoca en ciertas meditaciones formales, una especie de visión cognitiva interior que se percibe con el ojo de la contemplación".[16] Y, citando a Hixon, continúa:

---

10. Como en la visión de Isaías (Isa 6, 1 y ss). Según Kaplan, los Serafim son los poderes angélicos de Briá, cada uno con seis alas (sefirot).
11. Ez 1, 28
12. Y en el lenguaje de los Palacios de Briá, corresponde a Tiféret el llamado Ratsón, es decir, Palacio de la Voluntad.
13. *Los tres ojos del conocimiento*. Pags. 123 y ss.
14. Lex Hixon. *Coming Home*. Nueva York: Anchor, 1978.
15. Término de origen hindú y que representa algo así como la deidad interior. La psicología transpersonal, en su búsqueda de un más allá, se ha inspirado fundamentalmente en los modelos orientales.
16. A continuación, Wilber arguye sobre la realidad de la forma del ishtadeva, concluyendo con su superrealidad de hecho. El problema se plantea porque es una técnica específica de meditación la construcción simbólica o generación de esta entidad, y uno podría preguntarse si no se reduce todo a una imagen mental.

»"La Forma o Presencia del *ishtadeva* aparece rebosante de vida, resplandeciente de Conciencia. No somos nosotros quienes estamos proyectando el *ishtadeva*, sino que es el resplandor primordial del *ishtadeva* el que nos proyecta a nosotros y a todos los fenómenos que llamamos universo"».

Y explica Wilber: «Es esta forma cognitiva arquetípica superior la que facilita la ascensión hasta que la conciencia se *identifica* con esa Forma y se llega [citando de nuevo a Hixon] a "comprender que la Forma o la Presencia Divina es nuestro propio arquetipo, una imagen de nuestra naturaleza esencial"». Así, concluye Hixon: «El *ishtadeva* no desaparece en nuestro interior, sino que es nuestra individualidad la que se diluye en el *ishtadeva*, lo único que permanece. No obstante, cuando nos fundimos con el objeto de nuestra contemplación no perdemos nuestra individualidad porque ése, precisamente, ha sido nuestro arquetipo desde el mismo comienzo, el origen de ese reflejo fragmentario al que llamamos personalidad individualidad».

Sólo habría que añadir aquí que mientras que en los sistemas orientales la experiencia mística tiende a ser pasiva –de absorción en el Fundamento Divino de la realidad– en Occidente, o por lo menos en la cabalá, el ser humano que alcanza los niveles superiores de conciencia deviene en un agente activo, colaborador en la obra de la Creación, cocreador divino por tanto, verdadera imagen y semejanza de Dios.

Puesto que él mismo forma conscientemente parte del Nombre de Dios alcanza el estatus de Baal Shem, señor del Nombre, tal como hemos definido en el preámbulo: alguien con capacidad y autoridad espiritual para utilizar los Nombres de Dios en aras de la realización del Plan Divino, en lo personal y en lo colectivo.

****

Es importante que tengamos al menos un sabor desde el principio del estado de conciencia que queremos alcanzar: el Yo Cuántico. Para lo cual proponemos a continuación una serie de meditaciones (guiadas) básicas que, aunque luego se van a desarrollar más extensamente, constituyen un nivel mínimo de práctica que nos proporcionará un buen fundamento para abordar el resto del libro.

Ciertamente necesitamos algún instrumento que nos permita salir de nuestra cápsula mental egoica para tener una idea clara de lo que significa un ascenso por el pilar del medio del Árbol extendido.

El paso de la imaginación subjetiva a la visión objetiva, siquiera con algunos condicionantes, es algo que tendremos que dar en algún momento y depende fundamentalmente de la asiduidad de la práctica. También es necesaria una buena dosis de fe no sólo en las realidades trascendentes, sino también en las propias capacidades.

Las meditaciones que siguen empiezan siendo de corte más bien psicológico. No se pueden abordar con éxito los niveles superiores sin un asentamiento consolidado en el propio Tiféret, el Tiféret de Yetsirá, es decir, el propio self. Ése es el punto de partida de todo verdadero camino espiritual.

Como ya hemos comentado antes, Tiféret de Yetsirá —el self— es un fulcro básico en el Árbol de la Vida porque, como sabemos, participa de las energías de los tres mundos inferiores:

De Asiá como Kéter.

De Yetsirá como propiamente Tiféret.

Y de Briá como el Maljut del mundo espiritual por antonomasia.

Tiféret es por una experiencia psicológica (yetsirática) pero también metafísica (briática), es decir, relativa al puro ser. Es el Maljut del mundo de Briá lo que, razonando por analogía, corresponde al papel del cuerpo físico (el Maljut de Asiá) respecto del mundo del ser, también llamado mundo del Espíritu.

E igual que el cuerpo nos da una presencia señalada y estable en el plano físico espacio-temporal, el self realiza la misma función, sólo que de una forma mucho más sutil, respecto del mundo del ser puro, un plano que podíamos llamar de la mente abstracta (aformal).

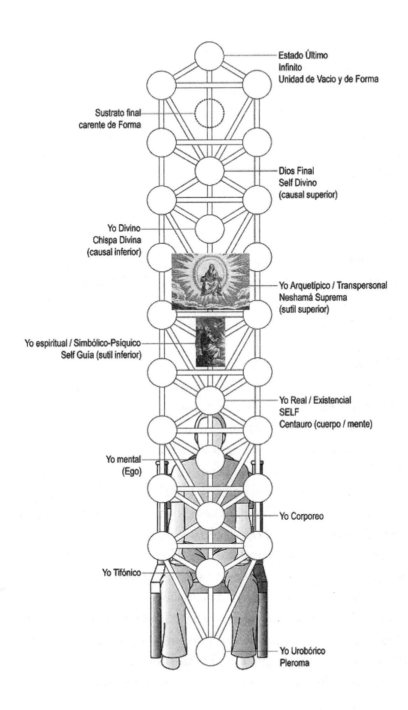

Figura 4. El espectro de la conciencia

Por eso, nuestro primer paso es potenciar ese nivel sefirótico intentando aislar la experiencia pura de ser respecto de la circunferencia de contenidos psíquicos: el centro en medio de las condiciones. Es lo que llamamos meditación Yo no Soy.

Después proponemos empezar a generar una imagen/idea de nosotros mismos, es decir, un nuevo soporte sobre el que designar nuestra identidad, que permita avanzar en profundidad (o en elevación) hacia nuestra naturaleza esencial. Es la meditación que, esta vez, llamamos meditación Yo Soy.

Sobre las condiciones de la meditación, las diferentes aperturas o protocolos previos, y demás cuestiones de procedimiento, ya se ha desarrollado suficientemente en mis tres libros anteriores. Entramos aquí directamente en el relato de la meditación:

I. Meditación Yo no soy[17]

Empezamos con relajación. Tenemos una percepción corporal intensa. Hemos entrado en un estado de serenidad, de calma interior, nuestra respiración se ha hecho más profunda, lenta y armónica.

Comenzamos tomando conciencia de nuestro cuerpo, precisamente como eso, como un estado de conciencia. No como una cosa en sí, no como algo con existencia propia, sino tal como se nos presenta realmente a nuestra percepción interna, como un hecho de la propia conciencia.

Vamos a sentirlo, no a pensarlo, no es la imagen conceptual de una mano o de un brazo lo que importa ahora, queremos percibirlos en sí, experimentarlos… Buscamos una sensación puramente física, observamos atentamente y examinamos si hay alguna parte de nuestro cuerpo que sobresale de algún modo, quizá nos duela, o sentimos algún picor, cosquilleo, etc.; y prestamos atención al dolor o al picor y no hacemos nada, lo dejamos estar, sólo somos conscientes.

---

17. Esta meditación está transcrita de mi libro *La cábala de la Merkavá*.

¿Estamos notando la presión de las nalgas sobre la silla? ¿La espalda contra el respaldo? ¿La sensación de tener los pies apoyados en el suelo? ¿La ropa sobre la piel? Sólo percepción, no hacemos nada, permanecemos conscientes.

Empezamos a hacer un recorrido sistemático comenzando por nuestros pies, percibiéndolos, sintiéndolos, dejando en suspensión las consideraciones de evaluación, de juicio, de pensamientos, emociones, imágenes.

Vamos a atender a lo que son las puras sensaciones corpóreas en sí, en este caso de los pies, en particular los dedos. Sentimos cada uno de los dedos como diferentes, y durante unos instantes vemos qué recibimos de cada uno de ellos.

Después movemos nuestra atención en sentido ascendente: el empeine, los tobillos, las rodillas, los muslos, y así hasta el nivel de las caderas, dedicando en cada caso el tiempo necesario para ello.

Prestamos atención a la zona del perineo, después a la parte genital, a todo el bajo abdomen y la parte inferior de la espalda, el hueso sacro y la base de la columna.

Seguimos ascendiendo y recibiendo sensaciones –propiocepciones– de nuestro cuerpo: el vientre, el área del ombligo.

Estamos en la zona del estómago. ¿Qué sensaciones nos producen los distintos órganos: intestinos, páncreas, hígado, riñones, estómago? Y en la espalda, ¿cómo sentimos la columna y, según vamos ascendiendo, los huesos y músculos?

En el tórax experimentamos las costillas, los pulmones, el corazón...

Y en la espalda los omóplatos, las clavículas, los hombros.

Y permitimos ahora que nuestra atención descienda por los brazos, percibiendo toda su armadura ósea y muscular. Así, pasamos por los codos, muñecas, manos... con toda su sensibilidad. ¿Qué sensaciones nos producen las palmas de las manos, los dedos, cada uno de los dedos...?

Ahora retornamos a los hombros, y vamos al cuello: sentimos esa zona vital que une la cabeza con el resto del cuerpo, los vasos sanguíneos que lo atraviesan, la faringe y laringe, los músculos y vértebras, en particular las vértebras cervicales uniendo la columna con la masa encefálica.

Nos concentramos en la percepción del rostro: las mandíbulas, los labios, la boca, la nariz, los ojos… con los párpados, los músculos que lo circunscriben, las cejas…

Sentimos las orejas, los oídos, el oído interno, y después todo el sistema de nervios sensoriales: olfativo, visual, auditivo, convergiendo en el cerebro.

Sentimos la zona del bulbo raquídeo, el cerebelo, el cerebro, con ambos hemisferios: izquierdo, derecho…

Atendemos a la zona de la frente. Especialmente nos focalizamos en el entrecejo, una zona en la que se concentra mucha tensión. Luego las sienes, los músculos del cráneo y culminamos en la cúspide de la cabeza.

Tenemos así una percepción general del cuerpo que ahora experimentamos en síntesis. Vemos los pies, las piernas, el abdomen, el pecho, toda la espalda, los brazos, la cabeza, la frente…

Es el cuerpo como estado de conciencia, como condensación de conciencia-energía.

Nos preguntamos: ¿quién es consciente de mi cuerpo? ¿Quién es consciente?

Reconocemos nuestro cuerpo como un maravilloso instrumento al servicio de nuestro verdadero ser. Y lo apreciamos, le damos las gracias.

Y ahora nos damos cuenta de que este cuerpo que sentimos es una composición de elementos, y percibimos una sensación de densidad, del concepto de peso, y tenemos una sensación física del concepto de ocupar un espacio y nos damos cuenta de que tiene una forma definida ante nuestra visión y de que podemos contraerla o expandirla a voluntad, porque, de hecho, ahora no está en ninguna parte más que en nuestra mente.

Y si nuestro cuerpo es una construcción mental, podemos separarnos de ella, podemos desligarnos de ella, podemos salir de ella, podemos integrar en una esfera de sensaciones físicas toda nuestra conciencia corpórea, como una esfera de sensaciones físicas que nos rodea, la visualizamos…; y ahora… salimos… de esa esfera, damos un paso hacia atrás y vemos nuestra conciencia corpórea delante de nosotros.

Afirmamos: «Éste es mi cuerpo, no soy yo. Yo soy».

Y prestamos ahora atención a nuestros sentimientos. ¿Qué sentimos en estos momentos? Son los sentimientos los que captan nuestra atención. No tenemos sentimientos; «sentimos» los sentimientos; estamos alegres, estamos a disgusto, estamos tristes o sentimos ira, pero sentimos las emociones, no el concepto mental de tener esas emociones…; indagamos lo que experimentamos emocionalmente en estos momentos y nos sumergimos en ello. Vivamos la emoción pura, sin el filtro de la verbalización ni del juicio, permitiéndonos emocionarnos hasta el fondo, dejando que surja todo ese mar de sentimentalidad que a veces aflora desde más allá del umbral de nuestra conciencia.

Notemos que son un continuo, que tienen crestas y valles, momentos de intensidad en los que brotan impetuosos y otros de aparente descanso, como inactivos, pero siempre presentes. Siempre estamos sintiendo algo. Vemos cómo se suceden unos a otros y se modifican constantemente. Cómo podemos sentirnos tristes en un momento y felices en el siguiente. Para ayudarnos podemos concentrarnos unos instantes en los músculos de la cara –podemos entrar y salir de nuestra conciencia corporal a voluntad– y percibir su estado cambiante; y cada uno de los pequeños cambios corresponde un matiz de sentimiento.

Usamos la memoria, recordamos algún momento de nuestra vida, algún episodio en el que sentimos una fuerte emoción, positiva o negativa, alegría o tristeza, afecto o de cualquier otro tipo; revivimos plenamente en nosotros esa emoción, la recorremos en toda su extensión, sin juzgar, sin quedarnos en la idea…

Ahora vamos a otra experiencia similar en otro momento de nuestra vida y hacemos lo mismo…

¿Somos conscientes de estar siempre sintiendo en este mundo cambiante de las emociones? Somos conscientes de que podemos generar en nosotros una emoción a voluntad –imaginamos, por ejemplo que estamos alegres y sentimos la alegría, imaginamos que estamos tristes y sentimos la tristeza–, y si podemos construir las emociones significa que nosotros no somos nuestras emociones. Imaginamos una esfera de conciencia emocional. Todo lo que sentimos emocionalmente está en esa esfera. Reconozcamos nuestras emociones, apreciémoslas. Damos las gracias por el maravilloso instrumento que es nuestra conciencia afectiva y nos preguntamos: ¿quién es consciente de mis sentimientos? Vemos cómo nos rodea esa esfera de conciencia emotiva, nuestra conciencia de ser en el centro... y ahora... damos un paso hacia atrás y nos separamos de esa esfera, la contemplamos y decimos: «Yo no soy mis emociones. Yo soy».

Ahora prestamos atención a nuestros pensamientos, ¿en qué estamos pensando en este preciso momento? Sea lo que sea, tomamos nota de los pensamientos que acuden a nuestra conciencia y los observamos mientras pasan y se alejan como ráfagas de viento suave. Los dejamos ser sin censura, pero sin implicarnos personalmente, sin dejarnos atrapar por ellos.

¿Quién está pensando?, ¿quién está pensando? No contestemos con un pensamiento, ¿quién está pensando ese pensamiento? Observamos los pensamientos como surgen y los dejamos estar, sin implicarnos. Observamos cómo nuestros pensamientos van y vienen como si fueran independientes de nosotros. Durante unos instantes nos mantenemos tan conscientes de ellos como seamos capaces y reconocemos la actividad de nuestra mente, sacando a la luz todo ese fondo de pensamiento inconsciente que constantemente nos asalta.

Podemos utilizar la técnica de escuchar nuestros pensamientos y asignarles cualidades de voz, y ver así con qué voz o voces pensamos, si aguda, grave, chillona, melancólica, llorona, victimista, asertiva, alegre... Seguramente habrá un poco de todo, y durante un tiempo nos concentramos en esa escucha interior. Si tenemos dificultades, podemos recitar internamente alguna estrofa de un poema que nos sepamos de memoria, o algo similar, y ver con qué voz lo recitamos.

Ahora pensamos en lo que queramos, lo que se nos ocurra. Pensamos en algo, real o imaginario..., pensamos en nosotros mismos, cómo somos..., pensémonos, cómo nos vemos: si gordos o delgados, guapos o feos, altos o bajos..., pensémonos, imaginémonos a nosotros mismos…, ¿cuántas cosas de las que decimos ser nosotros son simplemente nuestros pensamientos sobre nosotros mismos?

Construyamos, pues, una esfera con nuestros pensamientos, una esfera de pensamientos para nuestra conciencia intelectiva. Apreciamos el magnífico instrumento que constituye nuestro intelecto. Le damos las gracias. Y ponemos la esfera en silencio total…, los pensamientos, todos ellos están ahí pero en silencio, percibimos ese silencio, y ahora… damos un paso atrás, salimos de esa esfera mental que ahora tenemos delante de nosotros, separándonos de nuestros pensamientos, y decimos: «Éstos son mis pensamientos, no soy yo. Yo soy».

¿Quién soy yo? ¿Quién es el que vive esa conciencia corporal, esos sentimientos, esos pensamientos? ¿Es el ego de nuestra personalidad, de nuestro nombre y apellidos?

Podemos tomar conciencia de que eso es una imagen, podemos tomar conciencia de la imagen de nosotros mismos, de nuestra sensación de identidad que vestimos con la personalidad y los personajes de nuestro ego, creyéndonoslos, identificándonos con ellos, asumiendo que nosotros somos eso… ¿Qué personajes representamos en las distintas áreas de nuestra vida: familia, vida laboral, amistades, etc.? ¿Cuánto de nuestro pensamiento, de nuestro sentimiento tiene como punto de referencia nuestro yo y la satisfacción de sus necesidades, de su vanidad, de su autoimportancia, de su victimismo, de su propio sentido de la justicia, considerando todo lo que se le debe entre comillas…?

También tomemos conciencia de que hay una frontera entre nuestra parte consciente, regida por el ego, y nuestra parte inconsciente, manifestándose en sueños, ensoñaciones, actos fallidos, estados alterados de conciencia.

Mientras que estamos identificados con nuestro ego y sus personajes, ¿tenemos conciencia de toda una serie de subpersonalidades pululando de forma más o menos autónoma por nuestro subconsciente?

Para poder ascender a nuestra verdadera identidad, nos distanciamos de este mundo mental que consideramos como propio; miramos a nuestro yo como desde afuera, nos elevamos un escalón hacia arriba, entramos en el dominio de nuestro ser, de nuestro verdadero ser, sin cualificar. Podemos verlo como una pura luz de conciencia, sin personalidad, sin pensamiento, sin emoción, sin cuerpo…, los cuales, por supuesto, son su expresión y su reflejo, pero permaneciendo separados de ellos, pues no sólo estamos en el Tiféret de Yetsirá –el mundo de la psique–, sino también en el Maljut del mundo de Briá –el mundo del ser–, que es nuestra naturaleza espiritual encarnada; el cuerpo, por así decir, de nuestro ser espiritual.

Para poder experimentar este estado es necesario que nos diferenciemos tanto de los estados corpóreos –como si estuviéramos en otro plano, viendo nuestro cuerpo desde arriba– como de nuestros estados mentales: intelectivos, emocionales, imaginativos; incluso de nuestra propia yoidad, teniendo en cuenta que el yo es simplemente un reflejo de esa identidad superior en el plano de la personalidad, en el plano de la psique inferior y del cuerpo. Lo hacemos ahora, dando un salto hacia arriba…

Es necesario que descansemos unos instantes y contemplemos ese estado de conciencia, de ser puro, independientemente de sus manifestaciones.

Entramos en esa conciencia pura, en ese ser puro ser, en ese ser nada y nadie, y nos experimentamos a nosotros mismos en la pura conciencia de ser, YO SOY QUIEN YO SOY quien yo soy quien yo soy…, entramos dentro de ese yo soy quien yo soy… (Un buen rato). Nos contemplamos en el centro, somos plenamente ese centro. Desde el centro de toda la esfera de nuestra experiencia, podemos entrar a voluntad en nuestros pensamientos, en nuestros sentimientos, en nuestro cuerpo, podemos asumir nuestro ego… y podemos pensar, pero no somos nuestros pensamientos, podemos sentir, pero no somos nuestros sentimientos, podemos experimentar nuestro cuerpo, pero no somos nuestro cuerpo… Estamos en el centro consciente, somos pura conciencia y desde aquí cualquier cosa que digamos que somos no somos, porque eso pertenece al qué…, no al quiénes somos. Moramos en el vacío de conciencia, y saboreamos esta conciencia, como luz, como gozo, como éxtasis; reímos por dentro, desdramatizamos nuestra vida –un rasgo egoico–, nos unimos al gran juego, a la gran alegría cósmica y disfrutamos en el puro gozo de ser...

Y podemos retornar cuando queramos, retornar a nuestra mente, retornar a nuestros sentimientos, retornar a nuestro cuerpo..., ya conocemos el camino..., podemos volver cuando queramos; es el camino de la conciencia, el camino que lleva al corazón de uno mismo.

Retornamos, pues, aquí y ahora, respiramos, respiramos, sentimos el gozo de respirar sin pedir nada a la respiración, simplemente respirando, y nos vamos abriendo poco a poco a nuestra conciencia, a nuestra conciencia habitual, pero con la otra conciencia de nuestro centro siempre presente... Y vamos moviendo las manos, los brazos, las piernas, el cuello, la cabeza, nos desperezamos y cuando queramos podemos salir de la meditación.

II. Meditación Yo soy

En este ejercicio visualizamos las dos columnas laterales externas a nosotros, a ambos lados, el pilar de la Fuerza (de color blanco) a nuestra izquierda y el de la forma (de color negro) a nuestra derecha. Nosotros somos ahora la columna central. La altura de los pilares coincide más o menos con la nuestra, hasta el nivel de las sienes. Tenemos los brazos abiertos y las manos se apoyan en los pilares laterales. Percibimos ambas columnas como formando una batería de fuerza, polo positivo el blanco y negativo el negro. Nos visualizamos de una forma ideal, como expresando el potencial total de lo que somos. Llevamos puesta una corona, o bien una aureola de luz rodea nuestra cabeza. Sin pensamientos, pronunciamos continuamente el mantra YO SOY QUIEN YO SOY de una forma entrelazada: «Yo soy quien yo soy quien yo soy quien yo soy...».

Yo soy quien yo soy es la traducción al castellano del Nombre con el que Dios responde a Moisés en el episodio de la zarza ardiente. El mantra puede también pronunciarse en hebreo: «Eheieh Asher Eheieh Asher Eheieh Asher Eheieh...».

**Contextos en los que puede ampliarse
la meditación Yo soy**

1) *Inside/outside* (dentro/fuera). La experiencia de ser no tiene forma. Podemos, sin embargo, designarla sobre cualquier soporte, como la imagen de la meditación que acabamos de utilizar. En particular, si designamos nuestra identidad sobre nuestro cuerpo, hay que tener en cuenta que éste es, de hecho, una imagen mental. Puedo expandirla *(outside)* o contraerla *(inside)*.

En el primer caso, la expando hasta abrazar todo el universo. El proceso es progresivo, pronunciando siempre el mantra «yo soy quien yo soy quien yo soy...», y abrazando en cada caso totalidades cada vez más amplias.

En el segundo caso, introduzco mi identidad en el cuerpo en sentido descendente: órgano, tejido, célula..., hasta alcanzar el nivel atómico y más allá. Siempre con el mantra.

2) En la vida cotidiana puede hacerse la visualización instantánea y recitar internamente el mantra siempre que se necesite algún tipo de autoafirmación tiferética positiva.

3) En el contexto del Árbol de la Vida puede hacerse meditación Yo soy en cada una de las sefirot. Esto también se aplica al Árbol extendido, en particular a cada una de las sefirot del pilar del medio.

III. Meditación Yo Superior

Tras las preparaciones oportunas, asumimos la postura de meditación con la espalda recta, sin tensión. Empezamos haciendo respiraciones profundas. Vamos a comprobar nuestro estado de relajación, nos relajamos un poco más y profundizamos en la relajación. Mientras seguimos respirando profundamente, desde el diafragma, vamos entrando en un espacio de centración interior, de calma y serenidad. Buscamos un punto de equilibrio, un centro sobre el que posar nuestra conciencia. Desde él, con ecuanimidad, podemos observar desapegadamente todas las circunstancias de nuestra psique, sin identificarnos con ellas.

Desde este centro de pura paz, experimentamos una perfecta paz profunda. Profunda.

Y así nos visualizamos en nuestro lugar personal, desde donde parten nuestras meditaciones, conectando con la dimensión sutil del aire, saturado de pequeños corpúsculos luminosos de vitalidad. Estamos respirando luz. Empezamos a sentir que la luz nos rodea y nos va llenando por completo, penetrando con la inspiración por todos los poros del cuerpo, bañando todos nuestros órganos, todo nuestro ser interno. Visualizamos cómo con la espiración nos sale un humo negro por la negatividad que llevamos dentro, en forma de miedos, tensiones, estrés, asuntos sin terminar que nos provocan ansiedad... Todo ello lo expulsamos de nosotros. Mientras nos vamos llenando de esta luz serena, positiva, radiante, que nos colma de plenitud...

En este estado vemos como delante de nosotros ha aparecido una escalera sefirótica de luz dividida en 7 tramos. Vamos a ir ascendiendo por ella a regiones cada vez más sutiles, desprendiéndonos de parte de nosotros mismos, desapegándonos de esferas de conciencia personal.

Así empezamos a ascender: 1 Yesod (nos desapegamos de nuestro ser físico), Hod (nos desapegamos de nuestros pensamientos), 3 Nétsaj (nos separamos de nuestros sentimientos), 4 Tiféret (nos separamos de nuestra identidad), 5 Guevurá (nos separamos de todas nuestras pautas, hábitos y programaciones), 6 Jésed (nos separamos de toda nuestra energía psíquica) y 7 Biná (ahora asumimos nuestro ser espiritual de luz).

Estamos en la segunda colina de luz y nos encontramos frente al Kótel Maaraví (el muro occidental del templo de Jerusalén), en un estado de puro ser, consciente, en este estado que nos abre al mundo de Briá.

Miramos hacia el firmamento de luz, el pavimento de zafiro que es el espejo de la conciencia espiritual. Visualizamos las cuatro letras del tetragrama YHVH, como puras presencias de luz, ardiendo con fuego cósmico, fuego blanco, fuego divino; la YOD, la HE, la VAV, la segunda HE. Dejamos que la contemplación de estas letras llene nuestro espacio mental, nuestro campo de conciencia.

Vamos a atraer la energía de las letras con nuestra respiración, sincronizando el descenso de la luz de las letras con una doble respiración:

Primero en la inspiración atraemos la energía de la YOD y dejamos que nos llene por completo. En la primera espiración hacemos lo propio con la letra HE. En la segunda inspiración atraemos la luz de la VAV. Y, por último, espirando de nuevo, la energía de la segunda HE.

Sentimos la irradiación de cada letra como distinta y al mismo tiempo una misma: la energía de ABBA (Yod), el padre, de IMMA (primera He), la madre, del Zeir Anpin (la Vav), el Rostro Menor de Dios y la Shejiná (segunda He), la Presencia Divina que todo lo llena con su gloria.

Vamos reiterándolo: inspiración YOD, espiración HE, inspiración VAV, espiración HE y lo hacemos varias veces...

Nos sentimos internamente saturados de la luz del tetragrama, somos el tetragrama. Nuestra cabeza es la YOD, la línea de los hombros y los brazos la HE, nuestro tronco es la VAV, nuestras caderas y piernas la segunda HE. Acudimos a esta realidad en nosotros sin forzar, dejando que espontáneamente la luz conforme estas letras y asimilándolas a nosotros...

Vamos ahora a alcanzar un estado más profundo de conexión con la Luz Infinita del tetragrama, letra a letra, sefirá a sefirá, mediante el nombre de doce letras, que consiste en tres tetragramas.

Así en Jojmá, hemisferio izquierdo, la YOD, y sentimos, dejamos, que nos llene todo el vacío de la sabiduría.

HE en el hemisferio derecho, Biná, dejamos que nos llene la luz del Todo.

VAV en el centro de la frente, el foco del conocimiento directo.

HE en el centro de la garganta, la luz de la palabra de la creación.

Tenemos así el tetragrama YOD hemisferio izquierdo, HE hemisferio derecho, VAV centro de la frente: el Dáat Elión, HE centro de la garganta: El Dáat Tajtón.

YOD en el hombro izquierdo, Jésed, Ahavá, Amor.

HE hombre derecho, Guevurá, Fuerza, Poder.

VAV centro del corazón, Tiféret, compasión.

HE centro del ombligo, energía, voluntad.

YOD hombro izquierdo, HE hombro derecho, VAV corazón, HE ombligo.

Y el tercer tetragrama:

YOD Nétsaj, cadera izquierda, la victoria sobre la realidad y nuestro mundo, la victoria de la luz.

HE cadera derecha, Hod, gloria, el esplendor de la verdad de la luz.

VAV Yesod centro genital, vitalidad, gozo, generación.

HE Maljut base de la columna, el perineo, corporeidad, permanencia, estabilidad.

YOD cadera izquierda, HE cadera derecha, VAV centro genital, HE base de la columna.

Tenemos así a nuestra izquierda el pilar de la misericordia: 3 yodim; una en el hemisferio izquierdo, otra en el hombro izquierdo y otra en la cadera izquierda. Visualizamos YOD, YOD, YOD.

Y visualizamos el pilar de la derecha: tres letras H, Biná, Guevurá y Hod, HE, HE, HE.

Y contemplamos todo el pilar del medio alternando VAV, HE: VAV, en la frente, HE en la garganta; VAV en el corazón, HE en el ombligo; VAV genital, HE base de la columna.

En Ketér el nombre completo YHVH YHVH YHVH.

Y éste es el nombre de doce letras que le fue dado a Elías en el Carmelo con el que alcanzó su cuerpo de luz, su cuerpo de inmortalidad.

Contemplamos.

&&&&&&[18]

Focalizamos ahora nuestra conciencia y nuestro ser en el centro de Kéter.

---

18. Con este signo queremos indicar que es el punto en el que debemos enlazar con la meditación de corte similar pero más avanzada del capítulo 4.

Vemos el firmamento de luz sobre nuestras cabezas, el Dáat –Yesod de Briá–. Vemos que se abre. Y en lo alto, a una altura sin altura, la esfera de Tiféret rebosante de luz, la visión de nuestra Neshamá Suprema, de nuestro Yo Superior.

Cada uno lo percibirá de una forma personal, como una presencia desbordante de luz y de conciencia, quizá como una figura que tanto puede ser masculina como femenina. Cada cual debe tomar la forma en la que se le presente.

Una imagen tradicional que puede ayudar a conectar es una figura con cabellos de intensa blancura, ojos de fuego, de cuya boca sale una espada de fuego, vestido con túnica blanca resplandeciente, ceñido con un cinto de oro, los pies de luz resplandecientes también, en la mano derecha las siete estrellas y en la mano izquierda un libro, el libro de nuestras vidas. En el corazón la serpiente en círculo con una letra Alef de fuego blanco en su interior. El corazón rodeado por la serpiente, es uno de sus nombres.

Vemos como la luz llena nuestro centro de Kéter, nos jala, de alguna manera ascendemos hasta encontrarnos frente a la imagen, dejamos que nos hable, prestando máxima atención a sus indicaciones… (varios minutos).

Y en un momento dado, penetra en nosotros y nosotros penetramos en él o en ella porque es nuestra esencia, es nuestro Yo Superior. Identificamos nuestra forma con la suya, nos dejamos poseer totalmente; es nuestra forma divina, y vamos a ayudarnos del mantra YO SOY QUIEN YO SOY QUIEN YO SOY QUIEN YO SOY… (o bien EHEIE ASHER EHEIEH ASHER EHEIEH…).

Experimentamos.

Y desde esta conciencia trascendente contemplamos nuestro mundo, nuestro yo encarnado tal como se ve desde la mirada divina de los ojos de fuego. Vemos como desde otro plano, desde el plano arquetípico, el plano de lo eterno, este plano de ilusión en el que moramos… (varios minutos).

Somos conscientes de los cambios o ajustes que hemos de hacer en nuestra vida para alinearnos con la voluntad el Espíritu Supremo que nuestro Yo Superior encarna. Los decretamos desde nuestro Yo Superior.

Llenos de la luz del espíritu vemos como nuestra forma se expande ocupando toda la galaxia y todas las galaxias, hasta abracar todo el universo que ahora es un océano infinito de luz. Somos nosotros océanos infinitos de luz… (varios minutos).

Y pronunciamos el mantra LO, NO, y penetramos en la casa vacía del Espíritu abandonando todo en la nada llena, en la casa de Dios, el AIN (nada), la Nada que es Todo… (varios minutos).

Emergemos del Ain como un punto de luz infinita, que se expande en un océano de luz infinita y de esa luz infinita emergemos. Y de este infinito de luz que es como un inmenso sol de conciencia emergemos como un rayo de luz que se concreta en la forma de nuestro Yo Superior, YO SOY QUIEN YO SOY QUIEN YO SOY…

Y ahora volvemos a encontrarnos frente a la imagen de nuestro Yo Superior por este rayo de luz que llena nuestro mundo, descendemos a través del Dáat y nos situamos de nuevo en nuestro centro de Kéter sobre nuestras cabezas.

Volvemos a centrarnos claramente en nosotros mismos y descendemos a nuestra forma mental y corpórea.

Vemos de nuevo en el firmamento el nombre de Dios, YHVH, alguno de cuyos misterios hemos percibido hoy. Tomamos conciencia de nosotros frente al Kótel y de allí irradiamos luz y bendiciones a toda la creación, a todos los seres del cosmos.

Integramos toda la experiencia en nuestro sistema energético y dando las gracias vamos a empezar a descender por la escala sefirótica de vuelta a nuestro lugar personal.

Empezamos: 1 Jésed, 2 Guevurá, 3 Tiféret, 4 Nétsaj, 5 Hod, 6 Yesod, 7 Maljut, y estamos aquí y ahora de nuevo. Vamos a hacer unas respiraciones profundas, movemos dedos de manos y pies, frotamos las palmas para generar calor, nos estiramos, cabeceamos y cuando queramos podemos abrir los ojos.

****

El desarrollo espiritual que proponemos alcanzar es algo que exige un trabajo continuo, posiblemente durante largos períodos de tiempo. Pero hay que distinguir entre lo que es un estado de conciencia consolidado[19] (es decir, permanente) y lo que es una cierta conexión con ese estado, incluyendo la capacidad de canalización de sus energías. Esto último es necesario para aspirar a tener la autoridad espiritual suficiente como para manejar, siempre con el permiso Divino, las fuerzas superiores. Por eso nos centramos en ello. Las meditaciones anteriores están orientadas para ayudar en ese sentido.

Creemos que ello resulta accesible para todo el que se aplique lo suficiente a la tarea que, por otra parte, es una de las más dignas y satisfactorias que el ser humano puede realizar en la tierra. En los capítulos siguientes vamos a profundizar en esa dirección, discutiendo los aspectos psicológicos, éticos y meditativos necesarios para que esa línea de conexión self-Yo Superior permanezca abierta y operativa.

---

19. Éste es un nivel de desarrollo espiritual elevadísimo que, además de un arduo trabajo personal, precisa de una efusión directa de Gracia Divina.

CAPÍTULO 2

El tránsito de Yetsirá a Briá: Tikunim y yejudim

Justificación

Hemos establecido en el capítulo anterior que el arquetipo self –la experiencia del verdadero yo psicológico existencial– es la puerta de entrada a los mundos superiores, concretamente al mundo de Briá, cuyo nivel es más denso (su Maljut).

Unas breves notas sobre este arquetipo central de la conciencia yetsirática (Tiféret) parecen necesarias para poder ubicarnos en el nivel, poder desde él abrirnos con garantías al Dáat de Yetsirá y continuar más allá a la experiencia central del Yo Superior o Neshamá Suprema.

¿Qué es el self?

Como realidad psicológica, el self es el asiento de la verdadera identidad del individuo. No es que su anterior sentido de identidad, el ego yesódico, fuera falso. Simplemente era incompleto. Asumía (se identificaba) sólo con una parte de su ser total, estableciendo con ello una barrera en la psique personal entre consciente y subconsciente. A este último se relegaban todos aquellos contenidos que, perteneciendo realmente a la energética e identidad parcial del individuo, eran rechazados de la experiencia consciente. En lenguaje junguiano, nos referimos a personoides tipo sombra o a la imagen contrasexual del individuo.

No es éste el lugar para un desarrollo completo del tema más que lo que nos compete para el objetivo de apertura a la identidad trascendente del individuo, lo cual entra más dentro del marco de una psicología transpersonal.

Para nosotros, el self es un punto de partida. Hay que tener en cuenta que, considerado como estado de conciencia, no se llega al self, a Tiféret (de Yetsirá), de una vez por todas. Se asciende y se desciende. Es un nivel del que se pueden tener chispazos de iluminación, de *insights* de conciencia, pero que es necesario consolidar.

Aunque no hay reglas fijas en todo el tema de la individuación –el self es una experiencia única y personal–, podemos ver un poco más de cerca el proceso a modo de ejemplo.

En el Árbol de la Vida vemos que se puede acceder a Tiféret por tres senderos: Hod-Tiféret, Nétsaj-Tiféret y Yesod-Tiféret, según se acceda desde la mente intelectual, desde las emociones o desde la simple conciencia.

Si se accede desde Hod, el proceso puede experimentarse de la siguiente manera: tras un período de confusión más o menos largo, el propio mundo mental empieza a perder consistencia. Empezamos a no saber nada, a no entender nada, y podemos tener momentos de vacío mental (quedarse en blanco) y de pérdida de memoria. Todo parece fútil, sin importancia; mas una sola cosa emerge con claridad de este caos, y esta cosa es **uno mismo.**

A la confusión siguen períodos de gran claridad mental. Podemos cambiar radicalmente nuestras ideas acerca de la vida y del universo. Y muchos de los nuevos valores son exactamente los opuestos de los antiguos.

Dejamos de ser egocéntricos, pero estamos a un paso del orgullo. Este estado puede traer consigo un narcisismo o autocontemplación estéril. La cura es tragarse la vanidad y ponerse a trabajar en el nuevo camino.

El camino a Tiféret desde Nétsaj conlleva una transformación emocional profunda. Se trata preponderantemente de una individuación tipo sombra (en el sentido junguiano), lo que suele acarrear la liberación de una gran cantidad de emocionalidad e instintividad reprimidas. Puesto que hemos de cortar con nuestras dependencias emocionales –no sólo de otras personas y situaciones, sino también de aquellas emociones acerca de nosotros mismos sobre las hemos construido nuestra identidad–, este proceso puede ir acompañado de una fenomenología de ruptura, como un tipo de muerte. Es decir, como es difícil que el sujeto movilice los cambios por sí mismo, el proceso puede ir acompañado de cambios más o menos dramáticos en la vida.

La muerte metafórica le viene al individuo desde fuera. Podemos perderlo todo: posición social, fama, dinero, salud, familia, amigos… Y la persona no escoge. Mas hay un forcejeo. Hay una resistencia a morir. Hay una batalla entre el ego y el self. Cuando lo experimentamos desde Tiféret y ya poseemos una incipiente conciencia tiferética, nos damos cuenta de que hemos cambiado radicalmente y que las cosas a las que estábamos atados están vacías. Es un momento difícil, porque ahora la decisión es toda nuestra, y podríamos no tener el valor de cortar si tenemos miedo a sufrir…

Un acceso a Tiféret por el pilar del medio (sendero Yesod-Tiféret) se caracteriza por la suavidad. Sin violencia ni esfuerzo por nuestra parte, como por un acto de gracia, se ha callado la voz de nuestro ego y entramos en el mundo luminoso del self y del ser. Hemos experimentado una iluminación. Hemos encontrado a nuestro self. La cuestión ahora es qué hacer con él.

La aparente facilidad de este tránsito (y es aparente porque es algo que nos sucede desde arriba) no significa, ni mucho menos, que nuestro self esté ganado para siempre. En cualquier caso, hemos de consolidarlo por los otros dos senderos, es decir, pasar por los procesos indicados, sólo que esta vez con más conciencia y decisión personal, porque ya conocemos el sabor del punto de llegada.

Es decir, no importa por qué camino hayamos accedido preponderantemente a Tiféret (siempre hay mezclas), hemos de consolidarlo por los otros dos si queremos permanecer en esta sefirá.

Para ello, y esto nos introduce directamente en el tema principal de este capítulo –el dar el salto a la conciencia briática–, tenemos que movilizar plenamente las energías de las dos sefirot siguientes: Guevurá y Jésed, esferas que junto con Tiféret conforman una tríada (llamada

Hombre Solo en otros lugares) que es yetsirática *(véase* la figura 2 del Árbol extendido), pero que cruza transversalmente al sendero Tiféret-Kéter del camino a la conciencia mística. Desarrollando esta tríada entramos en otro nivel.

Pasamos brevemente a utilizar el lenguaje de las tríadas porque, al fin y al cabo, los niveles de conciencia del pilar del medio se sustentan en las energías y formalizaciones de los pilares laterales. Una tríada es una estructura completa.

Ciertamente, como hemos afirmado, Tiféret es la puerta de acceso al mundo de Briá, pero para poder cruzarla de un modo operativo es necesario que esta tríada Jésed-Guevurá-Tiféret esté bien fundamentada y consolidada. Porque del mismo modo que estas tres sefirot en el mundo de Asiá determinan la energética del cuerpo –el metabolismo– su papel en el nivel de Yetsirá es el equivalente al nivel anímico, es decir, regulan el metabolismo del alma.

De ahí que a veces reciba el nombre de tríada ética, entendiendo por ética el sentido griego original de *Ethos*, es decir, de esculpido anímico. La ética a la que nos estamos refiriendo aquí es la ética del self, del corazón, basándose en la propia integridad y la responsabilidad por las propias acciones. No tiene por qué coincidir exactamente con la ética convencional, la de las «mores», muy relacionada con las costumbres.

Y es que la obligación de esta tríada es la de realizarse plenamente en la vida desde el punto de vista del self, que crece por la acción. Y ello mediante el Poder de Guevurá y el Amor de Jésed, las dos palancas funcionales de Tiféret.

Guevurá es Juicio y es Poder. Juicio de ver las cosas como son, sin los filtros de la personalidad egoica, y el Poder de ser uno mismo y de realización en la vida. Guevurá sabe de disciplina y control, que brota del conocimiento de la ley de limitación. Nada que ver con represión. Desde esta esfera, no estoy condicionado por ideas sobre el mundo y puedo estar por encima de mis sentimientos, pero no de una forma neurótica, sino con poder.

Guevurá pone en juego la voluntad espiritual, la fuerza para superar las experiencias difíciles y las pruebas que nos aguardan en el camino. Y también el gozo del manejo de la energía, de saber qué es lo queremos y cómo conseguirlo.

Jésed es emocionalidad profunda en un arco superior respecto de Nétsaj, lo que llamamos en general amor. Es amor que es energía motora, que expande nuestros horizontes, que es devoción a la vida, que abre el propio camino y lo dota de corazón, de energía anímica. Cuando se dice que una persona está en estado de gracia no sólo es que su Jésed personal está operativo, sino que se encuentra en una conexión especial con lo Alto. Porque Jésed por naturaleza es dador, lo cual significa que está en afinidad con la naturaleza de lo Divino. Es así la esfera del verdadero humanismo, del altruismo, del amor impersonal, sin negar en absoluto la esfera de lo personal, sino dotándola de una dimensión más profunda. No se puede estar en Jésed sin una preocupación genuina por los demás.

El equilibrio entre Jésed y Guevurá es fundamental para la estabilidad anímica del individuo tiferético y como condición necesaria para emprender con éxito el ascenso a los mundos superiores.

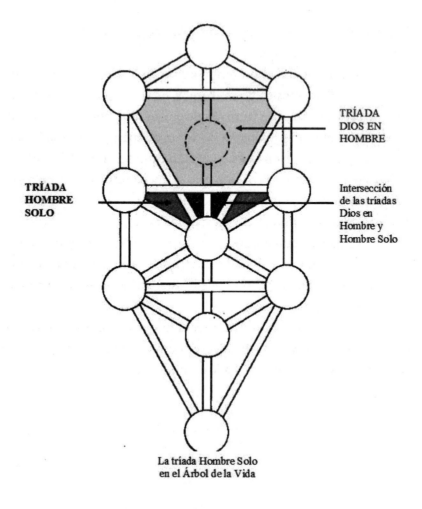

La tríada Hombre Solo
en el Árbol de la Vida

Figura 5

En Tiféret el sujeto tiene capacidad de elegir. Puede orientarse a realizarse más plenamente como individuo en el mundo físico y en la vida –algo que en parte es también una obligación para todos si se quiere desarrollar la tríada Hombre Solo– o bien intentar seguir ascendiendo por el pilar del medio, adentrándose en el mundo de Briá.

Como se observa en la figura, hay un pequeño solape entre las tríadas Hombre Solo y la siguiente, que llamamos Dios en Hombre. Así, trabajando la tríada Hombre Solo se pone la semilla de Dios en Hombre.

Ésta contiene el Dáat sobre el Abismo, el Dáat de Yetsirá, que separa la conciencia humana personal de la Conciencia Divina, cuya culminación es la tríada siguiente, Kéter, Jojmá y Biná. Y dicho sea de paso, desarrollar la tríada Dios en Hombre es trabajar la Merkavá, la carroza del alma, el vehículo espiritual que nos permite ascender a través del abismo hasta, digamos, el Kéter (que es Tiféret de Briá y Maljut de Atsilút) con la experiencia de la Neshamá Suprema.

Pero hay trabajo previo en uno mismo. Condición para desarrollar las cualidades dianoéticas es estar bien afianzado en las cualidades éticas de la tríada Hombre Solo.

En el proceso de individuación –de acceso al self tiferético (seguimos con el lenguaje junguiano)– han surgido sin duda una serie de contenidos de la parte de nosotros mismos rechazada, en particular de emociones e impulsos que antes chocaban con el arquetipo persona (o máscara, con la que el ego estaba posiblemente identificado) y que el sujeto ha tenido que reconocer, aceptar e integrar. Debe quedar claro que el self es distinto de los demás arquetipos. Para emerger es posible que se haya apoyado en algún arquetipo, seguramente el más rechazado por la orientación consciente, pero no puede ser fagocitado por él: el individuo puede haberse hecho más o menos amigo de su «sombra», por ejemplo, pero no es su sombra, no puede ser absorbido por ella.

Digamos que después de todo el proceso sufrido de transformación personal, tiene lugar un período de aquietamiento, de tranquilidad, en el que todas las fuerzas interiores se reestructuran y sosiegan. Tras la posible tormenta interior, los arquetipos de la personalidad dejan de presionar de una forma imperiosa y el individuo entra en un período como de contemplación de su nueva conciencia en el que poco a poco se va afianzando el nuevo estado. El individuo empieza a desarrollar nuevas capacidades en su vida, hace nuevas relaciones, aparecen nuevas posibilidades vitales y, sobre todo, en este momento está saboreando su nueva iluminación.

Esto es una fase. Las energías siguen ahí y tras la tregua vuelven a presionar. Ahora el individuo no puede ya mirar hacia otro lado. Es el momento de afrontar desde el punto de vista de su self sus propias cualidades negativas. El sujeto debe seguir trabajando en su reorientación y sublimación. Y si desea acceder a los planos superiores del espíritu, debe ser completamente radical en ello.

Es el proceso de tikún, es decir, de rectificación de la propia vasija, para hacerla compatible con los potenciales de más allá del abismo. Y éste es un proceso que, de hecho, dura toda la vida. Y es en la propia vida en donde esta transformación se debe manifestar. La luz del self debe brillar sin obstáculos en el propio sistema solar de las circunstancias de la vida.

Sabiendo que lo importante es la acción –la superación en la vida práctica de las cualidades negativas–, un proceso de meditación sistemática puede, sin embargo, ser de gran ayuda. Para cada cualidad negativa existen los llamados tikunim y/o yejudim específicos, que se expondrán a continuación y que se deben practicar asiduamente.

La meditación allana, afloja, endulza, pero el paso final es de la voluntad que tiene que hacer el cambio. Tiene que manifestarse en la acción que la rectificación deseada ha tenido lugar.

También, y puesto que la rectificación atañe principalmente a Guevurá, el desarrollar las cualidades de su polar complementario, es decir, de Jésed, es fundamental, entre otras cosas para mantener el equilibrio. Esto no sólo en el aspecto pasivo, compensando quizá una tendencia a la rigidez y el fanatismo mediante la paciencia, la tolerancia, el perdón y la gracia, sino también en su papel activo, de tsedaká, de ponerse al servicio de otros y, en general, de generación de cualidades positivas.

Todo el campo mental en el que no sólo debe proceder nuestro desarrollo espiritual, sino también nuestra actividad de servicio a los demás, debe estar fundamentado en una actitud y una emocionalidad positivas. La alegría, el gozo, el amor, la gratitud, y un largo etcétera, son condiciones necesarias para la conciencia superior y para mantener la necesaria conexión operativa. Eso también es necesario trabajarlo.

Por eso, lo que resta de este capítulo estará dividido en dos partes, la primera de rectificación de cualidades negativas y la segunda de

generación de cualidades positivas. La técnica es esencialmente la misma. Es necesario decir que para aplicarla correctamente es necesario tener un buen conocimiento de las letras hebreas y de los procedimientos semánticos, principalmente de la guematria. En realidad, este recurso se va utilizar de forma extensiva en esta obra de ahora en adelante, como un pilar básico en el manejo cabalístico de las energías espirituales.

El alfabeto hebreo

Metodología

Puesto que este libro quiere ser esencialmente práctico, es importante saber cómo proceder.

1. Lo primero, si queremos ser sistemáticos, es elaborar un diagnóstico sobre nosotros mismos (o sobre la persona a tratar cuando se aplica a otros). Es decir, hemos de trazar un mapa lo más completo posible de nuestro nivel ético. Y, en particular, identificar y analizar la cualidad o cualidades más problemáticas, dilucidando sus elementos.

Luego decidir sobre qué vamos a trabajar: hay que establecer prioridades, pero no empezar por lo más difícil, lo más arraigado, para no frustrarnos desde el principio. Es importante actuar sobre una sola cosa cada vez; no se puede hacer todo de golpe. Y persistir durante un período de tiempo suficiente.

Para delinear nuestro mapa –nuestro espejo, digamos, oscuro– podemos utilizar el Árbol de la Vida, aclarando cuál es nuestra composición sefirótica en este contexto. La guía que se da a continuación puede servir de ayuda para establecer nuestros puntos más débiles. Por supuesto, es necesario un alto grado de honestidad con uno mismo para que este repaso introspectivo sea de alguna utilidad real.

Rectificación de cualidades negativas

Jojmá: Futilidad, falta de sentido o propósito, el cambio por el cambio
Biná: Tristeza, depresión, inmovilismo
Dáat: El vacío estéril, nihilismo (desconexión con la Luz), el idealismo utópico escapista
Jésed: Glotonería, hipocresía, despotismo, fanatismo
Guevurá: Odio, crueldad, ira, venganza
Tiféret: Orgullo, falta de autoestima, huida de uno mismo
Nétsaj: Lujuria, egoísmo, alexitimia (vacío de emociones)
Hod: Mentira, habla negativa, duda, escepticismo, robo
Yesod: Envidia, pereza, dependencia
Maljut: Inercia, codicia, deseo de bienes.

2. Después decidimos qué tipo de acción vamos a tomar al respecto. Es necesario movilizar la voluntad, es decir, tener la firme resolución de que, cueste lo que cueste, vamos a rectificar la cualidad negativa en cuestión.

Es mucho lo que se puede hacer. Aunque aquí vamos a desarrollar el método de Yejudim, hay otras posibilidades simples, como por ejemplo apelar a la sefirá predominante en el problema mediante el Nombre Divino correspondiente, el arcángel y el orden angélico de la sefirá. Incluso construir un ritual al respecto.

También el cambio de actitud y la generación de pensamiento positivo son fundamentales. Podemos ver la cuestión como una oportunidad de aprendizaje, como una oportunidad de crecimiento.

3. No hay que olvidar el plano de la acción. Habremos culminado el proceso cuando en un contexto similar al que nos suscitaba la emoción negativa ya no reaccionamos del mismo modo.

En ningún momento se puede subestimar la fuerza del hábito y de la adicción a nuestras propias características negativas. El Ari, por ejemplo, además de diseñar meditaciones específicas del tipo de las que vamos a ver, también prescribía determinados tikunim en forma de ayunos, dar tsedaká y otras obras de misericordia. Es mejor que este aspecto sea supervisado por otros para no caer en una exageración perfeccionista o en un masoquismo estéril.

El principio en que se basa esta técnica es simple: palabras corrientes, nombres y versículos (no sólo en el contexto de transmutación, sino en general) mediante las técnicas de manipulación literal (guematriot, notarikón o acrósticos, sustituciones, permutaciones, etc.) se transforman en Nombres Divinos. Ésa –el Nombre de Dios correspondiente– es precisamente la raíz espiritual tanto de la palabra como de la acción que sustenta.

De este modo, toda palabra (puesto que tiene un valor numérico, etc.) se hace santa y se adhiere a su raíz espiritual en Dios, lo que realiza el Yijud, la unificación. Puesto que la Luz Divina es incompatible con cualquier modo de negatividad, se produce la transmutación instantánea. Se genera así una alquimia interior que nos limpia, nos purifica y nos libera de la atadura a la cualidad negativa. Más aún, nos genera la cualidad positiva complementaria (es decir, se han liberado y elevado las chispas de luz atrapadas desechando la cáscara).

Pero no hay que olvidar lo dicho antes respecto de la persistencia obstinada de las pautas negativas. Debido a nuestra composición compleja, seguramente no va a bastar una única meditación para solventar la cuestión. Una meditación aflojará los nudos, pero no los deshará por completo. Será necesario un programa de repeticiones, y hacer una misma meditación durante cuarenta días es una medida estándar. La fuerza de la meditación creará las condiciones tanto internas como de acontecimientos externos para que la rectificación sea completa. Un mínimo de siete días será importante para cristalizar la cuestión.

El **procedimiento** a seguir es el usual en la meditación sobre Nombres:[1]

1) Procedimiento general de apertura para crear el contexto meditativo.
2) Construcción del Nombre, palabra, código de letras o combinación de Nombres objeto de la meditación: en el firmamento. En letras de fuego blanco, irradiando luz blanca.
3) Tras la concentración completa en las letras se atrae la luz y se recorre por todo el cuerpo hasta la plenitud.

   Se es consciente de la transmutación, es decir, de cómo nuestra cualidad negativa sufre una transformación. Podemos suscitar en nosotros la cualidad negativa y experimentar directamente cómo desaparece bajo ese rostro para transformarse en luz. Podemos detenernos más tiempo en la parte del cuerpo u órgano más afectado (garganta, diafragma, etc.) si eso resulta relevante. Experimentamos y contemplamos. Nos dejamos llevar. Hay un punto

---

1. Véanse los desarrollos en mis tres libros mencionados en el preámbulo.

de creatividad personal en todo el proceso. Terminamos sintiendo cómo la luz del Nombre o Nombres nos llena por completo.
4) Hacemos una proyección de la luz al entorno, para contribuir a rectificar la cualidad negativa como parte del tikún olam (rectificación del mundo). Es decir, imaginamos de una forma genérica que el mismo proceso de transformación que hemos experimentado nosotros les acontece a todos los seres humanos que se encuentren en una condición similar.
5) Agradecimiento y retorno.

Antes de empezar con cualidades concretas, hay que notar que, como en cualquier lengua, en hebreo hay palabras que a efectos prácticos son prácticamente sinónimas. Por ejemplo, avaricia y codicia. E incluso a veces un mismo concepto se puede decir de varias maneras. Es necesario decir que podemos utilizar cualquiera de las variaciones o incluso todas ellas según los momentos.

En cada caso se da, después del nombre, el término transliterado en hebreo, su valor numérico y su escritura en letras hebreas. A continuación, una o varias construcciones de Nombres Divinos del mismo valor numérico que son el objeto de la meditación. No es necesario decir que se puede alcanzar el mismo valor numérico de muchas formas, con muchas combinaciones de Nombres. Dios es infinito y su acción luminosa no tiene por qué circunscribirse a un canal único. La combinación que aquí se da forma parte de la práctica personal del autor, pero una vez comprendida la metodología, cada cual puede desarrollar su propia aproximación.

Yejudim de transmutación

1) **Aburrimiento:** Shiamúm, 466, שיעמום

אהה

אלף הי יוד הי

אלף הא יוד הא
אלף הה יוד הה

Todo es Eheieh (aparecen los tres desarrollos): YO SOY.

2) Altivez: Guee, 9, גאה

El término AJ, Alef Jet, de valor nueve, se considera un acróstico del Nombre El JAI, Dios Vivo. Se medita primero en el par de letras AJ y luego se abren para formar el Nombre de Dios.

אח
↓
אל חי

3) Ambición: Sheifá, 396, שאיפה

אלהים
אלף למד הי יוד מים

Nombre de Dios en Biná y su extensión.

4) Angustia: a) Tsaar, 360, צער;

א
קרע שטן

Querá Satán es el versículo de Guevurá del Nombre de 42. Conectado con la unidad Alef nos libera de toda angustia.

b) Metsar, 330, מצר;

מצר es uno de los 72 Nombres. Podemos apelar al ángel Mitsrael.

c) Metsuká, 241, מצוקה

אדיר יהוה

Adir YHVH
Poderoso (es) YHVH.

5) Arrogancia: Gaavá, 15, גאוה

י ה = 15.
Jojmá trasciende toda forma. Hacer Bitul (autoanulación).
En una 2.ª fase: abrir el Nombre.

יוד הא = 26.
Tetragrama: el Ser activo del Universo.

6) Ansiedad: Jaradá, 217, חרדה

a) אויר

Avir, aire, éter, = אור + י = luz + punto de infinito, la fuente de luz.
Significado: la luz de Jojmá trasmitida por el aire (prana o shéfa, שפע).
La ansiedad tiene mucho que ver con una respiración disminuida.
En cada inspiración introducir el aire luminoso (que también es אורי,
Orí o Urí, mi luz). En la espiración expulsar la ansiedad.

b) בהיר

Bahir, claro, sereno, iluminado, lúcido. El estado a alcanzar.

c) בריה

Briá, creación, mundo del Ser. La conexión con el mundo
espiritual. Meditar en el Nombre Divino: יוד הי ואו הי, extensión
en Briá de YHVH.

7) Avaricia: a) Kamtsanut, 686, קמצנות.

אלהים
אלף למד הי יוד מם
מצפץ

Conexión con Biná. Matspats es el tetragrama transformado por AtBash. suma 300, el valor de Rúaj Elohim.

b) Avaro: Kamtsán, 280, קמצן

ורב חסד
verab jésed
«Y grande en misericordia», una de las 13 midot.

o

סנדלפון
Sandalfón.
Arcángel de Maljut.

8) **Avidez:** a) Taavá, 412, תאוה;

נצר חסד
notser jésed
«Mantiene su amor (misericordia)», una de las 13 midot.

b) Hemiá, 60, המיה

1) כלי
Uno de los 72 Nombres. Significado general (literal) de vasija.

2) יהוה אהיה אחד
Jojmá y Biná, Padre y Madre son uno y nos proveerán de lo que necesitemos.

9) **Calumnia:** Dibá, 11, דבה

וה
Letras de Tiféret y Maljut en el tetragrama.

Después estas letras se abren.

↓

יאהדונהי

Entrelazamiento de YHVH y Adonai (Tiféret y Maljut).
La verdad resplandece.

10) **Celos:** Kiná, 156, קנאה

עין יהוה
El ojo de Dios.

11) **Codicia:** Taavá, 412, תאוה

נצר חסד
notser jésed
Una de las trece midot. *Véase* avidez.

12) **Cólera:** a) Zaam, 117, זעם

אל אלהים
Equilibrio Jésed y Guevurá.

b) Kaas, 150, כעס

אלף הה יוד הה
Eheieh (Yo Soy) en Asiá. Suma 151 (hemos añadido una unidad por el Kolel). Suma lo mismo que Miqvé, la piscina ritual de purificación.

13) **Confusión, turbación, agitación, desorden, querella, calumnia:** Bilbul, 70, בלבול

ע
Letra Ayin, = 70, significa ojo.
↓

עין
= Ojo = 130
↓
יהוה
יהוה יהוה יהוה
יהוה

El ojo de Dios. Total 130.

o bien,

יוד
יוד הא
יוד הא ואו
יוד הא ואו הא

del mismo valor numérico 130
Visualizar en el tercer ojo.

14) Depresión: a) Dikaón, 91, דיכאון

1) יהוה
אדני
↓
יאהדונהי

YHVH + Adonai, unión de Tiféret y Maljut, el cielo y la Tierra, el Santo, bendito sea y la Shejiná. Reconstruye la conexión con la Luz (depresión como carencia severa de luz) y es la fuente de las bendiciones.

2) אמן

Amen, conexión con Biná y el mundo del Espíritu.

3) סאל

De los 72 Nombres (45), Tiféret de Tiféret.

4) פאי

Notaricón de Potéaj et Yadeja.

16. פּוֹתֵחַ אֶת־יָדֶךָ וּמַשְׂבִּיעַ לְכָל־חַי רָצוֹן

ratsón jái lejól umasbía yadéja et Potéaj

Abres tu mano y satisfaces a todos los vivientes con favor
Abres tu yod, tu punto de infinito, la fuente de Luz.

b) Sheka, 470, שקע

יהי אור ויהי אור

Yehí Or Vayehí Or
Que la Luz sea y fue la Luz.
Notaricón: יאו = 18 = חי, vivo.

15) **Desprecio**: Maós, 107, מאוס

מגן דוד

Maguén David, Escudo de David
Visualizar un hexagrama de luz dorada e introducirse en él.

מגן es אל אל אל

16) **Discordia**: Meribá, 257, מריבה

a) נורא

Tremendo.

אל נורא

El Norá.
Dios terrible (impresionante).

b)

יהי

יוד הי ויו הי
יוד הי ואו הי
יוד הא ואו הא
יוד הה וו הה

17) Duda: Mesufaq, מספק = 280

a) סנדלפון
Sandalfón, arcángel de Maljut.

b) ערי
Uno de los 72 Nombres

c) ורב חסד
verab jésed
«Y grande en misericordia», una de las 13 midot.

18) Envidia: Kiná, 156, קנאה

También se dice Ayin HaRá, עין הרע, ojo malo o mal de ojo. Trabajo: Transformar nuestro ojo negativo en la mirada divina:

a) עין יהוה, Ojo de Dios = 156.

b) יהוה = 26
יוד
יוד הא
יוד הא ואו
יוד הא ואו הא = 130
―――
156

19) **Error:** a) Taút, 485, טאות;

תהלים
salmos
Lectura del libro de los salmos.

o

יהי אור
אלף הה יוד הה
אלהינו

Sea la luz (de) Eheieh (extendido en Asiá) nuestro Dios
(y nos libre de todo error).

b) Sheguiá, 366, שגיאה

קים ברוח
qayam berúaj
Existente en Espíritu
(aunque puede que no lo percibamos directamente).

שם הויה
El Nombre de Dios

20) **Gula:** Zélel, 67, זלל

בינה
Biná
La Providencia nos proporciona todo lo que necesitemos
en la medida apropiada.

21) **Ilusión:** a) Hazayá, 27, הזיה;

א
Tetragrama potencial

↓
יהוה

b) Hashlayá, 350, השליה

שכל
Inteligencia.
ó
שן
Diente (procesar).

22) Intrigar: Zud, 17, זוד

a) אהוה
Nombre de Dios en Dáat.
Acróstico de Et Hashamayim VeEt Ha Arets, los cielos y la Tierra.
El Plan Divino. Dejar que las cosas sucedan.

b) טוב
Bien, bueno.

c) איו
Letras «masculinas» del Nombre de Dios.

23) Ira: a) Zaam, 117, זעם;

אל אלהים
Equilibrio Jésed y Guevurá.

b) Kaas, 150, כעס

אלף הה יוד הה

Eheieh (Yo Soy) en Asiá. Suma 151 (hemos añadido una unidad por el Kolel). Suma lo mismo que Miqvé, la piscina ritual de purificación.

c) Jemá, 63, חִימָה;

יוד הי ואו הי
Extensión del tetragrama en Briá.

d) Zaaf, 157, זַעַף

אהיה
יהוה
אדני
אדם

Los tres Nombres en el pilar del medio sobre el ser humano. El Talmud dice que quien se deja llevar por la ira es como si adorara ídolos.

24) **Irritación:** Zaáf, 157, זַעַף

אהיה
יהוה
אדני
אדם

(Véase arriba)

25) **Lujuria:** Agabá, 80, עגבה

יה אדני
פ = יסוד = Yesod
Lujuria como desequilibrio del centro yesódico

26) **Maldad:** Ra, 270, רע

הוא יהוה
יוד הי ויו הי
יוד הי ואו הי

יוד הא ואו הא
יוד הה וו הה
Él es YHVH,
en sus cuatro extensiones, en todos los mundos.

27) **Maldiciones:** Quelalá, 165, קללה

קל יוד הי
Voz de Dios en extensión (Yah extendido).

28) **Malicia:** Néjel, 100, נכל

נלך uno de los 72 Nombres.

ó

יד אלהים
Mano de Dios.

29) **Mentira:** Shéquer, שקר = 600

רוח אלהים
מצפץ

30) **Miedo:** Pájad, 92, פחד;

a) Pájad es uno de los nombres de la 5.ª sefirá.
Pájad Yitsjaq, el Temor de Isaac, es un Nombre de Dios (Génesis):
פחד יצחק = 300 = מצפץ (atbash de YHVH) = Shin = Rúaj Elohim

פחד יצחק
מצפץ

b) 92 = אלהיך יהוה = YHVH tu Dios.

אלהיך יהוה

YHVH tu Dios

c) Emá, 56, אימה;
ליהוה
a (para) YHVH

d) Zajal, 45, זחל;
יוד הא ואו הא
Tetragrama en Yetsirá.

אדם

Adonai li, lo irá, mah yaaséh li Adam
Adonai está conmigo, no temeré, ¿qué puede hacerme el hombre?
(Salmo 118)
e) Yirá, 216, יראה

1) גבורה
Guevurá
Las 216 letras de los 72 Nombres.
Recitar el mantra:
Reshit Jojmá Yirat YHVH: el Temor de Dios es el principio de la Sabiduría. Pedir ser liberado de todo temor salvo el temor de Dios, que es el principio de la sabiduría.

2) 216 = 3 × 72:

י
י ה
י ה ו
י ה ו ה

יוד הי ויו הי

היה הוה ויהיה

Tres formas del Nombre de Dios, cada una de las cuales suma 72.

31) Odio: a) Siná, 366, שִׂנאה;

שֵׁם הויה ,

Shem Havayá, el Nombre del que Es, una forma de decir
el tetragrama.

b) Ebá, 18, אִיבה;

חִי

vivo

"יְהִי אוֹר וַיְהִי אוֹר", Que la Luz sea y fue la Luz. Notaricón: יאו" = 18

c) Séten, 359, שׂטן

קרע שׂטן

Kará Satán: rompe el Satán,
versículo de Guevurá (2.º) del Nombre de 42.

32) Orgullo: Gaavá, 15, גאוה

יה
↓
יוד הא

י' Nombre de Dios en Jojmá.
Jojmá trasciende toda forma. Hacer Bitul.
En una 2.ª fase: abrir el Nombre יוד הא = 26. tetragrama: el Ser
activo del Universo.

33) **Pereza:** a) Atsalut, עצלות, 596

וׁשריה מלה
(Ángel Vashariah + Nombre Me/La/He)

b) Atslanut, עצלנות, 646

אלהים (Mem cuenta como final)
o
רצון רוח אלהים
La voluntad del espíritu de Dios.

34) **Perversidad:** a) Belial, 142, בליעל;

אימא אלהים
Imma Elohim
Madre Elohim

b) Toa, 481, תועה
יהוה
אלף הי יוד הי
אלף הא יוד הא
אלף הה יוד הה

Las tres extensiones en triángulo y el tetragrama en el centro. Limpia de todo mal.

35) **Rabia:** Kaas, 150, כעס;

אלף הה יוד הה

Jemá, 63, חימה,
יוד הי ואו הי

Zaam, 117, זעם
אל אלהים

(*véase* ira)

36) **Rencor:** Ebá, 18, hbya *(véase* odio)

חי

יאוא (notaricón de Yehí Or Vayhí Or)

37) **Soberbia:** Yehirut, 631, יהירות

a) אאלף למד הי יוד מם
מצפץ
אל

Biná, Dáat, Jésed. Conexión con nuestra Neshamá.

b) אהיה יהוה אלהים
במלכות

La luz de los tres supremos en Maljut.

38) **Tristeza:** a) Tradicional: de la siguiente manera:

אלף למד
אלף למד

N.D. en Jésed EL extendido repetido.

אלף למד = 185 = הפנים = haPanim, el Rostro (de Dios).
En este caso, los dos Rostros.

b) Étseb, 162, עצב,

163 (considerando una unidad por el kolel) = הוא אלהים אדני

c) Yagón, 69, יגון,

68 (más una unidad por el kolel) = אהיה יהוה אהיה = חיים

d) Tugá, תוגה = 414

אין סוף אור
La Luz Infinita.

e) Además, el Shemá:

שמע ישראל יהוה אלהינו יהוה אחד
Ejad Adonai Elohenu Adonai Israel Shemá

(ברוך שם כבוד מלכותו לעולם ועד) (En voz baja)
VaEd LeOlam Maljutó Kebod Shem Baruj

Escucha Israel YHVH Elohenu YHVH (es) Uno.
(En voz baja) Bendito sea el Nombre; la Gloria de su Reino (es) para toda la eternidad

עד (escrito con letras de mayor tamaño en el texto original): Palabra que significa Eternidad y Testigo (testimonio). Es la raíz de la palabra «Conciencia». De ella deriva el término Edén, עדן, siendo la nun final un aumentativo.

אשמח שמע אחד, reordenado, se puede escribir como עד אשמח, leído como Eshmaj Ad, y que significa: Me alegraré en AD, es decir, en la conciencia pura, la conciencia testigo, la raíz de la conciencia. En la Conciencia, el Gran Gozo, descansamos en plenitud.

39) **Venganza:** Nekamá, 195, נקמה

a) עין אדני
Ojo de Adonai

b) א
א ה
א ה י
א ה י ה
אלף הה יוד הה
Eheieh, Yo Soy

c) דין אלהים
יד אל

Juicio de Dios.
Mano de Dios.

40) Violencia: a) Alimot, 487, אלימות ;

אהיהוה
אלף הי יוד הי
אלף הא יוד הא
אלף הה יוד הה

Un triángulo: sus lados las tres extensiones de Eheieh.
En el centro un hexagrama con una letra de la composición
de Eheieh y YHVH (32 = leb) en cada vértice.

b) Jamás, 108, חמס;
א
מגן דוד

Un Escudo de David (hexagrama) con una letra en cada vértice.
En el centro la Alef.

ó

אהוי
אלהים

Eheví, Nombre en Dáat que suma 22.
Las 22 letras en círculo con Elohim en el centro.

c) Shod, 304, שד
1) Completar a שדי

2) אהבה
אלף למד הא יוד מם
Dios Amor

Generación de cualidades positivas

No sólo es importante rectificar rasgos negativos, también en aras del equilibrio (Jésed) hay que generar cualidades positivas. La técnica es la misma en cuanto a la sustitución de la palabra por un Nombre Divino del mismo valor numérico y la recepción y canalización de su luz para que opere la alquimia correspondiente.

He aquí una enumeración –no exhaustiva, por supuesto– de cualidades a trabajar:

Abundancia: Shéfa, 450, שפע
¡Adelante!: Kadima, 159, קדימה
Alegría: Jedvá, 23, חדוה; Shimjá, 353, שמחה; Sasón, 656, ששון
Amor: Ahavá, 13, אהבה
Arrepentimiento: Teshuvá, 713, תשובה
Bondad: Jésed, 72, חסד
Calma: Shalvá, 341, שלוה
Caridad: Tsedaká, 199, צדקה
Claridad: Behirut, 623, בהירות; Bahir, 217, בהיר
Conceptualización: Briá, 218, בריאה
Compasión: Rajamim, 298, רחמים; Jemlá, 83, חמלה
Completitud: Shalem, 370, שלם
Confianza: Bitajón, 75, בטחון
Coraje: Omets, 131, אמץ
Creación: Briá, 218, בריאה Yetsirá, 315, יצירה

Corazón puro: Leb Tahor, 252, לב טהור
Derecho, recto, honrado: Yashar, 510, ישר
Descanso: Menujá, 109, מנוחה
Despertar: Heará, 211, הארה
Dicha: Óneg, 123, ענג
Diferenciación: Havdalá, 46, הבדלה
Disciplina: Mishmaat, 850, משמעת
Esperanza: Tiqvá, 511, תקוה
Éxito: Hatslajá, 138, הצלחה
Fe: Emuná, 102, אמונה
Felicidad: Shimjá, 353, שמחה; Osher, 501, אשר
Fidelidad: Neemanut, 547, נאמנות; Emuná, 102, אמונה
Fortaleza: Izur, 214, אזור
Franqueza: Hitgalut lev, 876, התגלות לב
Humildad: Anavá, 131, ענוה
Inocencia: Temimut, 896, תמימות
Integridad: Tom, 440, תם, Temimut, 896, תמימות
Íntegro: Tam, 440, תם; Tamim, 490, תמים
Justicia: Mishpat, 429, משפט
Lealtad: Emuná, 102, אמונה
Meditación: Siáj, 318, שיח; Hagut, 414, הגות; Saáf, שעף; Hitbodedut, 821, התבדדות
Misericordia: Jésed, 72, חסד, Rajamim, 298, רחמים
Modestia: Anavá, 131, ענוה
Obediencia: Marút, 646, מרות
Orden: Séder, 264, סדר
Paz: Shalom, 376, שלום
Perdón: Selijá, 113, סליחה
Piedad: Jémel, 78, חמל
Pobre: Aní, 130, עני; Dal, 34, דל
Pobreza: Oní, 130, עני, Dalut, 440, דלות
Precisión: Diyuq, 120, דיוק
Protección: Héguen, 58, הגן
Pureza: Tahará, 219, טהרה

Realización: Asiá, 385, עשיה
Rectitud: Tsédeq, 194, צדק
Recuerdo: Zejor, 233, זכור
Retorno: Teshuvá, 713, תשובה
Sabiduría, Jojmá, 93, חכמה; Dáat, 474, דעת
Signo: Simán, 160, סימן
Silencio: Sheket, 409, שקת
Tranquilidad: Menujá, 109, מנוחה
Verdad: Emet, 441, אמת
Vida: Jayim, 68, חיים

En una breve panorámica podríamos utilizar los Nombres siguientes:

1) **Abundancia:** Shéfa, 450, שפע

קול שדי
Voz de Shadai.

2) **Adelante:** Kadima, 159, קדימה

נח יה אלהים
Descanso de Yah Elohim (Jojmá/Biná).

3) **Alegría:** a) Jedvá, 23, חדוה;

חיה
Jaiá, el alma transpersonal en Dios, puro gozo.

b) Shimjá, 353, שמחה;

אלף למד הי יוד מם
יוד הה ואו הה
La acción de Biná (Elohim extendido, 300) en el Gan (53) Eden.

c) Sasón, 656, שָׂשׂוֹן

יוד ואו דלת
הא יוד
ואו אלף ואו
הא יוד

(N. de D. en Briá יוד הי ואו הי extendiendo cada letra)

4) **Amor:** Ahavá, 13, אהבה Un Nombre de Dios en sí mismo. Utilizar esta misma palabra.

5) **Arrepentimiento:** Teshuvá, 713, תשובה

יהי
יוד הי ויו הי
יוד הי ואו הי אלף הי יוד הי
יוד הא ואו הא אלף הא יוד הא
יוד הה וו הה אלף הה יוד הה

Primera línea: Yehí (Sea). Conexión con la Luz Infinita.
Segunda línea: Extensión YHVH en Atsilút.
Tercera línea: YHVH en Briá. Extensión Eheieh en Briá.
Cuarta línea: Idem, ambos en Yetsirá
Quinta línea: Idem, ambos en Asiá

También Biná בינה (por ser la teshuvá una cualidad de Biná).
ó
יהוה אלהים (Nombre de Dios en Biná)

6) **Bondad:** Jésed, 72, חסד Un Nombre de Dios en sí mismo. Utilizar esta misma palabra.

Además:
יוד הי ויו הי.
Tetragrámaton en Atsilút.

o

מכבי,

Makabi, notarikón de Mi Jamoja BaElim YHVH,
Quién como tú entre los dioses. YHVH

7) **Calma:** Shalvá, 341, שלוה

אמש

Las tres letras madres.

ó

יה יהוה
מצפץ

8) **Caridad:** Tsedaká, 199, צדקה

חכמה
יהו היו ויה והי יוה הוי

Jojmá y las seis permutaciones de YHV que sellan el cubo del espacio.

9) **Claridad:** a) Behirut, 623, בהירות;

צחצחות
אהיה

Tsajtsajot, Brillantez (Josué 52, 11) + Eheieh

b) Bahir, 217, בהיר
אויר

Avir, aire, éter, אור + y= luz + punto de infinito,
la fuente de luz

10) **Conceptualización:** Briá, 218, בריאה Utilizar esta misma palabra.

11) **Confianza:** Bitajón, 75, בטחון

מלה
Uno de los 72 Nombres.

o

יהוה אל חי
YHVH Dios Vivo.

12) **Coraje:** Omets, 131, אמץ

א
יהוה יהוה יהוה יהוה
Cinco Tetragramaton (Ojo) en pentagrama con la Alef en el centro.
La visión de la unidad.

13) **Creación:** Briá, 218, בריאה Yetsirá, 315, יצירה

אביע
Acróstico de los 4 mundos.

14) **Corazón puro:** Leb Tahor, 252, לב טהור

כוזובמוכסזכוזו
Letras siguientes (ABGaD) de YHVH Elohenu YHVH

15) **Derecho, recto, honrado:** Yashar, 510, ישר Utilizar esta misma palabra.

ó

,
ה

ו
ה
Tetragrama en vertical.

16) **Descanso:** Menujá, 109, מנוחה

חן י יה יהוה
(חן es Gracia)

17) **Despertar:** Heará, 211, הארה

אנכי יוד יוד הא יוד הא ואו הא יוד הא ואו הא
Yo soy YHVH (extendido en Mah = ojo)

18) **Dicha:** Óneg, 123, ענג

יהוה יוד הא ואו הא יוד הה וו הה
YHVH + Mah + Ben

19) **Diferenciación:** Havdalá, 46, הבדלה

יוד
יוד הא

20) **Disciplina:** Mishmaat, 850, משמעת

שפע בעל רחמים
El influjo del Señor de la Misericordia.

21) **Esperanza:** Tiqvá, 511, תקוה

אל דעות
El Deot, Dios de Conocimiento (Sabiduría) (Sam 2, 3)

22) **Éxito:** Hatslajá, 138, הצלחה

יהוה אלהים יהוה

23) **Fe:** Emuná, 102, אמונה Utilizar esta misma palabra o

אלהינו
Nuestro Dios

24) **Felicidad:** a) Shimjá, 353, שמחה Utilizar esta misma palabra o

אלף למד הי יוד מם
יוד הה ואו הה

b) Osher, 501, אשר Utilizar esta misma palabra o

אל יהוה אב אמת
El YHVH padre de la verdad.

o

אהיה אשר אהיה

25) **Fidelidad:** a) Neemanut, 547, נאמנות;

יהוה אלוה ודעת
YHVH Dios que se hace conocer
(suma 548; una unidad por el kolel).

b) Emuná, 102, אמונה Utilizar esta misma palabra o

אלהינו
Nuestro Dios

o

אמן

notarikón de Adonai Mélej Neemán, Mi Señor Rey fiel

26) **Fortaleza:** Izur, 214, אזור

יוד הי ואו הי
אלף הה יוד הה

o

רוח

Rúaj (Espíritu)

27) **Franqueza:** Hitgalut lev, 876, התגלות לב

אהיה אשר אהיה
גלש

543 + 333 (el poder del ternario)

28) **Humildad:** Anavá, 131, ענוה Utilizar esta misma palabra o

א

יהוה יהוה יהוה יהוה יהוה

Cinco Tetragramaton (Ojo) en pentagrama con la Alef en el centro
La visión de la unidad

29) **Inocencia:** Temimut, 896, תמימות

אמת
מלו כל הארץ כבודו

Verdad
Toda la Tierra está llena de su Gloria

30) **Integridad:** a) Tom, 440, תם

נפשי
mi alma

b) Temimut, 896, תמימות

אמת
מלו כל הארץ כבודו
Verdad
Toda la Tierra está llena de su Gloria.

31) **Íntegro:** a) Tam, 440, תם

נפשי
mi alma

b) Tamim, 490, תמים

יד אלהים
שמים
La mano de Dios.
Los cielos.

32) **Justicia:** Mishpat, 429, משפט

ש
גדול אלהים
Letra Shin del Espíritu de Dios.
Grande es Elohim.

33) **Lealtad:** Emuná, 102, אמונה Utilizar esta misma palabra o

אלהינו
Nuestro Dios

o

אמן

notarikón de Adonai Mélej Neemán, Mi Señor Rey fiel

34) **Meditación:** a) Siáj, 318, שׂיח

חי רוח אלהים
Viva el Espíritu de Dios.

b) Hagut, 414, הגות

אור אין סוף
La Luz Infinita.

c) Saáf, 450, שׂעף

קול שׁדי
Voz de Shadai.

o

שׁפע
El influjo Divino.

d) Hitbodedut, 821, התבדדות

אין כתר חכמה בינה
Ayin Kéter Jojmá Biná

35) **Misericordia:** a) Jésed, 72, חסד

י ה
י ה ו
י ה ו ה

b) Rajamim, 298, רחמים

יהוה אלהים
בעל הגמול

YHVH Elohim Baal haguemul, El Eterno Dios Señor de la recompensa.

36) **Modestia:** Anavá, 131, ענוה

א
יהוה יהוה יהוה יהוה

Cinco Tetragramaton (Ojo) en pentagrama con la Alef en el centro. La visión de la unidad.

37) **Obediencia:** Marút, 646, מרות

רצון רוח אלהים
Voluntad del Espíritu de Dios.

38) **Orden:** Séder, 264, סדר

אהיהוה
יוד הי ויו הי
יוד הי ואו הי
יוד הא ואו הא
יוד הה וו הה

AHYHVH con las cuatro extensiones del tetragrama.

39) **Paz:** Shalom, 376, שלום

אהיהוה
יהוה אלהים
יוד הי ויו הי
יוד הי ואו הי

יוד הא ואו הא
יוד הה וו הה

o

יהוה ימלך לעולם ועד
YHVH Yimloj Leolam Vaed
El Eterno reinará por siempre jamás.

40) Perdón: Selijá, 113, סליחה

אל טוב אדני
Mi Señor es Dios Bueno.

41) Piedad: Jémel, 78, חמל

יהוה יהוה יהוה

42) Pobre: a) Aní, 130, עני

יוד
יוד הא
יוד הא ואו
יוד הא ואו הא

b) Dal, 34, דל

אל אב
Dios Padre.

43) Pobreza: a) Oní, 130, עני

יוד
יוד הא

יוד הא ואו
יוד הא ואו הא

b) Dalut, 440, דלות
נפשי
Mi alma.

44) **Precisión:** Diyuq, 120, דיוק

א
א ל
א ל ח
א ל ח י

45) **Protección:** Héguen, 58, הגן

חן
Gracia.

46) **Pureza:** Tahará, 219, טהרה

הרוח
HaRúaj, el Espíritu.

47) **Realización:** Asiá, 385, עשיה

שכינה
Shejiná

48) **Rectitud:** Tsédeq, 194, צדק

יהוה אלהים
חסיד
Jasid, bueno, devoto, piadoso.

49) **Recuerdo:** Zejor, 233, זכור

יוד אלף הי הי ויו יוד הי הי
Entrelazado de Eheieh y YHVH extendidos en Atsilút.

50) **Retorno:** Teshuvá, 713, תשובה Utilizar esta misma palabra o

יהוה
יוד הי ויו הי
יוד הי ואו הי אלף הי יוד הי
יוד הא ואו הא אלף הא יוד הא
יוד הה וו הה אלף הה יוד הה

51) **Sabiduría:** a) Jojmá, 73, חכמה Utilizar esta misma palabra o su Nombre Divino

יה

o

החיים
La Vida

b) Dáat, 474, דעת Utilizar esta misma palabra o sus Nombres Divinos.

אהוי
אהוה

o

כדתים
Iniciales de las sefirot del pilar del medio (suma 474).

52) **Signo:** Simán, 160, סימן

עד אלהים
Testigo de Elohim

53) **Silencio:** Sheket, 409, שקת

קדוש
Santo (suma 410. Una unidad por el kolel).

o

יחידה חשמל
Yejidah (Chispa divina) Jashmal (silencio hablante).

54) **Tranquilidad:** Menujá, 109, מנוחה

חן י יה יהוה
חן es Gracia.

55) **Verdad:** Emet, 441, אמת

יוד הי ואו הי
יוד הי ואו הי
יוד הי ואו הי
יוד הי ואו הי
יוד הי ואו הי
יוד הי ואו הי
יוד הי ואו הי

(Siete rayos del Espíritu)

56) **Vida:** Jayim, 68, חיים

אהיה
יהוה אהיה

o

אל הכבוד
Dios de la Gloria.

CAPÍTULO 3

El Dáat de Yetsirá

Consolidada la tríada Hombre Solo, el siguiente paso es desarrollar la tríada Dios en Hombre (Jojmá/Biná/Tiféret) del mundo de Yetsirá, que se solapa con la tríada Mineral del mundo de Briá. Estas correspondencias nos enseñan que en este nivel trabajamos en la Merkavá, el cuerpo de luz (tríada Mineral) que nos va a permitir cruzar la puerta del Dáat de Yetsirá/Yesod de Briá, contenido en ambas manifestaciones de esta tríada.

El Dáat opera la transformación de conciencia, la transición entre mundos. Trabajando este Dáat, abriéndonos a su influencia –a las facultades mentales superiores de Jojmá y Biná–, empezamos a construir un fundamento (Yesod) en el mundo espiritual que nos permitirá tener presencia consciente en Briá, el plano del ser.

Éste es el primer nivel transpersonal. En la terminología de Ken Wilber corresponde a lo que se llama el nivel sutil inferior, con una estructura de identidad que llamamos Yo espiritual simbólico-psíquico o también self guía, y un nivel de conciencia que empieza a percibir en totalidades, entendiendo la dinámica cósmica (visión de la maquinaria del universo), así como a autopercibirse al nivel de la información primordial del sujeto: su tarea en esta vida y su línea de vida (tikún) a través de sus reencarnaciones. Recuérdese *(véase* el capítulo 1) que en este nivel, en sentido descendente, aún no se ha producido el colapso de la función de onda que integra el sujeto/objeto.

Por eso, aquí también, en sentido ascendente, pueden despertarse capacidades catalogadas normalmente como paranormales, pero sobre todo lo importante es la facultad de la intuición espiritual, un modo de cognición directa tanto de uno mismo como del mundo. Se trata de una iluminación, de una percepción de la esencia de las cosas, de una compasión genuina, un grado de altruismo y también de devoción y sobrecogimiento ante la grandeza de la Creación y del Creador. Esta conciencia es conocida como Temor de Dios, que es el principio de la Sabiduría, como afirman los Escritos en diversos lugares.

El camino es hacia la abstracción, una abstracción que incluye la conciencia personal viéndose a uno mismo como sujeto de una red de relaciones, participando de totalidades más amplias, actualizaciones a su vez de arquetipos. El instrumento no es tanto el concepto como el símbolo, más pluridimensional desde el punto de vista semántico. Hay que tener en cuenta que los arquetipos no tienen forma, son núcleos energéticos de los cuales el símbolo es la vestidura exterior. Por eso llamamos a este nivel identitario Yo simbólico-psíquico.

En cabalá, la apertura del Dáat de Yetsirá recibe el nombre de recepción del Rúaj HaKódesh, el Espíritu Santo. Éste tiene varios niveles de manifestación, y el libro de Jayim Vital, *Shaaré Kedushá* (Las puertas de la santidad), expone sus diferentes caminos y vías. En sus aspectos inferiores tiene que ver con la llamada Bat Kol, la Hija de la Voz, que se refiere a la voz interior que todos sentimos en momentos de claridad y calma mental y que nos muestra lo correcto con un peso indiscutible de certeza y verdad. Luego está el Rúaj HaKódesh propiamente dicho, que se muestra en inspiraciones e iluminaciones espirituales sobre uno mismo, sobre el mundo, la naturaleza de los mundos superiores y de la propia Deidad. También puede manifestarse en forma de contactos con maestros de los planos internos y/o contactos angélicos. La experiencia culmina en la Nevuá o Profecía, que supone una fusión o identificación con la propia Mente Divina, pero que se encuentra propiamente en otro nivel más elevado.

Recordamos, por otra parte, que el Conocimiento de Dáat se refiere al conocimiento de la experiencia, y en este caso eso se refiere a la experiencia completa de la propia psique, el círculo que abarca desde el Dáat al Yesod de Yetsirá, incluyendo a Jésed, Guevurá, Tiféret, Nétsaj, Hod y el propio Yesod (lo que se conoce como el Zeir Anpin, el submundo Yetsirá de Yetsirá).

Es necesario que este nivel se halle completamente individualizado e integrado. Por eso es tan importante el aspecto psicológico que hemos expuesto, así como el aspecto ético.

Para poder entrar en los mundos superiores hay que haber hecho la propia travesía del desierto, confrontado los propios demonios particulares, rectificado las propias cualidades negativas y alcanzado un estado suficiente de ecuanimidad o desapego respecto de las propias características psicológicas. Esto es algo en lo que hay que estar trabajando constantemente.

Y por supuesto, esperar la intervención de la Gracia Divina. Como dice el salmo 127: «Si el Eterno no construye la casa en vano trabajan los constructores». Pero también se dice que Dios ayuda a quien se ayuda. Si nosotros no ponemos el grado de esfuerzo necesario, ¿podemos esperar la intervención Divina? La Gracia de Dios fluye a raudales, pero el movimiento ha de empezar desde abajo.

Hay todo un plantel de técnicas de corte meditativo para abrir el Dáat de Yetsirá. Muchas de ellas han sido expuestas en mi libro *La cábala de la merkavá* (Edición digital gratuita: www.lacabaladelaluz.com). En la presente obra, por razones prácticas, vamos a enfocarnos en dos que son particularmente efectivas: vamos a exponer una meditación específica sobre el cuerpo de luz –la llamada meditación de la merkavá– y a expandir la meditación de los 72 Nombres de Dios basada en las técnicas de Abraham Abulafia. Aunque ambas están explicadas en la obra citada, en aras de la completitud las repetimos aquí con algunas modificaciones.

Salvo que una persona esté muy preparada de antemano, será necesaria una práctica de estas meditaciones durante largos períodos de tiempo para que cristalicen y den sus pretendidos frutos. Para empezar, todo el procedimiento de apertura debe también practicarse suficientemente para su consolidación.

Este procedimiento de apertura es ciertamente una meditación en sí que puede utilizarse en sí misma independientemente de usos posteriores. Traerá consigo equilibrio, protección y sintonía con nuestra realidad espiritual. De hecho, si simplemente la hacemos y luego pronunciamos una berajá, o recitamos una oración, o permanecemos unos instantes en contemplación silenciosa, ya hemos hecho una práctica diaria de mantenimiento que es profunda y completa. Ni que decir tiene que todos los pasos deben hacerse con la concentración y kavaná (foco meditativo) correspondiente. La sensación constante de Presencia Divina debe estar en el trasfondo de todo.

Es relevante la siguiente cita del Zohar (anotación al Sifra Dzeniuta) en la que se proponen las diversas técnicas de meditación (y se comprueba la gran variedad de métodos) y, sobre todo, se previene contra un uso descuidado de éstas:

> 4. Pero la petición que un hombre desea formular a su Señor puede de ordinario ser propuesta de nueve modos:
>
> 5. (1) Por medio del alfabeto; o (2) conmemorando los atributos del santísimo y muy bendito Dios, clemente y compasivo, etc. (según el pasaje del Éxodo 34, 6);[1] o (3) mediante los venerables Nombres del santísimo y muy bendito Dios, a saber, Ehyé (para la Corona), Yah (respecto de la Sabiduría)…; o (4) mediante las diez sefirot o numeraciones, que son: Maljut, el Reino; Yesod, el Fundamento…; o (5) por la conmemoración de los justos, tales como los patriarcas, los profetas y los reyes; o (6) mediante aquellos cánticos y salmos en los que se halla la verdadera cabalá; o (7), y por encima de todas las anteriores, sabiendo cómo declarar las conformaciones de su Señor, como es honorable hacerlo;[2] o (8) si se sabe cómo ascender desde lo que está abajo hasta lo que está arriba; o (9) sabiendo además cómo derivar el influjo desde lo supremo hacia abajo. Y en los nueve modos es necesaria una muy grande concentración de la

---

1. Las trece midot.
2. Meditación contemplativa sobre el propio ser de lo Divino, tipo las propuestas en las dos Idrot del Zohar.

atención; porque respecto del que no la ejerciera está escrito (I Sam 2, 30): «Y los que me desprecian serán tenidos en poca estima».

[…]

9. Pero si un hombre medita atentamente en las nueve divisiones de esas formas como es dado hacerlo, ese hombre honra el Nombre de su Señor, el Santo Nombre. Y a él se aplica lo que está escrito (I Sam 2, 30): «A los que me honran Yo honraré; y los que me desprecian serán tenidos en poca estima». Le honraré en este mundo, preservándole y proporcionándole todo aquello de que ha menester, para que todas las naciones de la tierra puedan ver que el Nombre del Señor e invocado sobre él, y para que le teman. Y en el mundo futuro será digno de estar en el tabernáculo de los justos.

1. Apertura

Primero hacemos una toma de conciencia, de estar plenamente presentes.

Empezamos la meditación con una limpieza interna mediante la respiración. Utilizamos el Nombre מהש, del conjunto de 72 Nombres, que entre otras cosas significa limpieza y purificación. Es un Nombre equilibrado, con la Mem y la Shin –agua y fuego– representativas de los canales laterales y la letra He del aliento y la respiración en general.

Visualizamos el Nombre en el firmamento. Las visualizaciones, salvo que se indique lo contrario, siempre son de letras en fuego blanco irradiando una luz blanca purísima.

Con la inspiración atraemos la luz del Nombre y en la espiración empujamos con la luz hacia abajo, como si un émbolo recorriera nuestro cuerpo de la cabeza a los pies y arrastrara en su movimiento toda la posible negatividad que tengamos acumulada, que sale por las plantas de los pies. Enviamos esta negatividad a la matriz elemental para su reciclaje.

Cruz Arcangélica:
Nos imaginamos en el centro de un círculo-cruz. El este se ubica frente a nosotros. Tenemos igualmente los brazos en cruz. Vamos a hacer una visualización e invocación de los cuatro arcángeles de los elementos y los puntos cardinales. Decimos:

Delante de mí RAFAEL. Visualización: Una figura vestida con ropas de color amarillo, las cuales, al ondear por la brisa que sopla por detrás de la figura, resplandecen con tonos púrpura, brillando a través de ella como los colores en la seda tornasolada. Sostiene en la mano una vara. Alternativamente: Un pilar de energía de los mismos colores (amarillo con ondulaciones e irisaciones púrpura).

Detrás de mí GABRIEL. Visualización: Una figura que sostiene en lo alto una copa de la que mana agua. Su túnica es de un azul reluciente con tonos naranja. Alternativamente: Un pilar de energía de los mismos colores.

A mi derecha MIJAEL. Visualización: Una figura vestida con una indumentaria de color rojo, que destella con el verde complementario y sostiene en alto una espada llameante. Alternativamente: Un pilar de energía en los mismos colores.

A mi izquierda URIEL. Visualización: Una figura vestida con el color de las estaciones vivas y fértiles, citrino, oliva, rojizos y negros. Sostiene en la mano un pentáculo (escudo o mandala) que muestra hacia el frente. Alternativamente: Un pilar de energía de color verde con matices del rojo complementario.

Hay que decir que las visualizaciones son estándar, pero las figuras pueden aparecernos espontáneamente con otras imágenes, quizá determinadas por la tradición, quizá simplemente personales. Tomamos entonces estas otras representaciones.

A continuación nos visualizamos en el interior de un pentagrama de fuego y luz con las letras del nombre Elohim alrededor, tal como se muestra en la figura. (Yod y Lamed están a la derecha). Mientras decimos:

«Alrededor de mí llamea el pentagrama».

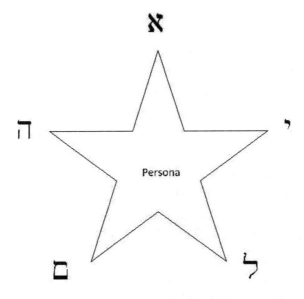

Después visualizamos un Maguen David de luz dorada enmarcando el centro tiferético del corazón, mientras decimos:

«A través de mí brilla la estrella de seis rayos».

«Sobre mi cabeza la Gloria de la Presencia Divina (Kevod YHVH)».

[כבוד יהוה]

Nota: Kavod = 32, Árbol de la Vida
Kevod YHVH = 58, valor medio de las cuatro extensiones del tetragrama (232 : 4 = 58)]
Visualizamos las cuatro expansiones en el firmamento

יוד הי ויו הי
יוד הי ואו הי
יוד הא ואו הא
יוד הה וו הה

Y con el rayo de luz descendente que llena a rebosar nuestro centro de Kéter hacemos la cruz cabalística:

«Atá Maljut veGuevurá veGuedolá leolam vaed».

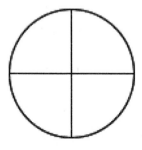

La mano derecha asume el siguiente mudra: los dedos índice y corazón estirados, y anular y meñique doblados con el pulgar sobre ellos. La posición de la mano es tanto para invocar como para dirigir la energía; es la típica posición de bendecir.

Decir, (vibrando):

ATÁ [1]
(en la frente)

VEGUEVURÁ [3]   LE OLAM [5](hacer círculo)   VEGUEDOLÁ [4]
(hombro derecho)   VAED [6]   (hombro izquierdo)
(las manos en el corazón
la derecha sobre la izquierda)

MALJÚT [2]
(plexo solar)

ATÁ.- Se visualiza la esfera de luz blanca. La luz baja de la cabeza a través del centro de la frente y de todo el pilar central...

MALJÚT.- ...hasta la planta de los pies, siendo como un pilar vertical de luz, que nos atravesara por dentro, como si fuera nuestro eje. Esfera de luz blanca también bajo los pies.

VEGUEVURÁ- Esfera en el hombro derecho, cuya luz horizontalmente va a...

VEGUEDOLÁ.- ...la esfera en el hombro izquierdo.

LE OLAM.- Se traza un círculo tocando frente, hombro izquierdo, plexo, hombro derecho y frente de nuevo.

VAED.- La luz va al corazón, concentrándonos en ese punto, que irradia.

Quedando las esferas de luz unidas por las líneas de luz.

Podemos acompañar la vibración en cada punto de la visualización de un Nombre Divino:
ATÁ: EHEIEH
MALJUT: ADONAI
VEGUEVURÁ: ELOHIM
VEGUEDOLÁ: EL
LEOLAM: SHADAY
VAED: YHVH

El significado de las palabras:
ATÁ.- Tú (va dirigido a la naturaleza superior) eres
MALJÚT.- El reino
VEGUEVURÁ.- El poder
VEGUEDOLÁ.- La grandeza
LE OLAM, VAED.- Por los siglos de los siglos, (por todas las eternidades de las eternidades).
Esto termina la ceremonia de apertura.

****

Antes de emprender las dos meditaciones siguientes (u otras de corte similar), tal como hemos hecho en el capítulo 1, generamos un marco meditativo basado en una ascensión y una ubicación en un entorno sagrado, que en nuestro caso va a ser el correlato celeste del Kótel Maaraví o muro occidental del templo de Jerusalén.

2. Ascenso vibratorio por el canal central

La técnica que se describe a continuación se emplea en muchos contextos. Aquí la utilizaremos como un peldaño más para alcanzar el estado de meditación que buscamos. Consiste en una elevación de conciencia/energía a través de los siete centros del canal central.

En el cuerpo humano, incluyendo en él el doble etérico o cuerpo energético, las sefirot se manifiestan como centros psicoespirituales —receptores, transformadores y distribuidores de la Luz—; algo similar a lo que en el sistema hindú recibe el nombre de chakras. La palabra chakra significa «rueda» en sánscrito, por la forma en la que aparecen a la visión clarividente estos vórtices o nodos de energía interna. En hebreo, tal como aparecen en los Salmos y otros escritos, reciben el nombre de Shearím –Puertas, Shaaré Tsédeq– Puertas de la Rectitud, o bien, Pitjé OLAM –Puertas de la Eternidad–. Hay que tener en cuenta que se trata de centros psíquicos, no físicos. La conexión con el organismo físico se realiza por medio del sistema de glándulas endocrinas y los distintos plexos nerviosos.

En el Árbol de la Vida, si consideramos el pilar del medio –el pilar de la Conciencia– también aparecen 7 niveles definidos, como el número de los chakras principales. Algunos niveles están representados por una sola sefirá y otros por la acción conjunta de dos o más sefirot polarizadas.

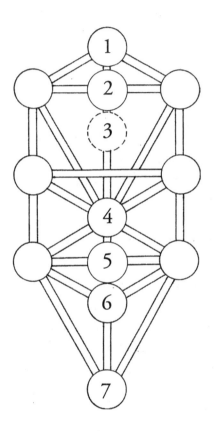

1. Centro de la cabeza. 2. Centro de la frente. 3. Centro de la garganta.
4. Centro del corazón. 5. Centro del ombligo. 6. Centro del sacro o genital.
7. Centro de la base de la columna o centro de los pies (según el contexto).

FIGURA 6. Los siete centros

Los nombres hebreos de los centros son:
1. Galgaltá
2. Totafot
3. Garón
4. Lev
5. Tavur
6. Min
7. Ikar

El ejercicio combina la concentración y visualización en los centros (y en el ascenso energético a través de ellos) con la respiración. También podemos visualizar y vibrar algún nombre o palabra en cada centro según la intención. En este caso, la palabra a emplear es Aliá –Ayin, Lamed, Yod, He: עליה –que significa «subida»–. Estas letras aparecen como constituidas de fuego blanco, vibrando e irradiando luz blanca. Nos sentimos atraídos e impulsados hacia arriba por esa luz. Vamos subiendo centro a centro, pronunciando internamente en cada uno la palabra Aliá (o diciéndola en voz alta, o vibrándola, o cantándola suavemente. Esta palabra es de por sí un mantra poderoso), en total siete veces, una por cada centro.

El valor numérico de Aliá es 115, el mismo que el de la palabra Hineni, הנני, ¡Heme aquí!, que es la respuesta del alma al llamado Divino, indicando nuestra disponibilidad y nuestra actitud de alerta consciente ante el mundo espiritual que se nos va a abrir progresivamente. Esto supondrá para nosotros un aumento de fortaleza interior, de ahí que la palabra Jazak, חזק, fuerza, sume también 115.

El aire y las letras son símbolos de Briá. El fuego blanco es símbolo de la energía de Atsilút.

El procedimiento sigue los siguientes pasos:

Inspiración: Concentración en centro de la base de la columna.

Visualización de las letras de Aliá, עליה, en fuego blanco irradiando luz blanca.

Espiración: Vibrar עליה, elevando la luz al siguiente centro, el centro de Yesod.

Inspiración: Concentración en el centro genital de Yesod. Visualización de la palabra como antes.

Espiración: Vibrar עליה, elevando la luz al centro del ombligo.

Así sucesivamente. Siete veces en total en los siete centros.

3. Ascenso por la escala sefirótica

Visualizamos frente a nosotros una escala sefirótica dividida en siete tramos. Está hecha de pura luz y asciende a lo que parece una colina también de luz. Vamos a ir subiendo lentamente, siguiendo la cuenta y separándonos en cada tramo de una envoltura:

Decimos: Uno, Yesod (y ascendemos el primer tramo, a Yesod). Nos desvestimos de corporeidad.

Dos, Hod, nos separamos de nuestra mente intelectiva.

Tres, Nétsaj, salimos de la esfera de nuestras emociones.

Cuatro, Tiféret, nos desprendemos de nuestra identidad personal.

Cinco, Guevurá, nos desprendemos de todas nuestras pautas, hábitos y programaciones.

Seis, Jésed, nos separamos de nuestra energía psíquica.

Y siete, Biná, somos todo Neshamá, alma espiritual.

Y nos encontramos en la colina de luz, frente al Kótel Maaraví, el muro occidental del templo de Jerusalén, que aparece frente a nosotros como una pared de hecha de piedras energéticas, pura cristalización de la luz de la Shejiná, la Presencia Divina femenina.

4. Meditación del cuerpo de luz (Merkavá) mediante el Nombre de Dios

Nos sentimos rodeados de la luz de la Shejiná –abrazados por ella– y hacemos una oración personal para pedir que haya Gracia, Luz, Berajá, en la meditación que estamos desarrollando; y que de esta meditación se beneficien también todos los seres sintientes.

Sobre nuestras cabezas un firmamento saturado de luz. Vemos que aparece escrito en él el Nombre יהוה en letras de fuego blanco irradiando luz blanca. Vemos cada letra inmensa, grande como una montaña, claramente delineada, resplandeciente de luz, llenando todo nuestro campo de conciencia. Nos llenamos de Yirat HaShem, Temor de Dios, en el sentido de conciencia de su Presencia canalizada por el Nombre («Él y su Nombre son Uno») y sobrecogimiento ante su Realidad Infinita. También nos inflamamos de Ahavat HaShem, Amor de Dios, anhelando y aspirando con todas nuestras fuerzas acceder y unirnos a su Luz. Durante unos instantes nos concentraremos exclusivamente en las letras, vaciando nuestra mente de todo pensamiento.

Con una inspiración profunda atraemos la luz del Nombre. Por un lado, esta luz nos rodea por completo, nos envuelve, satura nuestra aura; por otro, la luz penetra en nosotros a través de nuestro Kéter por la fontanela. Poco a poco la luz nos va colmando, limpiándonos y llenándonos de positividad y energía, de modo que empezamos a sentirnos luminosos y radiantes.

Podemos ahora trabajar con la identificación con las letras del tetragrama, tanto en su grafía simple como en la forma del Nombre de doce letras (tres Tetragrámaton), tal como se expuso en el capítulo 1.

O podemos directamente trabajar un nivel más profundo de identificación con la Luz del Nombre. Lo hacemos recreando en nosotros un Árbol de la Vida completo a imagen de la pauta arquetípica. Construimos así una merkavá para el Adam atsilútico. Y el método, de nuevo, se basa en el Nombre de Dios considerando sus distintas vocalizaciones sefiróticas.

Un inciso: En realidad, YHVH es la raíz y el alma del Árbol de la Vida, el tronco del que penden sus distintos elementos y la savia —energía viva, Luz Infinita— que circula por sus ramas y canales.

Es bien sabido que la escritura hebrea es fundamentalmente consonántica. La vocalización —los nekudot, puntos y trazos alrededor de las letras— son un invento relativamente moderno (de los primeros siglos de nuestra era). Sin embargo, a veces se utilizaban tres consonantes en función vocálica, las llamadas semivocales. Son precisamente las tres letras del Nombre de Dios: Yod, He, Vav. La Yod representaba (y todavía representa) la «e» y la «i». La He es «a». La Vav puede ser «o» o «u». El tetragrama es entonces un nombre vocálico. Y del mismo modo que las consonantes sin las vocales constituyen un agregado impronunciable, son las letras del tetragrama las que nos permiten articular el lenguaje de la realidad.

Cada sefirá viene así representada por una vocal y el tetragrama en esa esfera asume la vocalización correspondiente.

Por otro lado, en esta meditación también activamos los senderos mediante las 22 consonantes. Para ello construimos un Nombre Divino añadiendo la terminación Yod He a cada letra, por ejemplo: אי"ה, בי"ה, גי"ה, etc. Para la pronunciación se emplea la llamada vocal natural de la letra, es decir, la de la primera sílaba de su nombre. Así, A-lef, Bet, Guimel, etc. Por supuesto, la terminación Yod He es el Nombre Divino Yah (Nombre de Dios en Jojmá, la esfera de donde según el Séfer Yetsirá emanan las letras).

Las correspondencias vocálicas son:

1. Kéter. Kamats: ָ ("a" larga)   יָהָוָהָ (Ya'Ha'Va'Ha')
2. Jojmá. Pataj: ַ ("a" corta)   יַהַוַהַ (YaHaVaHa)
3. Biná. Tseré jaser: ֵ ("e" larga)   יֵהֵוֵהֵ (Ye'He'Ve'He')
4. Jésed. Segol: ֶ ("e" corta)   יֶהֶוֶהֶ (YeHeVeHe)
5. Guevurá. Shevá na': ְ (Muda o "e" muy breve) יְהְוְהְ (YeHeVeHe)
6. Tiféret. Jolam jaser: ֹ ("o" larga)   יֹהֹוֹהֹ (Yo'Ho'Vo'Ho')
7. Nétsaj. Jirik jaser: ִ ("i" corta)   יִהִוִהִ (YiHiViHi)
8. Hod. Kubuts: ֻ ("u" breve)   יֻהֻוֻהֻ (YuHuVuHu)
9. Yesod. Shuruk: וּ ("u" larga)   יוּהוּווּהוּ (Yu'Hu'Vu'Hu')
10. Maljút. Sin vocal.   יהוה (Yod He Vav He)

También Kamats: ָ pero con «o» corta (YoHoVoHo) corresponde al Kéter dentro de la cabeza, es decir, a la posición de la glándula pineal. Normalmente usamos una u otra posibilidad para Kéter. A veces las dos.

En Dáat se tienen varias posibilidades vocálicas. Cuando esta sefirá invisible se considera como un todo, se asigna a cada letra del tetragrama su vocal llamada natural, es decir, aquélla con la que se pronuncia el nombre de la letra: Para Yod es «o», para He es «e» y para Vav es «a». Se tiene entonces la pronunciación יֹהֶוָהֶ (Yo'He'Va'He').

Cuando Dáat se considera como conjunción de Jojmá y Biná intersección sendero Kéter-Tiféret (Dáat Elión; centro de la frente, tercer ojo, etc.) entonces la vocal asociada es Tseré malé («e» larga, escrita con Yodim): יְהֵיוִהֵי (Ye'He'Ve'He').

Dáat del Abismo, mediador y vínculo entre las tres sefirot supremas y las siete inferiores (Dáat Tajatón; centro de la garganta) toma la vocal Jolam malé: יֹהוֹוֹהוֹ (Yo'Ho'Vo'Ho').

Por otra parte, la conjunción Nétsaj-Hod intersección sendero Tiféret-Yesod (centro del ombligo) asume la vocalización Jirík malé: יִהִיוִהִי (Yi'Hi'Vi'Hi').

Hay además tres formas de shevá que aparece en las letras guturales que no pueden tomar una shevá na y que asumen una vocal muy breve. Son:

Jatáf pataj אֲ «a» muy breve
Jatáf segol אֱ «é» muy breve
Jatáf kamáts אֳ «o» muy breve

Se ubican en el sendero que une Jésed con Guevurá. Hay en él tres puntos sensibles que corresponden a la intersección de este sendero respectivamente con los senderos Jojmá-Tiféret, Kéter-Tiféret y Biná-Tiféret. En cada uno de ellos hay un tetragrama vocalizado con una Shevá Jatáf:

En la intersección de los senderos Jésed-Guevurá y Jojmá-Tiféret, Jatáf Pataj:

יֲהֲוֲהֲ (Y^{a}H^{a}V^{a}H^a)

En la intersección de los senderos Jésed-Guevurá y Kéter-Tiféret, Jatáf Kamáts:

יֳהֳוֳהֳ (Y^{o}H^{o}V^{o}H^o)

En la intersección de los senderos Jésed-Guevurá y Biná-Tiféret, Jatáf Segól:

יֱהֱוֱהֱ (Y^{e}H^{e}V^{e}H^e)

No siempre se utilizan.

Proseguimos con la meditación:

Contemplamos ahora un tetragrama completo en cada sefiráh, centro psicofísico y sendero con la vocalización correspondiente, según el procedimiento:

Centro de Kéter, **sobre nuestra cabeza**, el Nombre YHVH con la vocal Kamats («a» larga): יְהֹוָה. En la espiración, vibramos Ya'Ha'Va'Ha'.

Contemplamos la reverberación de la Corona, de la Luz Infinita, la Unidad Omniabarcante y la Vida Incondicionada.

Hemisferio cerebral izquierdo, el centro de Jojmá, y allí se dibuja un tetragrama con la vocal Pataj («a» corta): יְחֻוַה. En la espiración vibramos YaHaVaHa.

Contemplamos la reverberación de la Luz de Sabiduría, la Conciencia Pura y el Pensamiento de Dios.

Centro de Biná, en el **hemisferio derecho**: YHVH con Tseré jaser («e» larga): יְהֹוֵה, y vibramos internamente Ye'He'Ve'He'.

Contemplamos la reverberación de la Luz del Entendimiento, la Inteligencia creativa de Dios y la Energía de la Creación.

Centro de la **frente**, Dáat Elión. YHVH con Tseré malé («e» larga, escrita con Yodim): יְיהֹויהִי, mientras que en la espiración pronunciamos Ye'He'Ve'He'.

Contemplamos la reverberación de la Clara Luz de la Conciencia, de la Intuición, de la Verdad directa.

Centro de la **garganta**, Dáat Tajatón. Tetragrama con Jolam malé («o» larga): יוֹהוֹוֹהוֹ, pronunciando Yo'Ho'Vo'Ho'.

Contemplamos la reverberación de la Luz del Espíritu de Dios, de la Palabra, del Sonido de la Creación.

Centro del **corazón**, Tiféret, tetragrama vocalizado con Jolam jaser: יֹהֹוֹהֹ. En la espiración vibramos Yo'Ho'Vo'Ho'.

Contemplamos la reverberación de la Luz del Equilibrio y la Armonía, de la Chispa de Luz encarnada, la Luz de la Compasión universal.

Sendero Kéter-Jojmá, del centro de Kéter al hemisferio cerebral izquierdo: איה, AYaH. Contemplamos la reverberación de la Luz del Espíritu Uno que fluye a través de este sendero.

Sendero Kéter-Biná, del centro de Kéter al hemisferio cerebral derecho: בי״ה, BeYaH. Contemplamos la reverberación de la Luz de la Creación que fluye a través de este sendero.

Sendero Jojmá-Biná, del hemisferio cerebral izquierdo al derecho, a través del centro del Dáat Elión: די״ה, DaYaH. Contemplamos la reverberación de la Luz del Conocimiento que fluye a través de este sendero.

Sendero Kéter, Tiféret, del centro de Kéter sobre la cabeza al centro del corazón, a través del Dáat Elión y del Dáat Tajtón: גי״ה, GuiYaH. Contemplamos la reverberación de la Luz de Devekut y de la Iluminación que fluyen a través de este sendero.

Sendero Jojmá-Tiféret, del hemisferio cerebral izquierdo al centro del corazón: הי״ה, HeYaH. Contemplamos la reverberación de la Luz de la Profecía, de la unificación con la Mente Divina, que fluye a través de este sendero.

Sendero Biná-Tiféret, del hemisferio cerebral derecho al centro del corazón: זי״ה, ZaYaH. Contemplamos la reverberación de la Luz del Espíritu Santo y de la Resurrección, que fluyen a través de este sendero.

Hombro izquierdo, centro de Jésed. Tetragrama vocalizado con Segol («e» corta): יְהֶוֶה En la espiración vibramos YeHeVeHe.
Contemplamos la reverberación del Amor y de la Gracia de Dios. La energía fluye por todo el brazo izquierdo.

Hombro derecho, centro de Guevurá, tetragrama vocalizado con Shevá na': יְהְוְהְ. Así, en la espiración pronunciamos YeHeVeHe.
Contemplamos la reverberación del Poder y la Justicia Divinas. La energía fluye por todo el brazo derecho.

Sendero Jojmá-Jésed, del hemisferio cerebral izquierdo al hombro izquierdo: וי״ה, VaYaH. Contemplamos la reverberación de la Luz de la Sabiduría que fluye a través de este sendero.

Sendero Biná-Guevurá, del hemisferio cerebral derecho al hombro derecho: חי״ה, JeYaH. Contemplamos la reverberación de la Luz de la Vida y del Alma, que fluyen a través de este sendero.

Sendero Jésed-Guevurá, del hombro izquierdo al hombro derecho: טי״ה, TeYaH. Contemplamos la reverberación de la Luz del Bien y del Día Uno, que fluyen a través de este sendero.

Sendero Jésed-Tiféret, del hombro izquierdo al centro del corazón: יֹ"ה, YoYaH. Contemplamos la reverberación de la Luz de la Tsedaká y de la Guía, que fluyen a través de este sendero.

Sendero Guevurá-Tiféret, del hombro derecho al centro del corazón: לִ"ה, LaYaH. Contemplamos la reverberación de la Luz de la Justicia y la retribución, que fluyen a través de este sendero.

Cadera izquierda, centro de Nétsaj. Tetragrámaton vocalizado con Jirik jaser («i» corta): יְהִוָה vibrando YiHiViHi.

Contemplamos la reverberación de la Luz de la Victoria y de las verdaderas emociones. La energía fluye por toda la pierna izquierda.

Centro del **ombligo**. Tetragrámaton con Jirík malé («i» larga): , יִיהִיוִיהִי pronunciado Yi'Hi'Vi'Hi'.

Contemplamos la reverberación de la Luz de la Energía y la Voluntad.

Cadera derecha, centro de Hod. Tetragrámaton vocalizado con Kubuts («u» corta): יֻהֻוָה, pronunciando YuHuVuHu.

Contemplamos la reverberación de la Luz de la Gloria y de la Verdad. La energía fluye por toda la pierna derecha.

Centro de Yesod, raíz del **órgano sexual**. Tetragrama vocalizado con Shuruk («u» larga): יוּהוּווּהוּ, vibrando Yu'Hu'Vu'Hu'.

Contemplamos la reverberación de la Luz de la Vitalidad y la Generación.

Sendero Jésed-Nétsaj, del hombro izquierdo a la cadera izquierda: כִּ"ה, KaYaH. Contemplamos la reverberación de la Luz del Deseo y los Ideales, que fluyen a través de este sendero.

Sendero Guevurá-Hod, del hombro derecho a la cadera derecha: מִ"ה, MeYaH. Contemplamos la reverberación de la Luz del Centro en medio de todas las condiciones, que fluye a través de este sendero.

Sendero Tiféret-Yesod, del centro del corazón al centro genital a través del centro del ombligo: סִ"ה, SaYaH. Contemplamos la reverberación de la Luz del autoconocimiento y del trabajo espiritual que fluyen a través de este sendero.

Sendero Tiféret-Nétsaj, del centro del corazón a la cadera izquierda: נִ"ה, NuYaH. Contemplamos la reverberación de la Luz del Flujo y el Desapego que fluyen a través de este sendero.

Sendero Tiféret-Hod, del centro del corazón a la cadera derecha: עיה, A´YaH. Contemplamos la reverberación de la Luz de la Ciencia del Ser que fluye a través de este sendero.

Sendero Nétsaj-Hod, de la cadera izquierda a la cadera derecha: פיה, PeYaH. Contemplamos la reverberación de la Luz de la Energía psíquica y la Liberación que fluyen a través de este sendero.

Sendero Nétsaj-Yesod, de la cadera izquierda al centro genital: ציה, TsaYaH. Contemplamos la reverberación de la Luz Astral y de lo Onírico que fluyen a través de este sendero.

Sendero Hod-Yesod, de la cadera derecha al centro genital: ריה, ReYaH. Contemplamos la reverberación de la Luz de la Razón y del libre albedrío que fluyen a través de este sendero.

Centro de Maljut, en la **base de la columna**; tetragrama sin vocales: hwhy, que pronunciamos por sus letras Yod He Vav He.

Contemplamos la reverberación de la Luz de la Estabilidad y la Presencia Divina llenando toda la Creación.

Sendero Nétsaj-Maljut, de la cadera izquierda al centro de la base de la columna: קיה, QoYaH. Contemplamos la reverberación de la Luz de la Naturaleza y del Instinto que fluyen a través de este sendero.

Sendero Hod Maljut, de la cadera derecha al centro de la base de la columna: שיה, ShiYaH. Contemplamos la reverberación de la Luz del Movimiento y el Cambio que fluyen a través de este sendero.

Sendero Yesod-Maljut, del centro genital al centro de la base de la columna: תיה, TaYaH. Contemplamos la reverberación del Universo y de la Danza de la Creación que fluyen a través de este sendero.

Hacemos la siguiente afirmación interior y contemplamos: «No hay nada de mí que no sea YHVH».

Hacemos circulación de la Luz.

Con una inspiración asciende la energía desde el centro de Maljut por la parte derecha del cuerpo (pilar de la Forma) hasta Kéter, que la recibe y brilla intensamente.

Con la espiración empieza a circular la luz descendiendo por nuestra izquierda (pilar de la Fuerza) de nuevo hasta Maljut, en donde descansa y resplandece.

Con la inspiración asciende por la derecha y es recibida en Kéter.

Espiración: desciende por la izquierda y es recogida en Maljut.

Inspiración: asciende por la derecha y es recibida en Kéter.

Y así sucesivamente, sintiendo cómo la energía circula en ovoide a través de nosotros, de manera que toda nuestra parte izquierda es un flujo descendente de luz y la derecha ascendente. Todo ello sincronizado con la respiración.

Se repite un número de veces.

Una vez estabilizado este flujo repetimos el proceso, pero esta vez la luz asciende por la parte trasera del cuerpo y desciende por la delantera.

Así, a continuación, en la inspiración asciende una banda de luz por detrás, de Maljut a Kéter, en donde es recibida y brilla intensamente, y en la espiración, la banda de luz desciende por delante, de Kéter a Maljut, en donde es recogida y refulge.

En la inspiración asciende de Maljut a Kéter.

En la espiración desciende de Kéter a Maljut.

Repetimos este proceso varias veces hasta que el flujo cristaliza en nuestra aura, de manera que la luz circula por sí sola.

Por último, reforzamos la visualización de todo el pilar del medio, con sus siete centros, y vamos a hacer ascender la luz por él de Maljut a Kéter. Esto puede hacerse en una única inspiración de manera continua, o bien centro a centro, pudiendo incluso dividir la inspiración en siete tomas menores.[3]

Así, en la inspiración asciende por el canal central un rayo de luz de Maljut a Kéter. La luz es retenida en Kéter un breve instante. En la espiración desciende por toda el aura, con un enorme resplandor, como una gran ducha de luz. Unificando y haciendo toda nuestra aura resplandeciente, la luz es recogida de nuevo en Maljut.

En la inspiración asciende por el pilar central.

En la espiración desciende en cascada por nuestra aura.

Se repite varias veces.

---

3. Las cuales pueden ir acompañadas de las contracciones o bhandas típicas del yoga.

Imaginamos que estamos en el centro de una esfera, como una estrella pulsante de luz.

Permanecemos en contemplación.

A partir de aquí podemos enlazar con otras meditaciones o bien cerrar.

5. Cierre

Volvemos a visualizarnos frente al Kótel Maaraví (de la Jerusalén celeste) y permitimos que toda esta experiencia se integre en nuestro sistema energético.

Damos las gracias y, tras una toma de conciencia plena y una percepción de que la meditación se ha terminado, nos disponemos a descender por la escala sefirótica de vuelta a nuestro estado de conciencia habitual.

Lo hacemos siguiendo la cuenta: Uno, Jésed; dos, Guevurá; tres, Tiféret; cuatro, Nétsaj; cinco, Hod; seis, Yesod, y siete, Maljut.

Hacemos el número de respiraciones profundas que sean necesarias para sentirnos plenamente regresados.

Esto termina la práctica.

Meditación de los 72 Nombres de Dios

Un recordatorio:

Los 72 Nombres de Dios constituyen uno de los principales arcanos de la cabalá, tanto en su aspecto meditativo como práctico. Su poder es inmenso. Forman parte del ADN básico de la Creación y por tanto mediante ellos se pueden manejar las fuerzas de la naturaleza. Algo así como hacer ingeniería genética. Derivan, como veremos, de los tres versículos del Éxodo de la apertura del mar Rojo. También, según la tradición, mediante ellos el profeta Elías resucitó al hijo de la viuda, quien después llegaría a ser el profeta Jabaquq (Habakuk), cuyo nombre suma 216, que es el número de letras de los 72 Nombres.

La derivación de los Nombres es la siguiente:

Hay tres versículos seguidos en el Éxodo, cap. 14, versículos 19, 20 y 21, con exactamente 72 letras cada uno.

¹⁹ וַיִּסַּע מַלְאַךְ הָאֱלֹהִים הַהֹלֵךְ לִפְנֵי מַחֲנֵה יִשְׂרָאֵל וַיֵּלֶךְ מֵאַחֲרֵיהֶם וַיִּסַּע עַמּוּד הֶעָנָן מִפְּנֵיהֶם וַיַּעֲמֹד מֵאַחֲרֵיהֶם׃

²⁰ וַיָּבֹא בֵּין מַחֲנֵה מִצְרַיִם וּבֵין מַחֲנֵה יִשְׂרָאֵל וַיְהִי הֶעָנָן וְהַחֹשֶׁךְ וַיָּאֶר אֶת־הַלָּיְלָה וְלֹא־קָרַב זֶה אֶל־זֶה כָּל־הַלָּיְלָה׃

²¹ וַיֵּט מֹשֶׁה אֶת־יָדוֹ עַל־הַיָּם וַיּוֹלֶךְ יְהוָה אֶת־הַיָּם בְּרוּחַ קָדִים עַזָּה כָּל־הַלַּיְלָה וַיָּשֶׂם אֶת־הַיָּם לֶחָרָבָה וַיִּבָּקְעוּ הַמָּיִם׃

¹⁹El ángel de Elohim, que iba delante del campamento de Israel, se apartó y se puso detrás de ellos; asimismo la columna de nube que iba delante de ellos se apartó y se puso a sus espaldas,²⁰ e iba entre el campamento de los egipcios y el campamento de Israel; para aquéllos era una nube tenebrosa, pero a Israel lo alumbraba de noche; por eso, en toda aquella noche nunca se acercaron los unos a los otros.²¹ Moisés extendió su mano sobre el mar, e hizo YHVH que el mar se retirara por medio de un recio viento oriental que sopló toda aquella noche. Así se secó el mar y las aguas quedaron divididas.

Estos tres versículos se disponen de una forma especial:
El primero se escribe de forma directa (empezando por la derecha, como es usual en hebreo).
El segundo se escribe debajo del anterior, pero de una forma retrógrada, es decir, empezando por la izquierda.
El tercero, debajo de los dos anteriores, se vuelve a escribir de forma directa (es decir, de derecha a izquierda).
Tenemos así los tres versículos en línea, cada uno debajo del anterior. Si ahora los leemos en vertical, es decir, en ternas, obtenemos 72 conjuntos de tres letras. Cada uno de estos tripletes se interpreta como un Nombre de Dios. Hay así 72 Nombres *(véase* la tabla de la página siguiente).
Podemos observar que todas las letras aparecen en los Nombres salvo la Guimel. Puesto que su valor numérico es 3, podemos pensar

que se presenta de una forma implícita, como el principio subyacente de la estructura de los Nombres, cada uno de los cuales tiene tres letras.

כהת	אכא	ללה	מהש	עלם	סיט	ילי	והו
הקם	הרי	מבה	יזל	ההע	לאו	אלד	הזי
חהו	מלה	ייי	נלך	פהל	לוו	כלי	לאו
ושר	לכב	אום	רײ	שאה	ירת	האא	נתה
ייז	רהע	חעם	אני	מנד	כוק	להח	יחו
מיה	עשל	ערי	סאל	ילה	וול	מיכ	ההה
פוי	מבה	נית	ננא	עמם	החש	דני	והו
מחי	ענו	יהה	ומב	מצר	הרח	ייל	נמם
מום	היי	יבם	ראה	חבו	איע	מנק	דמב

Pero si observamos que el sendero correspondiente a la letra Guimel es el que une Tiféret a Kéter a través del Dáat, meditar en los 72 Nombres supone recorrer este sendero y, de alguna manera, completar la falta.

Justamente, la travesía por el Dáat de Yetsirá es comparable al paso por el mar Rojo, lo cual supone la apertura de un nuevo nivel de conciencia —la conciencia espiritual briática—, libres ya de nuestras programaciones de esclavitud y sometimiento de Egipto.

Los 72 Nombres, tomados en conjunto, constituyen así una tecnología de iluminación y liberación, pero también de resurrección, como indica el episodio de Elías. Por supuesto que tomados individualmente cada uno es afín con un dominio concreto de experiencia y puede usarse para alcanzar objetivos particulares de vida. *Véase* al respecto el Capítulo 6 del presente volumen.

Jayim Vital, el gran cabalista de Safed y principal discípulo del Ari, en su libro *Shaaré Kedushá* (Las puertas de la santidad), establece las condiciones para la recepción del espíritu de profecía (iluminación) y describe la técnica general para entrar en meditación: aislamiento, introversión, desapego de toda sensación o pensamiento mundano, ascensión (imaginarse presente en los mundos superiores), visualización del firmamento superior como una inmensa y brillante cortina blanca sobre la que se visualizan las letras, realización del trabajo en sí: yejudim, combinación de letras y/o nombres, repetición mántrica (por ejemplo, de una mishná) o práctica del Tseruf. En nuestro caso será la recitación de los 72 Nombres.

Y dice Jayim Vital: «Medita en pensamiento por un corto tiempo (hitboded) y trata de sentir si el Espíritu ha descansado sobre ti». Precisamente, este descenso del Espíritu Santo o Rúaj Hakódesh es lo que llamamos en este contexto apertura del Dáat de Yetsirá (o Yesod de Briá), el objetivo que nos ocupa.

El método que nosotros vamos a proponer aquí combina el procedimiento anterior (la ceremonia de apertura) con la técnica concreta propuesta por Abulafia, tal como, por ejemplo, expone en La Vida del Mundo Futuro (Jayé Olam Habá).

Así, escribe: «Prepara entonces tus pensamientos para representarte a Dios y a sus más elevados ángeles. Dibújalos en tu corazón como si fueran seres humanos, sentados o de pie alrededor de ti. Tú estás en medio, como un mensajero a quien el Rey y sus sirvientes quieren enviar en una misión. Tú estás preparado para oír las palabras del mensaje, ya del Rey, ya de alguno de sus sirvientes; de Su boca o de la boca de cualquiera de ellos.

»Tras haberte representado todo esto, prepara mente y corazón para que tus pensamientos entiendan las muchas cosas que vendrán a ti a través de las letras que tu corazón imagina. Etc.».

Merece la pena que el lector interesado lea el texto completo, para lo cual referimos al libro citado (Aryeh Kaplan, en la obra *Meditación y cábala*, traduce el núcleo esencial de la práctica). La visualización descrita antes y el tipo de experiencia obtenida de descenso del Shéfa o del Espíritu, como se quiera, son típicos del plano del Dáat de Yetsirá.

Ésta es una primera fase de apertura y recepción que es necesario consolidar suficientemente. Después, profundizando en la meditación, aspiramos a alcanzar el siguiente nivel del Kéter de Yetsirá o Maljut de Atsilút.

Práctica de la meditación:

Empezamos con los tres primeros pasos descritos en la meditación anterior: 1) apertura, 2) ascenso vibratorio por el canal central y 3) ascenso por la escala sefirótica.

Estamos, pues, frente a la manifestación luminosa del Kótel Maaraví con el firmamento de luz sobre nuestras cabezas. La meditación consiste en el recitado (vibración) de las letras de cada uno de los Nombres pronunciada con su vocal natural. Ya se ha definido antes, en la meditación de la merkavá, qué es la vocal natural de una letra. En cada respiración se vibra una letra que se visualiza en el firmamento de luz, como siempre en fuego blanco irradiando luz blanca. Después de las tres respiraciones correspondientes a cada Nombre, se hace una respiración de descanso en la que se visualiza el Nombre completo, con sus tres letras.

Hay que decir que los tiempos de Abulafia son distintos, permitiendo más respiraciones de descanso entre cada letra y cada Nombre (véase la obra citada). Eso, si bien profundiza mucho si se tiene el grado de concentración adecuado, sin embargo alarga mucho temporalmente la meditación y dificulta su realización en las condiciones de la vida moderna.

No es necesario recalcar que no se trata de una mera verbalización mecánica. Hay que poner «alma», sentir que cada letra nos pone en conexión con algún aspecto de la Deidad, que es una y que siempre está presente por completo en cualquiera de sus manifestaciones. Estamos vibrando –cantando– delante de Dios con objeto de glorificar su Nombre y acercarnos a Él en Devekut, tal como está escrito: «Conoce al Dios de tus padres y sírvele».

En el sistema de cabalá profética de Abulafia, la pronunciación de las vocales va asociada a movimientos específicos de cabeza. Se trata de giros del cuello (no se mueven los hombros ni el tronco) a derecha o izquierda, arriba o abajo, o incluso hacia el frente y ligeramente hacia atrás, según la vocal que estemos vibrando. Todo ello sincronizado con la respiración y con la concentración adecuada. El objetivo es abrir el centro de Dáat –el Dáat inferior, shaar hashamaim, la puerta del cielo– que corresponde al chakra de la garganta.

El movimiento de cabeza sigue la forma de escribir la vocal en hebreo, incluyendo su posición en la línea de escritura.

Partimos del centro. La espalda está recta sin tensión, la mirada es hacia el frente (ojos abiertos o cerrados) metiendo ligeramente la barbilla (para que la línea de la mirada sea efectivamente horizontal).

La vocal «o», jolam, se escribe como un punto en la parte superior de la letra, con lo que la cabeza gira hacia arriba, como a mirar al cielo, y luego retorna al centro de forma sincronizada al terminar la vibración.

La vocal «a», kamats, es un trazo horizontal, con una cierta prolongación en T en la parte media, y se escribe debajo de la consonante. Su movimiento es un giro en horizontal hacia la derecha. Como antes, se gira bien la cabeza hacia la derecha y se retorna al centro al acabar la vibración.

La vocal «e», tseré, se escribe como dos puntos en horizontal debajo de la consonante. El movimiento de cabeza es giro hacia la izquierda, simétrico al anterior.

La vocal «i», jirik, es un punto debajo de la letra, luego su movimiento acompañante es hacia abajo, como para mirar al suelo.

Por último, la vocal «u», kubuts, se escribe como tres puntos en escalera hacia la derecha. Se considera su valor central. Hay que tener en cuenta que si hubiéramos elegido la shuruk, la «u» larga, ésta se escribe en le centro, en el interior de una vav. El movimiento, por tanto, es hacia el frente en horizontal, procurando no mover la cabeza ni arriba ni abajo.

Rabbi Yehudah Albotini (ss. xv-xvi) en su libro *Sulam HAliah* (La escalera de ascenso) hace alguna pequeña variación sobre los movimientos de cabeza. Puesto que se trata de uno de los grandes maestros de cabalá profética (fue además nombrado rabino principal de la academia de Jerusalén, lo que indica que este tipo de práctica era aceptada y respetada en la época), merece la pena reseñar su técnica. Simplemente, en la «u», en el movimiento de retorno pasa por el centro llevando la cabeza ligeramente hacia atrás, para luego retornar al centro. Igualmente, tanto en kamats como en tseré, no empieza el movimiento justo en el centro, sino que en kamats lo hace desde la izquierda hacia la derecha, y en tseré desde la derecha hasta la izquierda. Es decir, justo antes de empezar a pronunciar una letra con «a», gira suavemente la cabeza a la izquierda y con la vibración hace el recorrido hasta la derecha, para terminar en el centro (no en la izquierda de nuevo). Incluso llega a inclinar en el centro un poquito la cabeza hacia abajo para reproducir la forma en t de la kamats. Con tseré hace lo propio desde la derecha hasta la izquierda, esta vez sin inclinar la cabeza en el centro.

Albotini da movimientos de cabeza para el resto de las vocales, cortas o largas, pero luego no las emplea en su libro, con lo que no las reproduciremos aquí.

En cualquier caso, sigamos una u otra metodología, las correspondencias de las vocales naturales son:

Jolam, «o», Kéter, Arij Anpin, el Gran Rostro de Dios.
Kamats, «a», Jojmá, Abba, el Padre.
Tseré, «e», Biná, Imma, la Madre.
Jirik, «i», Zeir Anpin, el Pequeño Rostro de Dios, sefirot de Jésed a Yesod.
Kubuts «u», Maljut, Shejiná, la Presencia Divina.

Hay que tener en cuenta que desde el punto de vista de Dáat, la garganta, Kéter está arriba y Tiféret debajo. Por otro lado, el sitio de Maljut antes de la Caída es precisamente Dáat.

Así pues, procedemos según el siguiente ritmo:

Inspiración
Espiración: Vibrar Va →
Inspiración
Espiración: Vibrar He →
Inspiración
Espiración: Vibrar Va →
Inspiración
Espiración (silencio. Hemos visualizado el primer Nombre completo VaHeVa)
Inspiración
Espiración: Vibrar Yo →
Inspiración
Espiración: Vibrar La →
Inspiración
Espiración: Vibrar Yo →
Inspiración
Espiración (silencio. Hemos visualizado el segundo Nombre completo YoLaYo)

Y así sucesivamente hasta completar los 72 Nombres.

Meditación sobre los 72 Nombres de Dios (propuesta por Rabí Abraham Abulafia en Jayé Olam HaBa (La Vida del Mundo Futuro):

וְהוּ	יְלִי	סִיט	עֲלָם	מַהֲשׁ	לֶלָה	אַכָא	כַּהַת
Va He Va	Yo La Yo	Sa Yo Te	A La Me	Me He Shi	La La He	A Ja A	Ka He Ta
הֲזִי	אֶלָד	לָאוּ	הֲהַע	יֵזָל	מֶבַה	הֲרִי	הֲקָם
He Za Yo	A La Da	La A Va	He He A	Yo Za La	Me Be He	He Re Yo	He Qo Me
לָאוּ	כָּלִי	לֵוּו	פַּהֵל	נְלָךְ	ייי	מֶלָה	חַהֲוּ
La A Va	Ka La Yo	La Va Va	Pe He La	Nu La Ja	Yo Yo Yo	Me La He	Je He Va
נִתָה	הָאָא	יֶרֶת	שְׁאָה	רִיי	אוּם	לְכַב	וְשָׁר
Nu Ta He	He A A	Yo Re Ta	Shi A He	Re Yo Yo	A Va Me	La Ja Be	Va Shi Re
יֵחֲוּ	לֶהַח	כּוּק	מֶנֵד	אֲנִי	חַעָם	רֶהַע	יֵיז
Yo Je Va	La He Je	Ka Va Qo	Me Nu Da	A Nu Yo	Je A Me	Re He A	Yo Yo Za
הַהַה	מִיך	וַוּל	יֵלָה	סָאַל	עֲרִי	עֲשֶׁל	מִיָה
He He He	Me Yo Ja	Va Va La	Yo La He	Sa A La	A Re Yo	A Shi La	Me Yo He
וְהוּ	דְּנִי	הֲחַשׁ	עֲמַם	נְנָא	נִית	מֶבַה	פּוּי
Va He Va	Da Nu Yo	He Je Shi	A Me Me	Nu Nu A	Nu Yo Ta	Me Be He	Pe Va Yo
נְמַם	יֵיל	הֲרַח	מֶצֵר	וֹמַב	יֵהָה	עֲנוּ	מֶחִי
Nu Me Me	Yo Yo La	He Re Je	Me Tsa Re	Va Me Be	Yo He He	A Nu Va	Me Je Yo
דֲמַב	מֶנָק	אִיעַ	חַבּוּ	רָאָה	יֵבַם	הֲיי	מוּם
Da Me Be	Me Nu Qo	A Yo A	Je Be Va	Re A He	Yo Be Me	He Yo Yo	Me Va Me

(Nota: En el cuadro, el Nombre en hebreo está escrito, como es usual, de derecha a izquierda, pero la transliteración al castellano está de izquierda a derecha).

Una vez completadas la recitación se entra en estado de meditación contemplativa. Caben las siguientes posibilidades:

a) Puesto que se ha entrado en un estado profundo (compruébese por propia experiencia), podemos simplemente soltar todo y dejarnos llevar a donde la meditación quiera conducirnos. Somos conscientes de todo nuestro campo interno, sin expectativas, juicios o evaluaciones. Mantenemos la contemplación en tanto sintamos que la meditación está viva, por así decir.

b) Tenemos una representación genérica global en el firmamento de todo el cuadro de los 72 Nombres. En un momento dado, el firmamento se abre y desciende un rayo de luz sobre nosotros, que entra por nuestro Kéter y recorre todo nuestro árbol sefirótico corpóreo, limpiándonos, purificándonos, llenándonos de luz, armonizando nuestra energía con la de los Nombres sobre los que estamos meditando. Después canalizamos a nuestro entorno en esferas de luz cada vez más amplias hasta abarcar a todos los seres del cosmos.

c) Empezamos como en el punto anterior con una representación en el firmamento del cuadro de los Nombres. Las letras aparecen grandes como montañas, siempre en fuego blanco irradiando luz blanca, ocupando todo nuestro campo de conciencia.

Sentimos nuestra identidad en el centro de la cabeza, el Kéter. Estamos así en un estado de focalización luminosa en nuestro centro de la cabeza. Nos percibimos como un poco fuera de nosotros mismos. Sentimos que la luz de las letras nos atrae. Es como un imán que jala de nosotros. Ascendemos en espíritu y, en un momento dado, penetramos en el firmamento de luz por la puerta de los Nombres que se ha abierto. Nos abrimos a la experiencia, ya sea en forma de visión, pensamiento, percepción aformal, etc.

Esto nos conduce al siguiente nivel de Tiféret de Briá/Maljut de Atsilút.

Una observación:

Nada ocurre de inmediato. Al principio, los contenidos de la meditación serán triviales y fugaces. Pero si los rechazamos quizá estemos cerrando la puerta a algo más profundo que se abrirá después. Y durante mucho tiempo nos sobrevendrá la duda de si nos lo estamos imaginando todo, lo cual es lógico, ya que el mundo espiritual es aformal y, por tanto, habla a través de nuestra propia mente concreta, es decir, de nuestro pensamientos y sentimientos.

Es necesario persistir, con disciplina y método. A la larga, cuando alcancemos el grado de desarrollo espiritual adecuado, las puertas de la experiencia se abrirán plenamente para nosotros, en un acto de Gracia y Amor Divinos.

CAPÍTULO 4

Maljut de Atsilút/Tiféret de Briá/ Kéter de Yetsirá: Devekut

El siguiente nivel de conciencia, siguiendo la progresión ascendente por el pilar del medio del Árbol extendido, corresponde al Kéter de Yetsirá/Tiféret de Briá/Maljut de Atsilút. Es el nivel correspondiente al Yo Cuántico, o Yo Superior, o Neshamá Suprema, etc., que hemos considerado en el capítulo 1 como básico para el propósito de este libro y que nos proponemos especificar un poco más en este capítulo.

No hay ni que decir que a partir de este punto, los niveles son muy difíciles de definir, ya que trascienden por un lado la conciencia personal tal como es entendida corrientemente, y por otro toda forma de mente, al tener que ir más allá del Biná de Yetsirá y atravesar el sendero Biná/Jojmá de ese mundo.

Y ese paso es problemático. Si tomamos como guía la descripción de uno de los pocos libros cabalísticos explícitos al respecto, *Shaaré Tsédeq* (Las puertas de la rectitud, atribuída a Shem Tov Sefardí, un discípulo de Abulafia), vemos que, después de terminar su parte autobiográfica, el autor escribe lo siguiente acerca de la metodología:

> Después, uno llega al nivel de Dilug (דלוג, saltar) tal como dice la Escritura: «Y su bandera (דגלה) sobre mí era amor» (Cant 2, 4). Consiste en meditar, una vez que las operaciones con las letras han terminado, en la esencia del propio pensamiento y abstraer (extraer) de él toda pala-

bra, ya esté conectada con alguna noción o no. En la realización de este saltar hay que poner las consonantes que uno está combinando en un rápido movimiento. [*Ya que esta meditación está realizada en el contexto del Tseruf. En nuestro caso eso se realizaría con los 72 Nombres. Véase al respecto* El libro del signo, *de Abulafia*] [...]. Abstrayendo palabras del pensamiento en la contemplación, uno se fuerza a sí mismo, hasta el punto que escapa al control de su mente natural, e incluso si no quiere pensar no puede evitarlo [...]. Cuando, sin embargo, se va más allá del control del pensamiento, se hace necesario otro ejercicio. Consiste en extraer gradualmente el pensamiento –durante la contemplación– de su propia fuente, hasta que por pura fuerza, se llega al nivel en el que ni se habla ni se puede hablar. Y si queda todavía suficiente fortaleza para forzarse más a uno mismo y extraer aún más, lo que está dentro se manifestará fuera, y mediante el poder de la pura imaginación tomará la forma de un espejo pulido. Y ésta es la llama de la espada giratoria, lo de atrás dándose la vuelta y pasando a ser lo de delante. Y entonces uno ve que su ser más interno es algo fuera de sí mismo».

Y éste es el camino de la visión profética. Lo anterior es una gran descripción del nivel que estamos intentando describir. Para un estudio más profundo remitimos al lector a los capítulos II y III de mi libro *La cábala de la merkavá*, y sobre todo al capítulo X, «El mapa de la conciencia», de mi obra *El camino del Árbol de la Vida* (vol. 2). También al capítulo IX, «La Neshamá Suprema» de *La cábala de la merkavá*, en el que este nivel es tratado meditativamente.

Pretendemos a continuación dar una meditación integrada de este y los niveles siguientes con la conciencia clara de que entramos en un nivel en el que dependemos casi completamente de la Gracia Divina. Aquí nuestro Maestro es la propia Presencia Divina y nuestro nivel de kedushá (santidad) debe ser suficiente como para que nuestra forma pueda soportar los altos potenciales del mundo de Atsilút, que empezamos a tocar directamente en este nivel.

Lo que vamos a intentar hacer aquí es generar conscientemente la experiencia con la visualización y la kavaná correspondientes, como en un trabajo de laboratorio (y el apoyo necesario de la Gracia). Al fin y al cabo, estamos trabajando en nosotros mismos.

La metodología que vamos a seguir es la siguiente: primero generar la figura de la Neshamá Suprema (Tiféret de Briá) como una representación externa. Después asumirla como propia, identificando nuestra conciencia con la suya. Desde allí podemos seguir adelante tratando de extender la experiencia.

Meditación de generación e identificación con la Neshamá Suprema

En primer lugar, hacemos la **Meditación del Yo Superior** del capítulo 1 hasta el lugar marcado por el signo &&&&&&, en donde enlazamos con lo que sigue:

«Sentimos nuestra identidad en el centro de la cabeza, el Kéter. Estamos así en un estado de focalización luminosa en nuestro centro de la cabeza. Este punto es el Kéter de nuestro propio mundo de Asiá, el mundo de los fenómenos físico –espacio– temporales. Al mismo tiempo está también en el centro de nuestro mundo psicoastral de Yetsirá –es su Tiféret– y es el punto inferior, el Maljut, de nuestro mundo de Briá, el plano cualitativo del ser.

En Dáat de Yetsirá (Yesod de Briá, Livnat HaSapir) visualizamos el Nombre de Dios

מצפץ = 300 = Rúaj Elohim = ש

Su luz como una pantalla es atractiva. Queremos ir hacia ella para atravesarla. Como un imán. Nos jala. Ascendemos. En el momento en el que la atravesamos queda el cuerpo a un lado y pasa la Neshamá.

Percibimos el Tiféret de Briá sobre nuestra cabeza como una esfera gloriosa rebosante de una luz blanca purísima. Es la morada de nuestra identidad arquetípica, esencial, nuestro Yo Superior, la fuente no sólo de nuestra encarnación actual, sino de todo nuestro ciclo de vida. Cada uno lo puede percibir de una manera personal, propia, como una luz, como una pura presencia rebosante de ser y de conciencia, como una figura que tanto puede ser masculina como femenina... o simplemente como una presencia vivencial fuertemente sentida. Percibimos esa presencia en el centro de un hexagrama de luz dorada. De alguna forma, sentimos que nuestra esencia es algo que está fuera de nosotros mismos. En la Tradición aparece como una figura humana sentada en el trono, que es una representación sintética del mundo de Briá: el Adam celeste, la segunda Gloria, el pequeño YHVH, personalizado en el arcángel Metatrón –a su vez, Enok ascendido y transfigurado–.

A algunos les ayudará verla bajo una imagen tradicional: sentado/a en un trono de oro, cabellos de intensa blancura, ojos de fuego, de su boca brota una espada de llama, vestido/a con una túnica blanca resplandeciente, ceñido/a con un cinto de oro, los pies también de luz, en la mano derecha las 7 estrellas y en la mano izquierda un libro, el libro de nuestras vidas. En el corazón la serpiente con la letra Alef en el centro en fuego blanco. «El corazón rodeado por la serpiente», es uno de sus nombres.

Contemplamos. Prestamos atención suprema a cualquier indicación o revelación que quiera transmitirnos.

Tenemos ahora dos posibilidades para culminar la meditación, bajo los epígrafes de Identificación I y II. La primera versión culmina este nivel del Tiféret de Atsilút y lo consolida. La segunda continúa –siquiera imaginativamente– ascendiendo por el pilar del medio del Árbol extendido.

Identificación (I)

Estamos frente a la imagen de nuestra Neshamá Suprema bajo el Nombre Adonai Mélej, Mi Señor Rey, uno de los Nombres Divinos de la sefirá Maljut.

[El valor numérico de este Nombre, אדני מלך, es 155, guematria de Dod Neeman, amado o amigo fiel. Notamos que las letras de la palabra Mélej, «Rey», son las iniciales de Móaj, «cerebro», Leb, «corazón» y Kabed, «hígado», tres asientos en el cuerpo físico de, respectivamente, Neshamá, Rúaj y Néfesh. Además, este número, 155, está comprendido entre dos expresiones: YHVH Elohenu YHVH, que suma 154, y Ayin YHVH, Ojo de YHVH, que suma 156]

La luz que despide nos rodea por completo y nos encontramos totalmente embebidos en su brillantez vital. Sentimos que la vamos absorbiendo en nosotros. Que penetra en nuestro interior por todos los poros del cuerpo y satura internamente todos los órganos de nuestro ser interno.

Tanto su túnica de pura luz como su cuerpo translúcido nos permiten una visión de su Árbol de la Vida, con sus sefirot como joyas resplandecientes. Un rayo de luz directa une esas sefirot con las de nuestro propio Árbol, una a una.

Así, la luz penetra nuestro Kéter mientras pronunciamos internamente el Nombre ADONAI MÉLEJ, (visualizamos el Nombre, מלך אדני, en letras de fuego blanco irradiando luz blanca en el centro del chakra de la corona), lo limpia por completo, sentimos cómo se extiende su vibración por todo nuestro cuerpo, sentimos el centro saturado de un néctar blanco brillante, el néctar de la Presencia Divina, que nos sacia por completo. Luego la luz va a nuestro hemisferio cerebral izquierdo y lo satura de la vibración del Nombre (en cada centro, visualizar), limpiándolo por completo y llenándolo del néctar de la sabiduría; accede al hemisferio derecho y lo satura de la vibración del Nombre ADONAI MÉLEJ, limpiándolo por completo y llenándolo del néctar del entendimiento omniabarcante; va al centro de la frente, lo satura de la vibración del Nombre, limpiándolo por completo y llenándolo del néctar del conocimiento intuitivo directo; desciende hasta el centro de la garganta, lo satura de la vibración del Nombre ADONAI MÉLEJ, sentimos cómo una oleada de luz se extiende por todo nuestro sistema energético, limpiándolo por completo y llenándolo del néctar del espíritu de la creación. La luz va al hombro izquierdo, donde se ubica el centro de Jésed, lo satura de la vibración del Nombre, limpiándolo por completo y llenándolo del néctar de la Gracia Divina; pasa y recorre todo el brazo izquierdo y llega hasta la punta de los dedos; luego va al hombro derecho, donde se ubica el centro de Guevurá, lo satura de la vibración del Nombre, limpiándolo por completo y llenándolo del néctar del Poder Divino; pasa y recorre todo el brazo derecho y llega hasta la punta de los dedos; y desciende al centro del corazón, que se llena e irradia con su luz, inundándolo con la vibración del Nombre, ADONAI MÉLEJ; sentimos cómo se extiende su vibración por toda la extensión de nuestra conciencia, nuestro ser esencial, unido a todos los seres; el centro tiferético queda saturado con el néctar lumínico de la compasión y la empatía universales, en armonía con toda la creación; y desciende al centro del ombligo, lo satura de la vibración del Nombre ADONAI MÉLEJ, limpiándolo por completo e irradiando a todos los órganos del cuerpo, que quedan bañados de luz, de calidad de vida y energía; todo nuestro cuerpo vital se siente así reforzado y rejuvenecido. Y la luz va a la cadera izquierda, donde se ubica el centro de Nétsaj, lo satura de la vibración del Nombre, limpiándolo por completo y llenándolo del néctar de la emoción positiva; y desciende hasta la planta del pie izquierdo y llega a la punta de los dedos; y va a la cadera derecha, donde se ubica el centro de Hod, lo satura de la vibración del Nombre, limpiándolo por completo y llenándolo del néctar del pensamiento positivo; y desciende hasta la planta del pie derecho y llega hasta la punta de los dedos; y desciende después al centro de Yesod, en la raíz del órgano sexual, que se llena e irradia con su luz, inundándolo con la vibración del Nombre ADONAI MÉLEJ; sentimos cómo se extiende su vibración por toda la extensión de nuestra vitalidad y cómo queda saturado del néctar de la Generación Divina; y de allí desciende hasta el centro de Maljut, en la base de la columna, en el perineo; que se llena e irradia con su luz, inundándolo con la vibración del Nombre ADONAI MÉLEJ y saturándolo con el néctar del Shabat, el descanso divino en la conciencia de la Presencia constante de Dios en el mundo.

La luz entra así en todos nuestros canales, en nuestra linfa, en nuestra sangre, en nuestras células, en nuestros huesos. Somos un cuerpo de luz. Todo lo negativo, enfermedad, neurosis, debilidades, temores… es expulsado y percibimos cómo sale en forma de humo negro. Nos contemplamos a nosotros mismos durante unos instantes como cuerpos de luz…

A continuación tomamos conciencia de nuevo de la Imagen Divina delante de nosotros y vemos cómo se va haciendo más y más pequeña, sin perder un ápice de su brillantez, belleza y poder. La imagen se ha concentrado hasta parecer un pequeño granito muy brillante que se ubica sobre nuestra cabeza. Penetra entonces por nuestra fontanela y desciende por el canal central hasta ubicarse en el punto central de conciencia pura en el chakra del corazón, y allí vuelve a aumentar de tamaño hasta ocupar todo nuestro centro tifetético.

Pronunciamos el mantra: «Or Shejinát El, Adonai Mélej, Bo Eláy, Nozel Zorem Eláy, Taír Otí, Potéaj Et Yadéja Umashbía Lejol Jai Ratsón. Luz de la Presencia Divina, ADONAI MÉLEJ, ven a mí, fluye y canaliza a través de mí, ilumíname; abres tu mano y sacias a todo ser hasta el máximo de su deseo».

Las letras del Nombre de Dios ADONAI MÉLEJ, אדני מלך, rodean la imagen y giran rápidamente formando un anillo de luz.

Del centro del corazón salen rayos de luz en todas direcciones (URIM).

Son recibidos por las jerarquías angélicas.

Son recibidos por los Ishim, Kerubim, etc.

Son recibidos por los arcángeles de Briá.

Son recibidos por Sandalfón, Gabriel, etc.

Son recibidos por los maestros en todas las dimensiones: los maestros personales, los maestros históricos, los profetas, los abot e imot, etc. (Se puede incluir colectivamente a todos los maestros de otras tradiciones orientales y occidentales).

Ascienden hasta el mismo Trono de Dios, portando la ofrenda de nosotros mismos, y son recibidos por la Shejiná en sus Nombres y manifestaciones sefiróticas (todo ello se consume como incienso):

En el Nombre Adonai la ofrenda de nuestro cuerpo.

En el Nombre Shadai la ofrenda de nuestro instinto (y/o de nuestro personaje).

En el Nombre Elohim Tsebaot la ofrenda de nuestro pensamiento.

En el Nombre YHVH Tsebaot la ofrenda de nuestro sentimiento.

En el Nombre YHVH Eloah Vadáat la ofrenda de nuestra identidad.

En el Nombre Elohim Guibor la ofrenda de nuestra fuerza de voluntad.

En el Nombre El la ofrenda de nuestros deseos e impulsos.

En el Nombre YHVH Elohim la ofrenda de nuestro ser.

En el Nombre Yah la ofrenda de nuestra vida (nuestra energía).

En el Nombre Eheieh la ofrenda de nuestra conciencia.

Una corriente de Luz y Gracia desciende desde la Presencia Divina en respuesta a nuestra ofrenda, y es canalizada a través de los Poderes del Árbol de la Vida y los maestros de Sabiduría y Compasión en forma de luces arcoíris trayéndonos alegría, gozos, iluminación, éxtasis, poderes espirituales, etc. Nos sentimos completamente bañados por esta luz del cielo (TUMIM).

Nuestro Tiféret es un centro radiante de luz que va a parar ahora a todos los seres de la creación, a nuestros seres queridos, a nuestros conocidos, amigos y a todos los seres sufrientes de todos los mundos y planos, llevándoles iluminación, paz, trasmutación. Toda la Creación manifiesta la Luz de la Presencia Divina.

Cuando hemos terminado, la imagen divina crece dentro de nosotros hasta ser plenamente nosotros mismos. Pronunciamos el mantra: «ANÍ OR NESHAMÁ ELIONÁ SHEJINÁ BELIMÁ. Yo soy la Luz de la Neshamá Suprema de la Presencia Divina Intangible (o de la Nada)». Somos uno con la Forma Divina. Nos identificamos con ella. Identificamos nuestra conciencia con la suya. Entramos en contemplación.

&&&&&&

Podemos ahora enlazar con la siguiente meditación (Identificación II) o seguir adelante completando ésta y terminar.

Vemos ahora cómo la forma divina que somos nosotros se expande llenando toda la galaxia; cómo abarca todo el espacio cósmico, que ahora se transforma en un océano infinito de luz. Somos un océano infinito de luz… (varios minutos).

Y pronunciamos el mantra LO, NO.

Penetramos en la casa del espíritu, abandonando todo en la plenitud vacía, en la casa de Dios, AIN (nada)... (varios minutos).

Emergemos del Ain como un punto de luz infinita... que se expande en un océano infinito de luz... y de él emergemos en la forma de nuestro yo Superior, YO SOY QUIEN YO SOY QUIEN YO SOY QUIEN YO SOY...

Y del corazón de esta imagen de nuestro Yo Superior surge un rayo descendente de luz por el que emergemos y descendemos... Nos situamos de nuevo en nuestro centro de Ketér sobre nuestra cabeza; volvemos a centrarnos claramente en nosotros mismos y nos introducimos asumiendo nuestra forma mental y corpórea...

Hacemos la siguiente afirmación:

«Que la llama de la Neshamá Suprema ilumine nuestros pasos y que su reverberación resuene en todo nuestro ser, concediéndonos los dones de la Presencia Divina y la iluminación de la verdadera Sabiduría. Amén».

****

Identificación (II)
[Esta meditación continúa el ascenso por el pilar del medio del Árbol extendido. Debe asumirse una vez consolidada la anterior].

&&&&&& (Continuación):

Permanecemos en este estado el tiempo que la fuerza de nuestra contemplación nos dicte.

Contemplemos nuestros vehículos inferiores como las ventanas por las que el Dios Interior, nuestra Neshamá Suprema o Chispa Divina, se asoma al mundo... Abrámonos para que nos trasmita la impronta de Sabiduría y Amor y de Poder de la Voluntad de trascender todos los obstáculos y superarlos, para que seamos un verdadero centro de manifestación de la Luz en la Tierra...

Shejiná

הִי

Contemplemos cómo nuestra Chispa Divina es una en la infinitud del enjambre de Chispas Divinas que constituyen el ser humano global colectivo, manifestación directa del cuerpo de la Shejiná, de la Presencia Divina, Adonai en el Maljut de Atsilút.

Hacemos la conversión del Tiféret de Briá de Yaakov a Israel, el que lucha con Dios y con hombres y vence, pues éste es el asiento de ese sol central que en los 12 rayos proyecta todos los distintos conceptos de la vida y de los distintos tipos de humanidad arquetípica.

Hemos de trascender, de llegar a ese estado transpersonal, de vivirnos como la humanidad, si de veras queremos ascender al nivel siguiente, el Yesod de Atsilút, el plano del Espíritu Santo, del Espíritu de Dios que aletea sobre la superficie de las aguas, Shadai El Jai, el Dios Omnipotente y Vivo...

Es la Palabra de Dios.

Tal como dice el Séfer Yetsirá:

Aját Rúaj Elohim Jayím Barúj uMeboráj shemó shel Jai Haolamím Kol veRúaj veDibur VeHú Rúaj Ha Qódesh.

Uno es el Espíritu del Dios vivo, bendito y bendecido sea el nombre de la Vida de los Mundos. Voz, Aliento y Palabra, y Él es el Espíritu Santo.

Instantáneamente en el Espíritu nos trasladamos con Ezequiel al valle lleno de huesos y oímos junto al profeta la palabra divina diciendo: «Profetiza sobre estos huesos y diles: ¡Huesos secos, escuchad la palabra de Yod He Vav He. Así dice Adonai Yod He Vav He, a estos huesos: "He aquí que yo haré que penetre en vosotros un espíritu y reviviréis".

»Profeticé pues como se me había ordenado y he aquí que cuando yo profetizaba se oyó un ruido y se produjo un estrépito, y los huesos se juntaron unos a otros. Miré y he aquí que los cubrían tendones y crecía la carne, y extendíase sobre ellos la piel por encima, pero carecían de espíritu.

»Entonces indicó: "Profetiza dirigiéndote al Espíritu, profetiza, hijo de hombre, y di al Espíritu: ¡Así habla Adonai Yod He Vav He. Llega, ¡oh, Espíritu (Shin) de los cuatro vientos (las cuatro expansiones) y sopla sobre estos muertos para que revivan (68 = los tres Nombres)!". Vayómer Elái Hinavé El HaRúaj Hinavé Ben Adam Veamarta El Harúaj Koh Amar Adonai YHVH Mearbá Rujót Boí HaRúaj Ufejí Baharuguím Haéleh Veyijyú.

»Profeticé pues como se me había ordenado y penetró en ellos el espíritu, se reanimaron, y púsose en pie un ejército grandísimo.

»Rúaj Elohím Jayim, el Espíritu del Dios Vivo. Poderoso mantra para invocar el aliento divino: Rúaj Elohím Jayim.

»Y el Aliento se hace Palabra creativa…

»Dos, segunda sefirá: Rúaj Me Rúaj, Aliento del Aliento. Él estableció y grabó con ella veintidós letras fundamento, tres madres, siete dobles y doce simples, y un solo aliento es el origen de ellas».

Son letras puramente espirituales, los agentes creativos, configuraciones energéticas arquetípicas o vasijas metafísicas, cuya esencia nos resulta inaprensible desde nuestro punto de vista mental, y cuyas combinaciones y permutaciones siguiendo el movimiento del Espíritu dan lugar a todo lo que existe.

Y toda la creación se nos aparece bajo la forma de un inmenso cubo metafórico, con las seis caras selladas con las seis permutaciones de las tres letras del Nombre de Dios: arriba Yod He Vav: יהו; abajo He Yod Vav: היו; delante Vav Yod He: והי; detrás Vav He Yod: וחי; a la derecha Yod Vav He: יוה; a la izquierda He Vav Yod: הוי, y en su centro las cuatro letras del nombre Yod He Vav He: יהוה, formando el septenario junto con las seis caras.

Y las doce aristas de este cubo son las doce permutaciones del nombre completo Yod He Vav He.

Y son diagonales que se extienden y extienden perpetuamente hasta la eternidad, son los extremos del mundo. Y entendemos el versículo: «Él permuta y combina, y hace toda la creación y toda la revelación por venir de un Nombre».

Y nos preguntamos, ¿cuál es el lugar del mundo, dónde sucede todo esto?

En la Mente de Dios.

[Pasamos a la siguiente fase]:

HQBH

Del Dáat de Briá/Yesod de Atsilút, el Abismo que «separa» a Dios de su Creación, damos el salto al nivel siguiente: Kéter de Briá que es Tiféret de Atsilút, la Deidad manifestada como el centro de todo, el Creador de los mundos y también el que nos salva, el que nos libera. Anojí, primera palabra del Decálogo, Yo Soy, Anojí, el Dios único, la Mente única, la conciencia absoluta, libre, inobstruida, y el único ser, el Yo activo del Universo, el que es en cada uno de nosotros, el que somos, el verdadero ser.

Desde el punto de vista de la Creación, este Tiféret de Atsilút es, pues, el Yo Divino real, tal como Él se percibe a sí mismo, el verdadero Yo del Ser y del No Ser. Como está escrito (Is 45, 6): «Aní YHVH

VeEin[1] Od. Yo soy YHVH y no hay otro (o no hay nada más)». O bien (Dt 4, 35): «A ti se te mostró para que sepas que YHVH es HaElohim y no hay otro (o nada más) a su lado (Ein Od Milevadó)». De ahí para abajo, todo es contenido de la Conciencia. «Formo la Luz y creo la oscuridad», continúa el versículo de Isaías. Es decir, Él realiza un acto de tsimtsum o restricción (ocultación) de la Luz de la Conciencia que crea la oscuridad (inconsciencia), de modo que la Luz adquiere forma. Como Kéter de Briá, Él es el Creador por antonomasia. Y la Creación brota del Corazón (Tiféret) de Dios, de su deseo de bien, de su darse a Sí Mismo.

Yo soy YHVH tu Dios, que te saqué de la tierra de Egipto, de casa de servidumbre. No tendrás dioses ajenos delante de mí. Anojí YHVH Eloheja asher hotsetíja meÉrets Mitsraim, mibet abadim. Lo tihyé Elohim ajerim al panai.

Liberación, si no ponemos nada, incluyendo yo mismo, entre Dios y Dios.

Y sólo podemos experimentar este nivel directamente: Dios, Dios solo, sólo Dios, el Dios único, al que adoran todos los individuos de todas las religiones, al que aspiran todas las místicas, todos los yogas...

ו

El significado de la palabra Vav, que da nombre a la letra, es «clavo, gancho». Podemos visualizar la letra Vav del Nombre como el nudo –clavo, gancho– que ata a todas cosas en la unidad de la conciencia del Rostro Menor, punto infinito de Luz (Yod) eternamente activo en proyección (Vav).

Un universo –la Creación– es Dios soñándose a Sí mismo. Yo soy quien Yo soy es el despertar.

Habiendo reintegrado semejanza al Modelo, unidos (en Devekut) al arquetipo de todos los arquetipos, el supremo ser-siendo causal del

---

1. «Yo soy YHVH y Ain».

universo, la fuente de la Creación, transcendemos toda dualidad sujeto/objeto en la absorción radiante de la totalidad del propio ser en lo Divino.

Contemplamos, mientras seguimos con el mantra que es nuestro cable de ascenso hasta la Esencia Suprema: EHEYÉ ASHER EHEYÉ ASHER EHEYÉ… YO SOY QUIEN YO SOY QUIEN YO SOY QUIEN YO SOY…

¿Quién pronuncia ahora el Nombre?

DÁAT. AIN. EHEIEH

Y sin embargo, este Rostro Divino es llamado Zeir Anpin, el Pequeño Rostro, frente al Gran Rostro de Dios o Arij Anpin, el Kéter de Atsilút, la propia Corona que el Santo, bendito sea, lleva. Pero para siquiera figurarnos ese nivel hemos de, por así decir, formar parte de la Mente Divina y atravesar el profundo abismo del Ain, la Nada Llena, en el Dáat de Atsilút (el Yesod de lo Inmanifestado, el Absoluto). Sólo entonces podemos entrar en la gran bienaventuranza de la Realidad Última, en la que ser y no ser aparecen como dos caras de una misma esencia, sin diferencia entre ellas.

Eheieh Asher Eheieh Asher Eheieh Asher Eheieh Asher Eheieh…
Yo Soy Quien Yo Soy Quien Yo Soy Quien Yo Soy Quien Yo Soy…
¿Mi, מי, Quién? La Yod, י, del Gran Nombre. Cualquier cosa que aparezca en la conciencia, incluso la propia conciencia de la conciencia, pertenece al Mah, מה, al Qué, la He del Gran Nombre. En este punto debe ser negada.

Nada, nada, nada.
Nada y nadie.
La dualidad Dios/Mundo integrada; Conciencia pura como sujeto (Sabiduría, Padre) y objeto (Entendimiento, Madre) eternamente unidas e inconscientes de su diferencia. Inmanencia y trascendencia.

¿Dónde? En el cerebro saturado del Anciano de los Días. Ninguna parte.

ARIJ ANPIN

Comprendemos entonces que ambos Rostros son uno y el mismo. Todos los nombres y formas, la multiplicidad en la totalidad, constituyen una gran unidad en el Pequeño Rostro. Todos los Universos son una proyección mental de ese centro Divino, de esa inmensa Yoidad o Self del ser Divino que llamamos Pequeño Rostro. En la Mente Divina todos los planos de la existencia –todas las experiencias y cambios en la Conciencia– son subjetivos, y en el Bitul, en el abandono de la conciencia de crear, sostener y disolver los universos, todo revierte al Fundamento Divino, el fondo indiferenciado de la Realidad Última, en la vastedad del Gran Rostro. Eheieh Asher Eheieh. Y puesto que no hay diferencia, todas las realidades aparecen unidas en un nudo único en el seno del En Sof, el Infinito, cuya esencia es Ain.

Eheieh Asher Eheieh Asher Eheieh Asher Eheieh Asher Eheieh… Kéter.

El sustrato, la base.

El espacio vacío de todo como imagen del infinito: sin puntos, líneas, figuras. Pero base de todo diseño geométrico.

No podemos añadir espacio al espacio. Está completo.

Es indiferenciado e impersonal, pero subyace a toda diferenciación y personalidad.

Ni vivo ni no vivo, pero de él surge la vida.

Ni luminoso ni oscuro, pero es la fuente de la luz.

Ser y no ser: dos rostros que se miran.

No ser siendo.

Amor puro, porque da todo.

Nada se procesa, reposamos en la Quietud.

Yo soy quien yo soy quien yo soy quien yo soy…

Misterio de los misterios.

SHEMÁ ISRAEL

[Esta fase puede también tomarse como una meditación independiente]:

Actualizamos ese nudo, reviviendo el proceso, con el Shemá Israel:

שמע ישראל יהוה אלהינו יהוה אחד
Escucha Israel YHVH nuestro Dios YHVH es uno.
Shemá Israel YHVH Elohenu YHVH Ejad.

Shemá: Meditamos en que el valor numérico de esta palabra, שמע, es 410, que es también Kadosh, קדוש, «santo», «separado». Nuestra identidad personal está fuertemente focalizada en nuestro Kéter, nuestro Tiféret de Yetsirá. Shemá, ¡escucha!, es un movimiento de desidentificación y elevación; de profunda apertura a Dios; de transferencia de Rúaj a Neshamá, en suma. En el Árbol extendido corresponde a abrir el Dáat de Yetsirá.

Israel: Israel significa: «Hombre que lucha con Elohim y con hombres y vence», expresando la posibilidad de unir los estados humano y divino. Israel también significa YASHAR EL, «recto hacia Dios». Al vibrar Israel entramos en fase con nuestra Neshamá Suprema, el Yo Superior, el Sacerdote del Altísimo. Meditamos en que el Israel en cada uno de nosotros es la chispa del alma superior que anhela trascender los límites de lo físico y realizar su estado espiritual, en unidad con la Luz Divina. Al meditar sobre «Israel» debemos contemplar e identificarnos con la parte más interna de nuestro ser briático, el punto más alto de nuestra psique: Kéter de Yetsirá, que es, a su vez, el Tiféret de Briá y el Maljut de Atsilút. Formamos así parte del enjambre de Chispas Divinas, la Asamblea de Israel (Kneset Israel, identificada con la Shejiná) y nos preparamos para la unión con el arquetipo supremo del Dios Único.

Nos tomamos el tiempo necesario en cada palabra para penetrar su esencia o, mejor dicho, para que su esencia nos penetre a nosotros y seamos capaces de recrear su realidad en nuestra conciencia.

Seguimos ascendiendo y meditamos **YHVH:** Tiféret de Atsilút. La conciencia pura de Dios en el centro de la Manifestación. El Yo Soy o Ser activo de la Creación.

Elohenu: Es Biná de Atsilút. El aspecto «lleno» de la Manifestación. Toda la Creación brotando y siendo reabsorbida en la unidad de la Mente de Dios. El polo negativo de la Luz.

YHVH: Jojmá de Atsilút. El aspecto «vacío» de la Manifestación. La trascendencia absoluta de la Esencia Divina. El polo positivo de la Luz.

Ejad: Kéter. La unidad omniabarcante; una sola realidad. Todos los aspectos de la Manifestación unidos en la plenitud superabundante de En Sof.

AYIN

Entramos en el vacío.

[La meditación se propone alcanzar la «percepción» del Ayin directamente. Partiendo de que nada está separado ni un milímetro de ese estado (Mundo de la Proximidad), se trata por tanto de actualizarlo en la conciencia. Para ello es necesario un vaciado progresivo de sus contenidos. El foco de la meditación –no dirigida– es que cualquier cosa que «sea» no es].

אי״ן

Alef: Absoluto, Adam Kadmón, Arij Anpin, Kéter
Yod: Kéter, Jojmá, Abba.
Nun: Imma, El pilar del medio de todo el Árbol extendido.

La unión de ambos es צ, el estado final de realización completa. Se alcanza con la unión de Alef y Tsadi, que es 91= unión del Santo, bendito sea, y la Shejiná, que es 13 × 7, la unidad brillando a través del septenario (de Jésed a Maljut inclusive).

Y de este vacío א, la esencia última de todo, emerge como una joya el punto de luz, el océano de luz infinito', resplandeciente, en el que todos los mundos han sido, son y serán, en su estado de superabundancia, gozo, plenitud y beneficencia perfectos צ.

ARIJ ANPIN DE RETORNO

Y en esta luz vamos a visualizar la imagen de Kéter, el Arij Anpin o Rostro Inmenso, propuesta por el Zohar:

Visualizamos ante nosotros una forma sin forma y que es todas las formas; visualizamos ante nosotros un rostro inmenso cuyo cráneo tiene una circunferencia que está en todas partes y que contiene un cerebro de sabiduría saturada de luz infinita, cuya membrana de éter traslúcido es tan transparente como mirar a través de un perfecto cristal. Imaginamos que de cada uno de sus millones de blancos e inmaculados cabellos pende un cúmulo de galaxias que llena la inmensidad del espacio-tiempo. Imaginamos el ojo único de la conciencia absoluta, siempre abierto, que se asoma en todas las miradas; y si ese ojo se cerrara, toda la manifestación cesaría al instante. Imaginamos la frente, de puro gozo y beatitud, proyectando la voluntad de beneficencia que constituye el pensamiento de la creación. Imaginamos el hálito de vida que es respirado por sus fosas nasales –inspiración y espiración–, flujo y reflujo, proyección y reabsorción de mundos, ser puro y devenir unidos en el sello único del infinito; y todo lo que tiene vida respira este aliento, pronuncia su Nombre, EHEYÉ ASHER EHEYÉ, «YO SOY QUIEN YO SOY», «EHEYÉ ASHER EHEYÉ ASHER EHEYÉ ASHER EHEYÉ», «YO SOY QUIEN YO SOY QUIEN YO SOY QUIEN YO SOY…».

Y este Rostro Inmenso es el rostro detrás de cada rostro y también está en nosotros y nosotros estamos en él, y es lo que de verdad puede decir en nosotros, «YO SOY QUIEN YO SOY».

Y de este rostro de luz, se forma una irradiación, como un inmenso sol espiritual que despide millones y millones de rayos de luz, y nos percibimos cada uno de nosotros como un rayo de esa Luz Divina. Y percibimos como ese rayo se extiende, y ese rayo de la conciencia pura forma la imagen de nuestro Yo Superior, de nuestro Yo Divino. Y ese rayo desciende y atraviesa los planos, y se dota de mente en Briá, y se dota de alma en Yetsirá, y se dota de cuerpo en Asiá, de nuestro cuerpo.

Y un único rayo de luz une todos nuestros vehículos con la Fuente Suprema, con la Luz Infinita.

Y pronunciamos la frase: «En tu mano encomiendo mi espíritu, Tú me has redimido, Eterno Dios, de verdad».

בְּיָדְךָ אַפְקִיד רוּחִי פָּדִיתָה אוֹתִי יְהוָה אֵל אֱמֶת:

BeYadejá Afkíd Rují Padíta Otí Adonai El Emét

Y visualizamos como las tres letras, Pe, Alef, Yod, cuyo valor numérico es el mismo que Amen; cuyo valor numérico es אי el mismo que YHVH y Adonai juntos, la unión del cielo y de la Tierra, de la conciencia subjetiva y la conciencia objetiva, el quién y el qué; cuyo valor numérico es el mismo que Maná, el sustento espiritual que alimenta, sostiene, llena a rebosar de deleite a todos los seres.

Es el momento de dedicar el mérito:

LeShem Yijud Kudshá Berij Hu UShjinte [*visualizar y unir Nombres de Dios en Tiféret y Maljut:* יאהדונהי] BiDjilú URjimú [*visualizar y unir Nombres de Dios en Jojmá y Biná:* יאההויהה] URjimú UDjilú [*visualizar y unir Nombres de Dios en Biná y Jojmá:* איההיוהה] LeYajda Shem Yud He BeVav He BYjudá Shelim [יהוה] BeShem Kol Israel.

Por la unidad del Santo, bendito sea, y su Shejiná *(Tiféret-Zeir Anpin y Maljut-Nukva)*, en temor y amor *(Jojmá y Biná)*, en amor y temor *(Biná y Jojmá)*, para unir el Nombre Yod He con Vav He *(por la energía de En Sof que vivifica y une las letras)* en perfecta unidad *(Kéter)*, en el nombre de todo Israel *(el alma espiritual arquetípica de la humanidad)*.

RETORNO

Y con toda esta experiencia íntimamente grabada en nuestros vehículos internos, iniciamos el retorno, dando las gracias a la Luz, a nuestra Chispa Divina y al plano sutil de nuestra mente, y asumimos todos nuestros vehículos con la conciencia de los mundos que gravitan sobre nosotros y de los cuales somos su expresión y canal... Asumimos plenamente nuestro vehículo de manifestación física como un hecho de conciencia –nuestro cuerpo– y totalmente centrados y equilibrados, con plena conciencia de ser nosotros mismos y de estar aquí y ahora, volvemos, retornamos de la meditación, haciendo respiraciones profundas…, movemos dedos de pies y manos, frotamos las palmas para generar calor, cabeceamos ligeramente, nos estiramos y cuando queramos abrimos los ojos.

****

Este capítulo es esencial desde el punto de vista meditativo para alcanzar los objetivos que nos proponemos alcanzar. Simplemente, la Neshamá Suprema, en continuidad con lo Divino, es la fuente de nuestra Voluntad espiritual y, por tanto, el agente de cuantas actividades nos propongamos desarrollar en el plano causativo.

Entendemos que hay un peligro inherente, y es que el ego intente controlar el proceso, cayendo en distintos tipos de autoimportancia y megalomanía (en los casos extremos). Por eso, el capítulo 2, tanto en lo que respecta a los tikunim como en la generación de estados positivos, debe estar siempre presente. Perfeccionarnos y purificarnos es un trabajo continuo que dura toda la vida.

En particular es fundamental desarrollar un sentido de profunda humildad (que, de nuevo, debe ser genuino). Meditar que es Dios quien cura o quien lleva las operaciones a buen término, además del milagro continuo que supone la existencia. Siempre estamos en sus manos y nosotros somos un mero instrumento.

El Temor de Dios y el Amor a Dios son las palancas que nos deben impulsar y guiar en todas nuestras acciones.

SEGUNDA PARTE

RECURSOS PRÁCTICOS I

CAPÍTULO 5

El uso de salmos

El libro de los Salmos, séfer Tehilim en hebreo, es, en su totalidad, en sus capítulos individuales, en sus versículos, en sus palabras, un recurso cabalístico de primer orden, tanto de orden místico y devocional, como para trabajar y resolver todo tipo de cuestiones personales.

De ahí que en la cultura judía religiosa común se recomiende la lectura constante de salmos como un medio de elevación y apego a Dios, por supuesto, pero también como un recurso para obtener protección, consuelo, certidumbre, salud, prosperidad o para satisfacer cualquier otra necesidad personal. Basta con echar una ojeada el libro de Tehilim para darse cuenta del gran elenco de situaciones con las que la persona puede fácilmente identificarse y para las cuales se ofrecen modos de resolución.

Aquí no nos corresponde hacer un estudio completo del libro como tal, que se supone bien conocido. Nuestro objetivo, en el marco de esta obra, es introducirnos en el uso de los textos desde la perspectiva de la cabalá. Porque desde este punto de vista es bien sabido que los salmos pueden leerse devocionalmente (el modo clásico) o como fórmulas energético-cabalísticas basadas en el poder de las letras y los Nombres, siendo lo mejor de todo una combinación de ambas posiciones.

Por eso, en los libros editados, se incluye una plegaria previa a la recitación de los salmos en la que se alude al nivel esotérico del texto y se mencionan en la intención algunos conceptos cabalísticos de tikún olam (rectificación del mundo). Esta oración está diseñada para todos, sabios o ignorantes, y en ella se especifica el deseo de ligarse al nivel profundo espiritual del contenido.

Reproducimos a continuación una de sus versiones:

> Sea tu voluntad, Adonai nuestro Dios (Elohenu) y Dios de nuestros padres, el que prefirió a David su siervo y a su descendencia posterior a él, y el que prefirió los cánticos y alabanzas, que te apiades de nosotros y que sea relevante ante Ti la recitación de los cánticos de Salmos que leeremos, como si hubiésemos pensado en todos los pensamientos apropiados de pensar, y con la energía de los versículos de Salmos, y sus palabras, y sus letras, y sus puntuaciones, y sus entonaciones, y tus Nombres sagrados escritos en ellos, y los Nombres que se derivan de ellos de las iniciales de las palabras y de las finales de las palabras, y el intercambio de palabras, y por el mérito del rey David, la paz sea con él, conmuévanse por favor tus misericordias sobre nosotros, y perdona e indulta y limpia todas nuestras faltas, nuestros pecados y nuestras fechorías, y que sea la recitación de los capítulos de Salmos aceptada ante Ti, para podar a los tiranos *[extirpar las raíces del mal]*, y para cortar todas las espinas y las púas que rodean a la rosa superior *[la Shejiná en exilio, también representada por la comunidad de Israel]*, y para unir a la mujer de la juventud *[Shejiná]* con su querido *[HaKadosh Baruj Hu]*, con amor, hermandad, paz y compañerismo, y con la inmensidad de tus misericordias se atraiga sobre nosotros un afluente de salvación y piedad, para purificarnos de nuestras faltas y nuestros pecados. Y así como perdonaste al rey David, la paz sea con él, que dijo estos salmos delante de Ti, como está escrito: «También Dios hizo pasar por alto tu falta; no morirás», así con tus abundantes misericordias, perdónanos, nuestro Padre, nuestro Rey, y no nos recojas de este mundo antes de nuestro tiempo, y que seamos merecedores y vivamos vidas largas, buenas y correctas, de modo que podamos corregir lo que arruinamos. Y el mérito del rey David, la paz sea con él, sea protección para nosotros para que alargues de tu furia para que retornemos a Ti con retorno íntegro. Y del tesoro de concesión gratuita agrácianos, como está escri-

to: «y agraciaré al que quiera agraciar y me apiadaré del que quiera apiadarme» *[del texto de las 13 medidas de la Misericordia].* Y así como nosotros decimos una canción ante Ti en este mundo, así nos amerites, Adonai Elohenu, de decir ante Ti una canción y alabanza en el mundo venidero. Y que por medio de la lectura de los salmos, se despierte la azucena de Sharón *[nueva alusión a la Shejiná y la comunidad de Israel]* para cantar con una voz agradable, regocijo y cántico. Que el honor del Lebanón *[Líbano; los cedros del Líbano son una alusión a las sefirot del Zeir Anpin]* sea otorgado a ella, y majestuosidad y resplandor en casa de nuestro Dios, pronto en nuestros días. Amén. Selah».

Así pues, el secreto de los Salmos no está sólo en lo que dicen conceptualmente las palabras –palabras que pueden interpretarse de diversos modos según los cuatro niveles clásicos: literal, alegórico, metafísico y místico–, sino en sus letras y combinaciones, y en los Nombre Divinos que de ellos emanan (además de con los Nombres que aparecen explícitamente, los que se derivan de técnicas diversas, como por ejemplo, el Nombre formado con las iniciales de las palabras de un versículo, o los versículos correspondientes a los 72 Nombres, etc., tal como se ha mencionado en la oración anterior).

El significado literal, aparte del poder que tiene de movilizar nuestras emociones y de modificar nuestra conciencia, es una palanca para ponerse en el estado de conciencia adecuado previo a la lectura cabalística (por letras). El Tehilim es un libro escrito con Rúaj HaKódesh (Espíritu Santo). Hay que considerar cada letra como una vasija metafísica que canaliza la Luz Divina –podemos considerarla como la actualización específica de un sendero del Árbol de la Vida–, de modo que al contemplarla y visualizarla con la kavaná adecuada, se produce la transmisión.

Y si esto es cierto de cada letra, qué no decir de las palabras (en particular de los Nombres de Dios), de los versículos o de todo el salmo en su conjunto. Éste pasa a ser como una matriz energética, una fórmula de fórmulas, capaz de contener y transmitir un gran raudal de energía espiritual, de Gracia, de Bendición. También es una puerta que nos permite ascender y acceder a las regiones superiores, y, en última instancia, al estado de Devekut o unión con Dios. Lo cual no es incompatible en absoluto con el uso práctico para intenciones particulares, sobre todo en lo que puede suponer de ayuda a otras personas.

Por cierto que, a pesar de que están en una dimensión de eternidad, más allá del tiempo por tanto, eso no es así con el lenguaje conceptual concreto, sometido a la entropía del tiempo y que es necesario interpretar. Ciertamente para nuestra mentalidad moderna racional y desacralizada, el lenguaje utilizado puede parecer a veces anacrónico. Hay que contextualizarlo. Así, puede que el David histórico, en lucha constante, estuviera rodeado de enemigos que conspiraban contra el trono, pero el David arquetípico es un símbolo de Maljut, del individuo sometido en Maljut a pruebas y zozobras constantes. En ese caso, los enemigos son las fuerzas negativas —nuestras propias fuerzas negativas y las fuerzas negativas exteriores— siempre esforzándose por traer el caos y la fragmentación a nuestras vidas. Y así sucesivamente. Como dice rabí Najman de Breslov, es necesario leer siempre el Tehilim en primera persona, como si los acontecimientos narrados nos estuvieran sucediendo a nosotros. Esto es algo que resulta así de una forma natural para el lector corriente.

Las siguientes citas de los sabios (jajamim) nos dan la perspectiva correcta para enfocar el estudio de los salmos:

> Está escrito (Yalkut Yosef) que todo aquel que lee el Tehilim cotidianamente se considera como si cumple toda la Torá. Y es merecedor de estar bajo el Trono de Gloria (Kisé HaKabod) de la Divinidad.

> *[El libro de los Salmos está dividido a su vez en cinco libros, en correspondencia con los cinco libros de la Torá].*

> Se enseña que la sola lectura del Tehilim, incluso sin comprender las palabras ni los maravillosos misterios que éstas encierran, tiene el don de generar prodigios inimaginables, pues cada palabra individualmente evoca energías supremas que trascienden el nivel de comprensión humano.

Dicen los jajamim (los Sabios de Israel): La intensidad de la devoción con que uno lee el Tehilim determina la intensidad de los prodigios que se generan como corolario de su lectura; y determina también la intensidad de la respuesta del Supremo.

Enseña el Baal Shem Tov: Un capítulo del Tehilim (un salmo) leído de corazón, así como la contrariedad que implica involucrarse en hacer un favor material o espiritual al semejante y el amor al prójimo, son las llaves capaces de abrir todos los Pórticos celestiales de la misericordia y de la curación, de la salvación y del sustento.

También enseña el Baal Shem Tov (en nombre de su maestro): La fe pura y simple en HaShem sumada a la virtud de leer un capítulo del Tehilim con alegría y buena predisposición tienen el poder de transformar una צרה, Tsará = sufrimiento, en צהר, Tsoar = brillo, energía positiva.

Enseña el Tsémaj Tsédeq: ¡Si comprendiesen el poder de los versículos del Tehilim y los efectos maravillosos que éstos producen en las esferas superiores, todos los momentos que tuvieran a su disposición los pasarían recitando salmos!

Está escrito: ¡Cuán grandiosa es la virtud de leer el Tehilim, que tiene el poder de revocar la severidad del destino incluso después de haber sido decretado y confirmado desde el cielo!

En consecuencia, leer, recitar, meditar en el Tehilim es una práctica espiritual constante recomendable a todos los niveles.

Con respecto a la lectura diaria del Tehilim existen diferentes costumbres:

1. Leer un capítulo por día. Se termina el libro a los 150 días. Una lectura completa implica una transformación completa de nuestra vida.
2. Leer en un ciclo semanal. La costumbre es dividir el libro en siete partes, de la siguiente manera:

Domingo: salmos 1 al 29
Lunes: 30 al 50.
Martes: 51 al 72.
Miércoles: 73 al 89.
Jueves: 90 al 106.
Viernes: 107 al 119.
Sábado: 120 al 150.

3. Leer en un ciclo de un mes (un mes judío, es decir, una lunación):

Día 1: Salmos 1 al 9; día 2: 10 al 17; día 3: 18 al 22; día 4: 23 al 28; día 5: 29 al 34; día 6: 35 al 38; día 7: 39 al 43; día 8: 44 al 48; día 9: 49 al 54; día 10: 55 al 59; día 11: 60 al 65; día 12: 66 al 68; día 13: 69 al 71; día 14: 72 al 76; día 15: 77 y 78; día 16: 79 al 82; día 17: 83 al 87; día 18: 88 y 89; día 19: 90 al 96; día 20: 97 al 103; día 21: 104 y 105; día 22: 106 y 107; día 23: 108 al 112; día 24: 113 al 118; día 25: 119 versículos 1 al 96; día 26: 119 versículos 97 al 176; día 27: 120 al 134; día 28: 135 al 139; día 29: 140 al 144; día 30: 145 al 150.

Esto es la costumbre en las comunidades judías. Por supuesto, está lo que dicte la devoción personal, o la propia inspiración, o la necesidad, cuando se recita por una intención concreta. También según la tradición, cada salmo tiene una segulá especial, es decir, una virtud específica, siguiendo el modelo del libro medieval *Shimush Tehilim*, que luego utilizaremos en parte. Así, por ejemplo, el salmo 1 para prevenir un aborto, o el 5 para curarse de melancolía, depresión o locura, o el 63 para tener éxito en un negocio. Estas segulot suelen también estar incluidas en las ediciones impresas actuales y se deben consultar ahí.

Pero esto también es muy restringido. Un libro de salmos no es un compendio de recetas. Lo cierto es que, como hemos apuntado antes, cada salmo constituye un canal específico de conexión del ser humano con la Deidad y un canal especial a través del cual se revela para el ser humano una energía específica de lo Alto, una pura luz que puede resolverse de muchas maneras, en particular para intenciones concretas.

Todo libro espiritual auténtico habla directamente al corazón y a la mente de la persona, y es infinito en sus interpretaciones y matices. Y esto ocurre también con el libro de los Salmos. Lo que quiere decir es que cada uno debe encontrar su propia vía de acceso y utilización. Las notas que se dan, incluyendo las de este libro, son simplemente puntos de partida para motivar al lector y practicante a desarrollar las suyas propias.

Ha de haber un esfuerzo de estudio e interiorización del salmo hasta que éste se convierta en algo personal, en una segunda naturaleza para nosotros. Una vez que hemos logrado abrirnos al espacio espiritual que los salmos proponen, podemos canalizar realmente su luz, su gracia y su verdad para nuestro beneficio espiritual y el de todos los seres.

Por eso, recomendamos que como paso previo a la actualización completa del salmo, mediante el recitado, la contemplación y/o la meditación, hagamos un estudio previo, lógicamente en el hebreo original, exprimiendo y dando todas las vueltas que haga falta al texto, dejándonos llevar por nuestra inspiración personal y la guía del espíritu, hasta que sintamos que hemos destilado alguna de las perlas de sabiduría y compasión que encierra. Esta parte del proceso es tan importante como la lectura o el recitado en sí.

Podemos proceder entonces de la siguiente manera:
1. El primer paso es la lectura en lengua vernácula. La lectura debe ser intensa y con convicción, despertando en nosotros el fuego de pasión. Meditar.
2. Leer/vibrar/cantar/meldar en hebreo. Puede usarse una melodía tradicional, una inventada o una moderna de nuestro acervo personal. Lo importante es la conexión, que encienda aún más el fuego del anhelo.
3. Recorrer el salmo letra a letra, sin prestar atención el significado de las palabras. Lo ideal es visualizarlas (o imaginarlas) en luz y fuego blancos, irradiando luz blanca.
4. Tener una visión de conjunto de todo el salmo. Se entiende una visión genérica, contemplándolo como una unidad (una matriz).
5. Dejarse llenar, canalizar, irradiar, proyectar a la intención deseada si es relevante.

6. Contemplar y agradecer.

Podemos ejemplificar la metodología del estudio previo con el ejemplo concreto de un salmo, lógicamente, el salmo 1, cuyo texto se da a continuación:

Salmo 1

1 אַשְׁרֵי־הָאִישׁ אֲשֶׁר לֹא הָלַךְ בַּעֲצַת רְשָׁעִים וּבְדֶרֶךְ חַטָּאִים לֹא עָמָד וּבְמוֹשַׁב לֵצִים לֹא יָשָׁב:
2 כִּי אִם בְּתוֹרַת יְהוָה חֶפְצוֹ וּבְתוֹרָתוֹ יֶהְגֶּה יוֹמָם וָלָיְלָה:
3 וְהָיָה כְּעֵץ שָׁתוּל עַל־פַּלְגֵי מָיִם אֲשֶׁר פִּרְיוֹ יִתֵּן בְּעִתּוֹ וְעָלֵהוּ לֹא־יִבּוֹל וְכֹל אֲשֶׁר־יַעֲשֶׂה יַצְלִיחַ:
4 לֹא־כֵן הָרְשָׁעִים כִּי אִם־כַּמֹּץ אֲשֶׁר־תִּדְּפֶנּוּ רוּחַ:
5 עַל־כֵּן לֹא־יָקֻמוּ רְשָׁעִים בַּמִּשְׁפָּט וְחַטָּאִים בַּעֲדַת צַדִּיקִים:
6 כִּי־יוֹדֵעַ יְהוָה דֶּרֶךְ צַדִּיקִים וְדֶרֶךְ רְשָׁעִים תֹּאבֵד:

1. Ashré haísh ashér lo haláj baatsát reshaím, ubdérej jataím lo amád, ubmosháb letsím lo yasháb.
2. Ki im betorát Adonai jeftsó, ubtorató yegué yomán valáyla.
3. Vehayá keéts shatúl al palgue máyim, ashér piryó ytén beitó vealéu lo yból, vejol

asher yaasé yatslíaj.
4. Lo jén harshaím, ki im kamóts ashér tidefénu rúaj.
5. Al ken lo yaqúmu reshaím bamishpát, vejataím baadát tsadiquím.
6. Ki yodéa Adonai dérej tsadiquím, vedérej reshaím tobéd.

1. Bienaventurado el varón que no anduvo en consejo de malos, ni estuvo en camino de pecadores, ni en silla de escarnecedores se ha sentado.
2. Sino que en la ley de YHVH está su delicia, y en su ley medita de día y de noche.
3. Será como árbol plantado junto a corrientes de aguas, que da su fruto en su tiempo, y su hoja no cae; y todo lo que hace, prosperará.
4. No así los malos, que son como el tamo que arrebata el viento.

5. Por tanto, no se levantarán los malos en el juicio, ni los pecadores en la congregación de los justos.

6. Porque YHVH conoce el camino de los justos; mas la senda de los malos perecerá.

Está, por supuesto el texto literal, totalmente claro y que no precisa comentario. Vamos a ver si encontramos otros niveles de significación:

Todo en el texto es relevante, incluido el número de versículos, de palabras y de letras (aunque no siempre se llega a conclusiones relevantes en ese recuento. Como hemos dicho antes, hay que dejarse llevar y experimentar).

En este caso tenemos seis versículos, un número de Tiféret, el centro del ser humano. Hay 67 palabras, guematria de Biná, בינה, y 248 letras, el número de Abraham, אברהם, y también por tradición el número de mandamientos positivos de la Torá (248 positivos y 365 negativos: 613 en total) correspondiendo simbólicamente con el número de huesos y tendones del cuerpo humano (en general, de las partes blancas). Podemos ver entonces el marco de Providencia (Biná) sobre el tsadiq (Abraham-Jésed) como ser humano arquetípico (248).

¿Quién sigue el camino de los justos? Aquél en quien la Torá de YHVH es su delicia y en ella medita de día y de noche. Es decir, que se deleita en lo espiritual y está en un estado de conexión constante.

La palabra Hagah («Yegué» en el texto por la declinación verbal) es uno de los términos clásicos para designar «meditación». R. Aryeh Kaplan, en su obra *Meditación y la Biblia* (págs. 135 y ss.), estudia en profundidad este concepto y llega a varias conclusiones interesantes.

Empieza estableciendo que para Rashi, el gran comentarista bíblico, hagah es sinónimo de contemplación (hitbonenut). Contemplación es sinónimo de unión (o fusión) con el objeto de meditación. El versículo 6 establece que YHVH «conoce» el camino de los justos. Pero conocimiento en la Torá indica cópula y unión, como está escrito: Y Adam conoció a Eva.

Kaplan afirma: «Si tenemos en cuenta todo esto [todo el estudio filológico que ha realizado antes], parece que la principal connotación de la palabra Hagah es «la Existencia Dirigida». El individuo sosiega su mente hasta un estado de existencia puro, al tiempo que la dirige a un único propósito [meditación dirigida]. Los métodos de meditación *Hagah* implican la repetición de sonidos, palabras, frases y melodías y, por tanto, están íntimamente relacionados con las distintas formas de meditación mantra».

Es decir, no sólo se nos incita a una meditación contemplativa, sino que están implicados los métodos para alcanzar ese estado.

El salmo nos está invitando, entonces, a una práctica espiritual constante. Mediante el estudio meditativo (existencia dirigida) y una repetición asidua de la Torá como foco de meditación (repetición que puede ser mántrica), el individuo llega a un estado de unificación; hace de la Torá espiritual segunda naturaleza, y eso es como decir que actualiza la conexión con la Mente Divina (Biná), lo que le lleva a ser el maestro de su propia vida: «Será como árbol plantado junto a corrientes de aguas, que da su fruto en su tiempo, y su hoja no cae; y todo lo que hace, prosperará» (v. 3).

Ésta es la fórmula de la Torá: los objetivos, incluso personales, se alcanzan por la conexión con lo espiritual. Es Dios quien se une a nuestro camino («conoce» nuestro camino) y somos alimentados por las corrientes de aguas que hacen que nuestro árbol –nuestra estructura sefirótica– fructifique y prospere.

Esta idea fundamental trasciende, aunque no contradice, los posibles objetivos concretos de aplicación del salmo:

Algunos son una expresión concreta de la literalidad del texto. Por ejemplo, leemos en el *Simush Tehilim*, el manuscrito medieval de uso mágico de los salmos, que este salmo se utiliza para prevenir un aborto –que el embarazo culmine en su tiempo–, lo cual es una expresión concreta del versículo 3, citado antes.

Podemos aplicar lo mismo a otras intenciones sugeridas en las palabras del texto: iniciar cualquier proyecto, negocio o empresa, enderezar y/o confirmar el propio camino, estar en sintonía con la Ley de Dios, separarse de energías dañinas, desarrollar la cualidad de la integridad, e incluso para preparar un cultivo, en particular de árboles frutales. Y un largo etcétera.

Además hay que tener en cuenta los nombres –las fórmulas metafísicas– criptografiadas en el salmo (además de, por supuesto, los Nombres explícitos, como el tetragrama en este salmo).

Así, un principio hermenéutico establece que en donde se dice algo en sentido literal, hay oculto un nombre, Divino o angélico, para realizarlo.

Por ejemplo, del fragmento : וְכֹל אֲשֶׁר־יַעֲשֶׂה יַצְלִיחַ «y todo lo que hace prosperará» se deriva el Nombre de sus iniciales: ואי״. Podemos meditar sobre este Nombre para llevar adelante cualquier asunto.

Esto es válido para cualquier versículo o significado implicado en el salmo.

En otro orden de cosas, podemos preguntarnos quiénes son los Reshaím, los malvados. Vemos que el valor numérico de esta palabra es 620, רשעים, que es la guematria de Kéter, la primera sefirá, emblema de la Unidad Esencial Divina de todas las cosas. Si nos desconectamos de la Unidad (Karet: corte, separación = 620), somos presos de la multiplicidad, de la fragmentación, de la divergencia de las partes. Somos entonces como paja que lleva el viento, es decir, nos vemos entonces sometidos a las leyes del azar. Dejamos de tener el control y manejo de nuestra vida.

Y es interesante observar que la primera palabra del salmo, y de todo el salterio, es Ashré, אשרי, bienaventurado, con el significado de felicidad, dicha, satisfacción, ventura (Asher). Hay que tener en cuenta que esta palabra, Asher, forma parte del Nombre de Dios Eheieh Asher Eheieh, en el que se toma su valor de pronombre relativo, Yo Soy Quien Yo Soy, pero que también puede interpretarse como el estado de conciencia Divino de Gozo como nexo de unión entre la esfera del puro Ser (primer Eheieh) y el devenir (segundo Eheieh).

Y este estado de conciencia de gozo beatífico es el que hemos de generar, entre otras cosas, para la lectura de todo el salterio. El salmo establece que el modo de alcanzarlo es viviendo la Torá.

Notamos además que la expresión Asher también se encuentra presente en el fragmento de versículo que hemos señalado antes: Vejol

Asher Yaasé Yatslíaj: «Y todo lo que hace prosperará». Todo lo que se realiza en ese estado de dicha prosperará, que por tanto hemos de generar en la proyección de nuestra voluntad como una de las claves del éxito.

Este gozo (Ashré) nos pone en conexión con nuestra naturaleza superior. Podemos así hacer la siguiente meditación con sus letras (AShRY): contemplar la letra Yod en nuestro corazón como el punto central de nuestra conciencia, la Resh (que significa cabeza) en nuestro Kéter sobre la cabeza (como centro de nuestra identidad trascendente), la Shin en el Dáat (en el firmamento) estableciendo el puente con el mundo espiritual, y la Alef en el Kéter de nuestra Chispa Divina a su vez un cuanto de la Luz Infinita del Creador.

Ciertamente, los salmos están escritos con Rúaj HaKódesh, Espíritu Santo, y su estudio y lectura meditativa nos preparan para la recepción del espíritu.

La guematria de Ashré es 511, el mismo valor que la expresión EL DEOT, אל דעות, Dios de Conocimiento, que se encuentra en el exultante canto de Jana (Sm 2, 3).

Es en Dáat en donde, en la práctica de meditación, contemplamos las letras, un Dáat que se abre en un firmamento de luz.

Para ayudar a contemplar el salmo como una matrix energética (en la contemplación global final del salmo), hay que ir letra a letra, tal como establece Dov Baer, el gran maguid, discípulo directo del Baal Shem Tov:

> Al rezar, hay que poner toda la intensidad en las palabras, yendo de letra en letra hasta olvidarse por completo del cuerpo. Pensando cómo las letras se permutan entre sí se obtendrá un gran deleite. Y si esto es un gran placer físico, con mayor razón será un gran deleite espiritual.
>
> Nos encontramos entonces en el universo de Yetsirá, [el mundo de las palabras].
>
> Entonces las letras entran en los pensamientos y ni siquiera escuchas las palabras que estás pronunciando. Éste es el universo de Briá, [el mundo del Pensamiento].

Se llega entonces al nivel de la Nada, en el que [todos los sentidos y] facultades físicas están anuladas. Éste es el Universo de Atsilút, [que es el paralelo de] el atributo de Jojmá-Sabiduría.[1]

Vamos entonces a organizar las letras de este salmo según la siguiente fórmula:

אַשְׁרֵי הָאִישׁ אֲשֶׁר לֹא הָלַךְ בַּעֲצַת רְשָׁעִים וּבְדֶרֶךְ חַ
טָּאִים לֹא עָמָד וּבְמוֹשַׁב לֵצִים לֹא יָשָׁב כִּי אִם בְּתוֹ
רַת יְהוָה חֶפְצוֹ וּבְתוֹרָתוֹ יֶהְגֶּה יוֹמָם וָלָיְלָה
וְהָיָה כְּעֵץ שָׁתוּל עַל פַּלְגֵי מָיִם אֲשֶׁר פִּרְיוֹ יִתֵּן בְּעִ
תּוֹ וְעָלֵהוּ לֹא יִבּוֹל וְכֹל אֲשֶׁר יַעֲשֶׂה יַצְלִיחַ לֹא כֵ
וְהָרְשָׁעִים כִּי אִם כַּמֹּץ אֲשֶׁר תִּדְּפֶנּוּ רוּחַ עַל כֵּן לֹא
יָקֻמוּ רְשָׁעִים בַּמִּשְׁפָּט וְחַטָּאִים בַּעֲדַת צַדִּיקִים כִּ
י יוֹדֵעַ יְהוָה דֶּרֶךְ צַדִּיקִים וְדֶרֶךְ רְשָׁעִים תֹּאבֵד

Se trata de ocho filas de 31 letras (Nombre de Dios EL = 31), según el valor de Abraham (248 = 31 × 8), que además establece la conexión con Biná (67 palabras) según exponíamos al principio de este apartado. Cada línea corresponde a una sefirá, de Biná a Maljut.

Podemos simplemente contemplar las letras en sucesión (idealmente visualizándolas en el firmamento en fuego blanco) o leer cada línea pronunciando las letras con su vocal natural. Esto es una forma de singularizarlas y abrir así todo su potencial. Así, la primera línea sería:

AShiReYoHeAYoShiAShiReLaAHeLaJaBeATsaTaReShiAYoMeVaBeDaReJaJe.

Después podemos volver a leer el salmo en su semántica literal. Invocamos así toda la Gracia y Bendición que derrama.

El libro clásico de uso práctico de los salmos es el *Shimush Tehilim*, atribuido a Rav Hai Gaón, el gran sabio talmudista de finales del si-

---

1. Maggid Devarav LeYaacov # 97. Citado de *Meditación y cábala*. Kaplan. Pag. 323.

glo X y principios del XI (Pumbedita/Babilonia). Se trata de un breve tratado que describe uno a uno el uso cabalístico de los salmos. Hoy en día, casi todas las ediciones judías incluyen la lista del *Shimush Tehilim* (con algunas modificaciones y/o interpretaciones), que así no ha perdido actualidad.

Como en todo libro antiguo, hay que tener en cuenta el contexto histórico y hacer las traducciones oportunas. Los peligros y necesidades de la antigüedad no se corresponden literalmente con las situaciones modernas, pero son fácilmente trasladables a circunstancias actuales. Por ejemplo, hoy en día morir ahogado en una tormenta en el mar resulta bastante minoritario, pero verse sometido a situaciones turbulentas con el riesgo de sucumbir psicológicamente puede suceder a casi todo el mundo en algún momento de su vida.

Igualmente en cuanto a los procedimientos recomendados, ya que algunos parecen sacados de un manual de brujería y resultan cuando menos chocantes a la mentalidad moderna. En realidad, el objetivo de todos esos recursos era y es movilizar la energía etérica, es decir, proporcionar un soporte para la manifestación en el plano físico de la energía espiritual. Hoy en día basta con rezar o meditar con la kavaná y la intención correspondientes (según las líneas esbozadas antes), aunque hay recursos simples y accesibles que pueden utilizarse para reforzar, como imposición de manos, diseños talismánicos sobre papel o el uso de aceites o alimentos sobre los que se proyecta la energía y que luego se ponen sobre el cuerpo o se ingieren. Y muchos más.

Ciertamente, cada salmo tiene multitud de aplicaciones. La intención especificada en el *Shimush Tehilim* se considera que es una segulá especial que aporta. La palabra segulá significa «tesoro», y eso quiere decir que el salmo favorece o concede particularmente esa intención. Pero en realidad todos los salmos son un tesoro y cada persona puede y debe encontrar sus propias conexiones.

La estructura del *Shimush Tehilim* es simple: presenta en orden cada salmo enunciando su uso práctico y normalmente el procedimiento a usar, quizá el número de repeticiones o el soporte material que se debe emplear. En muchas ocasiones se proporciona un Nombre Divino extraído de las iniciales de alguna palabra del salmo (el procedimiento parece más bien aleatorio) y se prescribe una oración aparte para especificar la intención.

Por ejemplo, éste es el texto correspondiente al primer salmo:

Salmo 1.— Cuando una mujer está embarazada y teme un parto prematuro, o un parto peligroso, debe escribir o hacer que se escriba, en un pedazo de pergamino preparado a partir de la piel pura de un ciervo, los tres primeros versos del salmo anterior, junto con el santo nombre oculto y la oración apropiada contenida en él, y colóquelo en una pequeña bolsa hecha expresamente para ese propósito, y colóquelo con una cuerda alrededor del cuello, de modo que la bolsa se apoye contra su cuerpo desnudo.

El santo nombre se llama El Jad, אל חד, que significa, grande, fuerte, sólo Dios, y se toma de las cuatro palabras siguientes: Ashre, verso 1; Lo, verso 4; Yatzliaj, verso 3; Vederej, verso 6.

La oración es la siguiente:
Te ruego, oh, El Jad, concedas a esta mujer, N., hija de R., que no pueda en este momento, ni en ningún otro momento, tener un parto prematuro; más aún, concédela un verdadero afortunado parto, y guárdala a ella y al fruto de su cuerpo en buena salud. ¡Amén! Selah!

Y el del segundo salmo:

Salmo 2.— Si estás expuesto al peligro de una tormenta en el mar y tu vida está amenazada, recita este dalmo sin demora y con mucha reverencia, y piensa respetuosamente en el nombre más sagrado que contiene, a saber, שׁדי, Shaddai (que significa, Dios poderoso). Luego pronuncia inmediatamente la oración que le pertenece, después de lo cual escribe todo junto en un fragmento de una olla, y con plena confianza en el Omnipotente, que fija el límite del mar y restringe su poder, lo lanzas a las olas espumosas, y verás maravillosos prodigios, ya que las olas cesarán instantáneamente de su rugido y la tormenta se calmará.

Las palabras, cuyas letras constituyen este santo nombre, están tomadas de Rageshu, verso 1; 4 Nossedu, verso 2; y Yozer, 5 verso 9.

La oración es la siguiente: «¡Hágase, oh, Shaddai! (¡Dios todopoderoso!) Tu santa voluntad, para que cese la furia de la tormenta y el rugido de las olas, y para que los orgullosos oleajes se calmen. Condúcenos, oh, Padre todo misericordioso, al lugar de nuestro destino a salvo y con buena salud, porque sólo contigo está el poder y la fuerza. Tú solo puedes ayudar, y seguramente ayudarás para el honor y la gloria de tu Nombre. ¡Amén! Selah!

Este salmo es también un remedio eficaz contra el dolor de cabeza. La instrucción es la siguiente: escribe los primeros ocho versos de este salmo junto con el Santo Nombre y la oración apropiada, sobre un pergamino puro, y cuélgalo sobre el cuello del paciente; luego reza sobre él el salmo con la oración dispuesta para ello. Hazlo esto con humilde devoción, y la víctima será aliviada.

Nosotros en esta obra no vamos a tener en cuenta ni los Nombres ni las oraciones propuestas en el *Shimush Tehilim*, puesto que, como hemos especificado antes, de cada versículo pueden obtenerse Nombres por los procedimientos clásicos de guematria, notarikón y temurot, pero sí especificaremos, cuando corresponda, el versículo correspondiente a cada uno de los 72 Nombres de Dios. Utilizamos además la meditación como instrumento principal, y si alguien quiere hacer una oración extra, es mejor dar una espontánea según el anhelo del corazón.

Puesto que éste es un libro con claro objetivo práctico, vamos a hacer un recorrido por algunos salmos en el que incluiremos, por supuesto, la segulá estándar del *Shimush Tehilim*, pero en el que también nos permitiremos ampliar en muchos casos, siempre teniendo en cuenta de que éste no es un tema cerrado, y que nuestra opinión no es dogmática. Cada persona tiene mucho que decir, ya que es él mismo el que tiene que establecer la conexión con lo Divino y las energías superiores.

Como hemos dicho varias veces, enfatizamos en gran manera el estudio personal de los salmos. Por ello, lo que vamos a hacer en este capítulo es dar un desarrollo más extenso de los 14 primeros salmos junto con algún otro en particular. Esperamos con ello que el lector asimile una metodología y se anime a explorar y desarrollar por su cuenta.

Es importante además singularizar el versículo concreto que se adapta mejor a una intención concreta, ya que de él pueden derivarse Nombres Divinos o angélicos (incluso de ángeles de la negatividad para contrarrestarlos, como cuando se habla de ira, furor, desolación, etc.). Los versículos también pueden utilizarse como mantras, según el modo de meditación Hagah del que hemos hablado en el salmo 1.

Así, por ejemplo, volviendo al **salmo 1**, el versículo 1 puede utilizarse para evitar la influencia de malvados, pecadores y cínicos, en suma, mantenerse a salvo de las influencias tóxicas para el alma.

El versículo 2 puede utilizarse como una palanca motivadora para estudiar y comprender la ley (el funcionamiento) del mundo. Y para que ello sea una actividad gozosa y sustentadora. También para mantener un estado continuo de conciencia y Presencia (día y noche) sin perderse en la cotidianeidad mecanicista ni en los movimientos de la actividad mental.

Ya hemos comentado sobre el versículo 3: embarazo seguro y prevención del aborto («que da su fruto en su tiempo»), prosperar y tener éxito en lo que se emprenda («y todo lo que hace prosperará»).

Los versículos 4 y 5 para operar dentro de la ley de la causalidad (superior) no de la casualidad (la ley del azar).

El versículo 6 para abrazar el camino del tsadiq que lleva al conocimiento Divino (ki yodéa Adonai dérej tsadikim).

Es fundamental en toda nuestra práctica mantener un estado de fe y confianza absolutas. Es la energía liberada por las letras hebreas la que hace el trabajo, simplemente porque Dios les ha concedido ese poder. Y a nosotros el poder de actualizarlo.

Seguimos con el comentario más detallado de los primeros salmos, en los que también incluiremos el texto hebreo y una trasliteración de éste:

Salmo 2

1 לָמָּה רָגְשׁוּ גוֹיִם וּלְאֻמִּים יֶהְגּוּ־רִיק׃
2 יִתְיַצְּבוּ מַלְכֵי־אֶרֶץ וְרוֹזְנִים נוֹסְדוּ־יָחַד עַל־יְהוָה וְעַל־מְשִׁיחוֹ
3 נְנַתְּקָה אֶת־מוֹסְרוֹתֵימוֹ וְנַשְׁלִיכָה מִמֶּנּוּ עֲבֹתֵימוֹ׃
4 יוֹשֵׁב בַּשָּׁמַיִם יִשְׂחָק אֲדֹנָי יִלְעַג־לָמוֹ׃
5 אָז יְדַבֵּר אֵלֵימוֹ בְאַפּוֹ וּבַחֲרוֹנוֹ יְבַהֲלֵמוֹ׃
6 וַאֲנִי נָסַכְתִּי מַלְכִּי עַל־צִיּוֹן הַר־קָדְשִׁי׃
7 אֲסַפְּרָה אֶל חֹק יְהוָה אָמַר אֵלַי בְּנִי אַתָּה אֲנִי הַיּוֹם יְלִדְתִּיךָ
8 שְׁאַל מִמֶּנִּי וְאֶתְּנָה גוֹיִם נַחֲלָתֶךָ וַאֲחֻזָּתְךָ אַפְסֵי־אָרֶץ׃
9 תְּרֹעֵם בְּשֵׁבֶט בַּרְזֶל כִּכְלִי יוֹצֵר תְּנַפְּצֵם׃
10 וְעַתָּה מְלָכִים הַשְׂכִּילוּ הִוָּסְרוּ שֹׁפְטֵי אָרֶץ׃
11 עִבְדוּ אֶת־יְהוָה בְּיִרְאָה וְגִילוּ בִּרְעָדָה׃
12 נַשְּׁקוּ־בַר פֶּן־יֶאֱנַף וְתֹאבְדוּ דֶרֶךְ כִּי־יִבְעַר כִּמְעַט אַפּוֹ אַשְׁרֵי כָּל־חוֹסֵי בוֹ׃

1. Láma ragueshú goím, ulumím yegu ríq
2. Ytiatsebú maljé érets verozením nosdú yájad al Adonai veál meshijó.
3. Nenateqá et mosrotémo venashlíja memému abotémo.
4. Yoshéb bashamáym ysjáq Adonai ylág lámo.
5. Az yedabér elémo beapó, ubajaronó yebahalémo.
6. Vaaní nasájti malkí al Tsiyón har qodshí.
7. Asaperá el joq: Adonai amár eláy: bení áta, aní hayóm yelidtíja.
8. Sheál miméni veetená goím najalatéja, vaajuzetejá afsé árets.
9. Teroém beshébet barzél, kijlí yosér tenapetsém.
10. Veatá melajímhaskílu, hivaserú shofté árets.
11. Ibdú el Adonai beyrá, veguílu biradá.
12. Nashéqu bar pen yeenáf vetóbdu dérej ki ybár kimát apó, ashré kol jóse bo.

1. ¿Por qué se amotinan las gentes, y los pueblos piensan cosas vanas?
2. Se levantarán los reyes de la tierra, y príncipes consultarán unidos contra YHVH y contra su ungido, diciendo:
3. Rompamos sus ligaduras, y echemos de nosotros sus cuerdas.

4. El que mora en los cielos se reirá; Adonai se burlará de ellos.

5. Luego hablará a ellos en su furor, y los turbará con su ira.

6. Pero yo he puesto mi rey sobre Sion, mi santo monte.

7. Yo publicaré el decreto; YHVH me ha dicho: mi hijo eres tú; yo te engendré hoy.

8. Pídeme, y te daré por herencia las naciones, y como posesión tuya los confines de la tierra.

9. Los quebrantarás con vara de hierro; como vasija de alfarero los desmenuzarás.

10. Ahora, pues, oh, reyes, sed prudentes; admitid amonestación, jueces de la tierra.

11. Servid a YHVH con temor, y alegraos con temblor.

12. Armaos de pureza (la traducción de Náshequ Bar es controvertida. La aquí dada es la que aparece en las ediciones judías. En la versión Reina Valera se dice «honrad al hijo-bar), para que no se enoje, y perezcáis en el camino; pues se inflama de pronto su ira. Bienaventurados todos los que en él confían.

Hemos visto en el *Shimush Tehilim* que la segulá tradicional de este salmo es contra maremotos o para salvarse de una tempestad en el mar. Esto puede interpretarse tanto externa como internamente (una tormenta y/o revuelta interior). Incluso en sentido social o político, para contrarrestar una autoridad dictatorial, opresiva y despótica. Y en otro sentido, actúa contra las conspiraciones.

También como remedio contra el estrés mental –el estrés en general– que puede somatizarse como un dolor de cabeza.

Vemos asimismo como mensaje la futilidad de oponerse a la voluntad de Dios. La risa indica su imposibilidad, por la gran diferencia de nivel de planos, como cuando un niño intenta torpemente hacer algo, lo que provoca la hilaridad de los padres. La burla de la que se habla a continuación en el versículo 3 no tiene un sentido despectivo; es el recurso poético utilizado en toda la poesía hebrea de repetición de ideas, la segunda vez cambiando las palabras. De hecho, la palabra empleada, ילעג, tiene como guematria (113) la expresión אדני אל טוב,

Adonai Dios Bueno, siendo Adonai el Nombre de Dios que se usa en el versículo.

Hay que tener en cuenta que Adonai es el Nombre de Dios en Maljut, es decir que canaliza la energía del Maljut de Atsilút, y, como el texto indica, el que se sienta en los cielos. Lo cual tiene una connotación mesiánica específica.

Por supuesto que el salmo ha sido interpretado mesiánicamente. Pero mesías, mashíaj, es decir, «ungido», en cabalá representa un estado de conciencia. Es el estado, en el Árbol de la Vida extendido en los cuatro mundos, correspondiente a 1) Kéter de Yetsirá (por tanto la corona del árbol psicomental, representado por las inteligencias atómicas de los planos, no sólo de la personalidad, sino también de la individualidad, simbolizadas por los pueblos, gentes, naciones y reyes de la tierra –de la tierra interior– en su estado de ignorancia); 2) al Tiféret de Briá (el rey sentado en su trono, la verdadera esencia del individuo, llamado Yo Superior o Neshamá Suprema); y 3) al Maljut de Atsilút, átomo del Cuerpo de Dios, metafóricamente hablando, la Chispa Divina, el asiento de la Shejiná.

Éste es el Hijo de Dios del esoterismo judío, y la frase: Asaperá el joq: Adonai amár eláy bení áta, aní hayóm yelidtíja. (Yo publicaré el decreto; YHVH me ha dicho: Mi hijo eres tú; Yo te engendré hoy).[2]

אֲסַפְּרָה אֶל חֹק יְהוָה אָמַר אֵלַי בְּנִי אַתָּה אֲנִי הַיּוֹם יְלִדְתִּיךָ

es un poderoso mantra de conexión con nuestra propia naturaleza superior, nuestra naturaleza de hijos de Dios. Cuando esta naturaleza se hace actual –en su nivel de conciencia–, todo el mundo es su herencia y, al mismo tiempo, toda la realidad es ilusoria, tan vulnerable como la vasija del alfarero.

---

2. Aquí YHVH representa a todo el mundo de Atsilút, pero en particular es su Tiféret, el centro del llamado Zeir Anpin o Rostro Menor de la Deidad.

Es interesante notar que el salmo consta de 91 palabras. Puede parecer irrelevante, pero estas caracterizaciones son como los armónicos en música: hacen que la melodía no resulte plana y dan el timbre especial a cada instrumento.

En particular, el número 91 es paradigmático en cabalá. Es por un lado la conjunción de los Nombres YHVH (Tiféret, Zeir Anpin, los cielos) y Adonai (Maljut, Shejiná, la Tierra). Conjunción que es cópula: יאהדונהי, actualizando el versículo: toda la Tierra está llena de su Gloria.

También 91 es el Amen (conexión con Biná) y el maná, el sustento espiritual que desciende de la conjunción anterior.

Se trata, pues, de un salmo místico, de afirmación de nuestra naturaleza divina, llamémosle Mónada, Yo Superior, Yo Cuántico, No nacido, Chispa Divina, Mashíaj, Hijo de Dios. Lo cual trae consigo una revolución completa en los niveles de nuestra personalidad.

Servid a HaShem con temor y alegraos con temblor (versículo 11). Nuevamente nos encontramos con otra repetición de ideas cambiando las palabras, como indicamos antes. En ese sentido, servir a Dios y alegrarse son equiparados. Parece contradictorio que esto último pueda hacerse desde el temor. El temor de Dios es algo que no se entiende bien. No se trata de miedo, sino de Conciencia (quizá la palabra inglesa *awareness* se le aplique bien), de un estado de alerta consciente ante la Presencia continua de una realidad absoluta que respecto a nuestro ser inferior se encuentra diametralmente en otro plano, pero del que se halla continuamente dependiente. Y la conciencia de esa realidad genera gozo.

Sobre la ira de Dios y otros antromorfismos similares: es la sefirá Guevurá en su esencia más elevada, como la negación (porque es una fase contractiva) de la negación de Dios, es decir, la afirmación de la Verdad de lo Absoluto frente a la existencia relativa. La ira de Dios encarna la rasgadura de todos los velos de ilusión: de las ilusiones existenciales, de la ilusión de separatividad, del ego como existencia en sí. Hay naturalezas que evolucionan más por el temor (el rigor) y otras por el amor (la misericordia). Depende del rayo de la propia Neshamá y de las circunstancias de la encarnación. Pero todo tiene su momento. El peligro es el desequilibrio cuando la realidades internas se asumen desde el ego (lo que lleva a su inflación). Y el sendero regio es por el pilar del medio, Rajamim, Compasión.

Salmo 3

1 מִזְמוֹר לְדָוִד בְּבָרְחוֹ מִפְּנֵי אַבְשָׁלוֹם בְּנוֹ:
2 יְהוָה מָה־רַבּוּ צָרָי רַבִּים קָמִים עָלָי:
3 רַבִּים אֹמְרִים לְנַפְשִׁי אֵין יְשׁוּעָתָה לּוֹ בֵאלֹהִים סֶלָה:
4 וְאַתָּה יְהוָה מָגֵן בַּעֲדִי כְּבוֹדִי וּמֵרִים רֹאשִׁי:
5 קוֹלִי אֶל־יְהוָה אֶקְרָא וַיַּעֲנֵנִי מֵהַר קָדְשׁוֹ סֶלָה:
6 אֲנִי שָׁכַבְתִּי וָאִישָׁנָה הֱקִיצוֹתִי כִּי יְהוָה יִסְמְכֵנִי:
7 לֹא־אִירָא מֵרִבְבוֹת עָם אֲשֶׁר סָבִיב שָׁתוּ עָלָי:
8 קוּמָה יְהוָה הוֹשִׁיעֵנִי אֱלֹהַי כִּי־הִכִּיתָ אֶת־כָּל־אֹיְבַי לֶחִי שִׁנֵּי רְשָׁעִים שִׁבַּרְתָּ:
9 לַיהוָה הַיְשׁוּעָה עַל־עַמְּךָ בִרְכָתֶךָ סֶּלָה:

1. Mizmor leDavíd, beborjó mipené Abshalón benó.
2. Adonai ma rabú tsaráy, rabím qamím aláy.
3. Rabím omerím le nafshí, en yeshuatá bElohim selah.
4. Veatá Adonai maguén baadí, kebodí umerím roshí.
5. Qolí el Adonai eqrá, vayaaéni mehár qodshó selah.
6. Aní shajábti vaishaná, hequisóti, ki Adonai ysmejéni.
7. Lo irá meribebót am asher sabíb shátu aláy.
8. Qumá Adonai hoshiéni Eloháy, ki hikíta el kol oyebáy léji, shiné reshaím shibárta.
9. LAdonai hayshuá, al amejá birjatéja selah.

1. Salmo de David, cuando huía de delante de Absalón, su hijo.
2. ¡Oh, YHVH, cuánto se han multiplicado mis adversarios! Muchos son los que se levantan contra mí.
3. Muchos son los que dicen de mí: No hay para él salvación en Elohim. Selah.

4. Mas tú, YHVH, eres escudo alrededor de mí; mi gloria, y el que levanta mi cabeza.

5. Con mi voz clamé a YHVH, y él me respondió desde su monte santo. Selah.

6. Yo me acosté y dormí, y desperté, porque YHVH me sustentará.

7. No temeré a diez millares de gente, que pusieren sitio contra mí.

8. Levántate, YHVH; sálvame, Elohai; porque tú heriste a todos mis enemigos en la mejilla; los dientes de los perversos quebrantaste.

9. La salvación es de YHVH; sobre tu pueblo sea tu bendición. Selah.

El contexto histórico al que alude el primer versículo de este salmo se encuentra en el segundo libro de Samuel, capítulos 15 a 17. Se narra el complot para derrocar a David encabezado por su hijo Absalón, de modo que David tiene que abandonar Jerusalén y se encuentra en una situación bastante precaria.

Arquetípicamente, David es el hombre en Maljut que se esfuerza por seguir un camino espiritual y mantener una conexión inquebrantable en medio de conflictos constantes, en particular la disputa familiar a la que alude este salmo.

De un modo general, el salmo se usa en situaciones límite, cuando todo parece conspirar en nuestra contra o nos encontramos en peligro grave. Lo usamos siempre que necesitemos una protección especial o tengamos que superar una fuerte oposición.

Hay que tener en cuenta que al igual que de las letras se derivan Nombres Divinos y angélicos positivos, también están contenidos los nombres de ángeles de la negatividad, por ejemplo «los perversos» y, en general, los enemigos, como nombre genérico de la Qlipá. Herir en la mejilla es un eufemismo de reprochar, y romper los dientes es dejar sin armas y sin modo de sustento a la negatividad. Hay que tener en cuenta que las fuerzas negativas se alimentan de la luz —si no, simplemente no tendrían existencia—, principalmente de la luz que atraemos los seres humanos. Por eso siempre están compitiendo por las chispas de luz.

También este salmo por su contexto se usa para resolver positivamente disputas familiares, que suelen ser particularmente dolorosas.

La segulá tradicional es contra los dolores de cabeza y de hombros (quizá, aunque no siempre hay una razón evidente para una tradición, por el versículo 4 en sentido literal).

El número 4 es también el versículo de invocación del Nombre והו (y de su ángel Vehuiah) que es el primero de los 72 Nombres.

4 וְאַתָּה יְהוָה מָגֵן בַּעֲדִי כְּבוֹדִי וּמֵרִים רֹאשִׁי׃
roshí   umerím   kebodí   baadí   maguén   Adonai   Veatá

«Mas tú, HaShem, eres escudo alrededor de mí; mi gloria, y el que levanta mi cabeza».

El atributo Divino que este Nombre conecta es el de Dios elevado y exaltado sobre todas las cosas. Confiere una gran iluminación. Y voluntad en acción. Es Jojmá de Kéter. El versículo nos precisa más los dones que dispensa: protección (escudo), iluminación (mi gloria, es decir, la luz de Kéter sobre mi cabeza) y realización (el que levanta mi cabeza, es decir, me vuelve a mi estado deiforme original).

Remito al capítulo correspondiente sobre los 72 Nombres *(véase* el capítulo 6) para más información. En este caso, sin embargo, resulta relevante lo que escribe respecto a este Nombre el libro del ángel Raziel (Séfer Raziel HaMálaj). Afirma que de él fluyen todo tipo de bendiciones sobre el mundo, interpretando las dos primeras letras hw como la Vav y la segunda He del tetragrama, yhwh es decir Tiféret y Maljut (Zeir Anpin y Shejiná, las fuerzas activa y pasiva de la Providencia) unidos, mientras que la segunda Vav del Nombre whw transmite el influjo a la creación. Recordamos que el significado general de la letra Vav es cópula, conjunción. En el versículo 9 se invoca la bendición sobre el pueblo.

En general, este salmo nos puede acompañar por toda nuestra travesía del desierto, en el camino a nuestra liberación. La expresión del versículo 8, Qumá YHVH, es la gran exclamación de Moisés, cuando la nube se elevaba de sobre el Santuario y todo el pueblo se ponía en marcha (Nm 10, 35).[3]

Nos proporciona descanso en la lucha y después de ella y nos libera de inquietud y angustia (versículo 7). Es incluso eficaz (versículo 6) tanto contra el insomnio como contra los terrores nocturnos.

Como ejemplo del trabajo que se puede realizar con un versículo, y para ver cómo siempre nos estamos moviendo en múltiples niveles de significación, tomamos este último, el versículo 6:

6 אֲנִי שָׁכַבְתִּי וָאִישָׁנָה הֱקִיצוֹתִי כִּי יְהוָה יִסְמְכֵנִי:

6 Yo me acosté y dormí, y desperté, porque YHVH me sustentará.

Vemos que se trata de un versículo de siete palabras que contiene además el Tetragrammaton. Es, pues, un firme candidato para conectar con uno de los 72 Nombres. No se encuentra entre los versículos estándar, pero si consideramos las letras finales de cada palabra, que son Yod Yod He Yod Yod He Yod, vemos que aparece repetido en una permutación el Nombre הי״, número 71 (otras combinaciones son posibles). En particular, este Nombre nos abre a las dimensiones superiores y nos da acceso a los distintos mundos.

El versículo habla del sueño y del despertar y puede referirse a un despertar interior. Tal como se dice, el sueño es la sesentava parte de la muerte, es decir, del tránsito a otra dimensión. Casualmente, la suma de las últimas letras es sesenta, que es guematria de la combinación de Nombres אהיה יהוה אחד, El Yo Soy de Kéter y el YHVH de Tiféret son Uno (Ejad).

Así, pues, vemos la dimensión mística de este versículo. Hemos construido además un Nombre Divino en toda regla: י״הי״י, que

---

3. Cuando el Arca se movía, Moisés decía: «¡Levántate, YHVH! ¡Que sean dispersados tus enemigos y huyan de tu presencia los que te aborrecen!».
Y cuando ella se detenía, decía: «¡Descansa, YHVH, entre los millares de millares de Israel!».

podemos utilizar en una meditación de apertura e iluminación poniendo una letra en cada uno de los siete centros de la columna central.

También es relevante hacer lo propio con las siete iniciales de las palabras:

אשוהכיי

En este caso, el valor numérico es 352 guematria de Erej Apaim, una de las trece medidas de la misericordia (la sexta). Se suele traducir como «lento para la ira» (largo de nariz) y es una de las acepciones de Kéter como Rostro Inmenso.

Si sumamos ahora el valor de las letras iniciales y finales (352 + 60) obtenemos 412, guematria de Notser Jésed, que es la octava de las trece medidas de la misericordia (rajamim, compasión).

Vemos entonces cómo este versículo nos abre a la dimensión infinita de la misericordia divina, que como termina el texto, «YHVH me sustenta» (y me sustentará, estando gramaticalmente el verbo en presente/futuro como una acción no terminada): Ysmejeni. La guematria de esta palabra es 190, que es Elohim + 4 Tetragrammaton, o bien Elohim + 8 veces Ejad (la unidad divina en las ocho dimensiones de Maljut a Biná), o bien Elohim + 8 veces Ahavá, es decir, Amor.

Salmo 4

1 לַמְנַצֵּחַ בִּנְגִינוֹת מִזְמוֹר לְדָוִד:
2 בְּקָרְאִי עֲנֵנִי אֱלֹהֵי צִדְקִי בַּצָּר הִרְחַבְתָּ לִּי חָנֵּנִי וּשְׁמַע תְּפִלָּתִי
3 בְּנֵי אִישׁ עַד־מֶה כְבוֹדִי לִכְלִמָּה תֶּאֱהָבוּן רִיק תְּבַקְשׁוּ כָזָב סֶלָה
4 וּדְעוּ כִּי־הִפְלָה יְהוָה חָסִיד לוֹ יְהוָה יִשְׁמַע בְּקָרְאִי אֵלָיו:
5 רִגְזוּ וְאַל־תֶּחֱטָאוּ אִמְרוּ בִלְבַבְכֶם עַל־מִשְׁכַּבְכֶם וְדֹמּוּ סֶלָה:
6 זִבְחוּ זִבְחֵי־צֶדֶק וּבִטְחוּ אֶל־יְהוָה:
7 רַבִּים אֹמְרִים מִי־יַרְאֵנוּ טוֹב נְסָה־עָלֵינוּ אוֹר פָּנֶיךָ יְהוָה:
8 נָתַתָּה שִׂמְחָה בְלִבִּי מֵעֵת דְּגָנָם וְתִירוֹשָׁם רָבּוּ:
9 בְּשָׁלוֹם יַחְדָּו אֶשְׁכְּבָה וְאִישָׁן כִּי־אַתָּה יְהוָה לְבָדָד לָבֶטַח תּוֹשִׁיבֵנִי:

1. Lamnatséaj binguinót mizmor leDavid

2. Beqorí anéni Elohé tsidquí batsár hirjábta li, jonéni ushmá tefiláti.

3. Bené ish ad mé jebodí lijlimá teehabún riq, tebaqshú jasáb selah.

4. Udú ki hiflá Adonai jasíd lo, Adonai ishmá beqorí eláv.

5. Rigzú veal tejetáu, imrú bilbabjém hal mishkabjém vedómu selah.

6. Zibjú zibjé tsédeq, ubithú el Adonai.

7. Rabím omerím mi yarénu tob, nesá alénu or panéja Adonai.

8. Natáta simjá belibí, meét deganám vetiroshám rábu.

9. Beshalón yajdáv eshkebá vehishán ki atá Adonai lebadád labétaj toshibéni.

1. Al músico principal; sobre neginot. Salmo de David.

2. Respóndeme cuando clamo, oh, Dios de mi justicia. Cuando estaba en angustia, tú me hiciste ensanchar; ten misericordia de mí, y oye mi oración. Selah.

3. Hijos de los hombres, ¿hasta cuándo volveréis mi honra en infamia, amaréis la vanidad y buscaréis la mentira?

4. Sabed, pues, que YHVH ha escogido al piadoso para sí; YHVH oirá cuando yo a él clamare. Selah.

5. Temblad, y no pequéis; meditad en vuestro corazón estando en vuestra cama, y callad.

6. Ofreced sacrificios de justicia y confiad en YHVH.

7. Muchos son los que dicen: ¿quién nos mostrará el bien? Alza sobre nosotros, oh, YHVH, la luz de tu rostro.

8. Tú diste alegría a mi corazón mayor que la de ellos cuando abundaba su grano y su mosto.

9. En paz me acostaré y asimismo dormiré; porque solo tú, YHVH, me haces vivir confiado.

Algunos usos y significados:
Según el *Shimush Tehilim*: Para cambiar la suerte, de mala a buena. También si lo que pretendo emprender es a través de otro.

También si tenemos una causa para presentar delante de altos magistrados o príncipes (sic. Se entiende personas de gran autoridad).

De forma más general, es un salmo útil para toda ocasión; para satisfacer cualquier necesidad.

Otros usos: Desarrollar la cualidad de Shimjá (Alegría), condición *sine qua non* del trabajo espiritual y del logro en general.

Desarrollar la cualidad de Bitajón (Confianza), esencial en el trabajo espiritual.

Rasgar velos de ilusión.

Uso médico: Insomnio, curación en general.

Uso místico: Podemos preguntarnos sobre cuál es la energía espiritual que transmite esta particular combinación de letras del salmo 4:

Mizmor LeDavid: Vemos a lo largo del libro que a veces aparece este encabezado y otras al revés: LeDavid Mizmor. Según la tradición, cuando aparece la primera se refiere a que el salmo es para recibir Rúaj HaKódesh (Espíritu Santo). Es decir, el movimiento es de arriba abajo. Cuando aparece la segunda, Le David Mizmor, el movimiento es de abajo arriba, es decir, es para elevarnos y poder así acceder al estado de recepción del Rúaj HaKódesh.

Beqorí: En mi clamor. En la agitación interna de mi mente. **Anéni, Ayin Nun Nun Yod:** Respóndeme. Ayin representa el campo estructurado de la conciencia –sendero Hod/Tiféret–. La primera Nun es el sendero simétrico Nétsaj/Tiféret y representa el campo de las energías bajo el simbolismo de las 50 puertas (valor numérico de Nun). La segunda Nun insiste en lo mismo, pero esta vez desde Biná: es la Nun de Biná. La Yod final, simétrica de Ayin, es la Yod de Jojmá. Tenemos así un movimiento desde las sefirot fuerza y forma de la personalidad (Nétsaj y Hod) a sus homólogos en los Supremos vía Tiféret. Resumen: A pesar de la agitación de mi mente y debido a ella, establece en mí la tríada Dios en Hombre (Jojmá/Biná/Tiféret) de modo que haya conexión con **Elohé Tsidquí**, el Elohim de mi rectitud.

Esta figura es otro nombre de la Chispa Divina, el Dios Interior, el Hombre de Arriba (Adam Ilaa), el Augoeides, el Daimon, o como quiera que se le llame *(véase* el comentario al salmo 2).

Respuesta:

Habla mi alma superior: **Hijos de hombre** (Ish, no Adam). Se dirige a mis propias producciones (también reencarnaciones, ya que, en el simbolismo bíblico, hijos es lo que muchas veces simboliza).

Mi honra: **Kebodí**. El Kabod, la Gloria, de valor numérico 32, es una representación general del Árbol de la Vida. Mi Gloria se refiere, de nuevo, a mi naturaleza superior. Amaréis la vanidad y buscaréis la mentira: ¿hasta cuándo vais a estar presos de la negatividad y de las ilusiones existenciales?

Sabed (no imaginad, sino conoced, por propia experiencia) que hay una conexión constante de las Cuatro Letras con el **Jasíd**, por lo cual siempre hay respuesta. Jasíd, literalmente «piadoso», «devoto», o bien «jesédico». Cuando estoy en estado de Jésed estoy en vasos comunicantes.

Pasamos a Guevurá: **Temblad**: La verdad del Vacío existencial (sólo YHVH). Vuestra realidad es relativa. **No pequéis**: Pecado es Jet, (letras Jet, con Tav y Tet). Jet es el sendero Guevurá/Biná. Tet el sendero Jésed/Guevurá.

Cita de *El camino del Árbol de la Vida:*

> Es así como el origen principal de la energía negativa está en la Jet, letra que aparece por primera vez en la Torá como inicial de la palabra Jósej, oscuridad (Gn 2, 2). La Jet, en su valor numérico, duplica el número 4 (= 2 x 4), uniendo los conceptos de casa (ב, B) y de deseo de recibir (ד, D) y, por tanto, representa la cristalización de éste. Es, en ese sentido, la letra de la materia (Jamor) y del deseo intenso (Jéshek = deseo, pasión, apetito; el valor numérico de Jéshek, J + Sh + Q = 8 + 300 + 100 = 408, es el mismo que el propio de la letra Jet extendida, J + T = 8 + 400 = 408. También suma 408 la palabra Jat, miedo, terror).
>
> Cuando predominan las fuerzas de la izquierda se tiene el Jet (חט, Jet Tet), la transgresión, el pecado, que no es otra cosa que «desviación» (en este caso, la Jet tira, por así decir, de la letra Tet, canal Jésed-Guevurá, hacia la izquierda. Cuando sucede al contrario, cuando predomina la Tet, se tiene el Bien: טוב, Tov, TVB; y VB suma 8, lo mismo que J, obteniéndose Jet a la inversa). Porque para el alma éste es un sendero (Guevurá/

Biná) de lucha, de victoria o de derrota: de victoria si vencemos sobre las fuerzas del deseo y de la pasión; de derrota en caso contrario, en el caso de que el aní (61), el yo (inferior), adquiera preponderancia, en vez de experimentarse a sí mismo como ayin (61), nada. Es decir, desde Guevurá reconocer que es de Biná de donde dimana toda la vida, en vez de considerarla como algo propio, personal.

El pecado, cuya raíz está en el deseo de recibir sólo para mí, lo único que hace es generar karma negativo, enredarnos más en la rueda de las ilusiones existenciales (versículo 3, de nuevo).

¿Cuál es la acción a realizar? **Meditar** en nuestra esencia que radica en el centro de conciencia del **corazón** y alcanzar el estado de **silencio**, es decir, de clara luz. Si ofrecemos los sacrificios de justicia, seguimos los procedimientos prescritos, el resto lo hará YHVH. Lo que queda es totalmente claro. El versículo: nesá alénu or panéja Adonai, es particularmente poderoso: נעאפי = 211 = הארה, Heará, Iluminación.

Salmo 5

1 לַמְנַצֵּחַ אֶל־הַנְּחִילוֹת מִזְמוֹר לְדָוִד׃
2 אֲמָרַי הַאֲזִינָה יְהוָה בִּינָה הֲגִיגִי׃
3 הַקְשִׁיבָה לְקוֹל שַׁוְעִי מַלְכִּי וֵאלֹהָי כִּי־אֵלֶיךָ אֶתְפַּלָּל׃
4 יְהוָה בֹּקֶר תִּשְׁמַע קוֹלִי בֹּקֶר אֶעֱרָךְ־לְךָ וַאֲצַפֶּה׃
5 כִּי לֹא אֵל־חָפֵץ רֶשַׁע אָתָּה לֹא יְגֻרְךָ רָע׃
6 לֹא־יִתְיַצְּבוּ הוֹלְלִים לְנֶגֶד עֵינֶיךָ שָׂנֵאתָ כָּל־פֹּעֲלֵי אָוֶן׃
7 תְּאַבֵּד דֹּבְרֵי כָזָב אִישׁ־דָּמִים וּמִרְמָה יְתָעֵב יְהוָה׃
8 וַאֲנִי בְּרֹב חַסְדְּךָ אָבוֹא בֵיתֶךָ אֶשְׁתַּחֲוֶה אֶל־הֵיכַל־קָדְשְׁךָ בְּיִרְאָתֶךָ׃
9 יְהוָה נְחֵנִי בְצִדְקָתֶךָ לְמַעַן שׁוֹרְרָי כ־הוֹשַׁר כ לְפָנַי דַּרְכֶּךָ׃
10 כִּי אֵין בְּפִיהוּ נְכוֹנָה קִרְבָּם הַוּוֹת קֶבֶר־פָּתוּחַ גְּרוֹנָם לְשׁוֹנָם יַחֲלִיקוּן׃
11 הַאֲשִׁימֵם אֱלֹהִים יִפְּלוּ מִמֹּעֲצוֹתֵיהֶם בְּרֹב פִּשְׁעֵיהֶם הַדִּיחֵמוֹ כִּי־מָרוּ בָךְ׃

12 וְיִשְׂמְחוּ כָל־חוֹסֵי בָךְ לְעוֹלָם יְרַנֵּנוּ וְתָסֵךְ עָלֵימוֹ וְיַעְלְצוּ בְךָ אֹהֲבֵי שְׁמֶךָ:
13 כִּי־אַתָּה תְּבָרֵךְ צַדִּיק יְהוָה כַּצִּנָּה רָצוֹן תַּעְטְרֶנּוּ:

1. Lamnatséaj el hanejilót mizmor leDavid
2. Amaráy haazína Adonai, bína haguiguí.
3. Haqshíba leqól shaví malkí vEloháy, ki eléja etpalál.
4. Adonai bóker tishmá qolí, bóker eerój lejá vaatsapé.
5. Ki lo El jaféts résha atá, lo yegurejá la.
6. Lo ityatsebú holelím lenégued eléja, sanéta kol poalé áven.
7. Teabéd doberé jasáb, ish damím umirmá yetaéb Adonai.
8. Veaní berób jasdejá abó betéja, eshtajavéel hejál qodshejá beiratéja.
9. Adonai nejéni betsidkatéja lemaán shoreráy, hayshár lefanáy darkéja.
10. Ki en befíhu nejoná quirbám havót québer patúaj gueronám, leshonám yajaliqún.
11. Haashimém Elohím ipelú mimoatsotehém, berób pishehém hadijémo, ki máru baj.
12. Veismejú jol jóse baj leolám yeranénu vetaséj alémo, veyaletsú bejá ohabé semeja.
13. Ki atá tebaréj tsadiq, Adonai katsiná ratsón taterénu.

1. Para el director, con nejilot, salmo de David.
2. Escucha, oh, YHVH, mis palabras; considera mi gemir.[4]
3. Está atento a la voz de mi clamor,[5] Rey mío y Dios mío, porque a ti oraré.[6]

---

4. O bien, entiende mi pensamiento.
5. La raíz שוע alude a un tipo de meditación, no estructurada, en la que se permite que los contenidos de la mente afloren de forma espontánea. De este modo se alcanza un estado de vaciedad mental al que alude la raíz emparentada שוא, que en el contexto que nos ocupa significa «vanidad» y «nada».
6. La palabra hebrea para oración es tefilá, que proviene de la raíz פלל, que significa «juzgar». Cuando hago tefilá, lo que de hecho hago es juzgarme a mí mismo, no desde el punto de vista del ego, claro está, sino desde los ojos del Espíritu.

4. Oh, YHVH, de mañana oirás mi voz; de mañana me presentaré delante de ti y esperaré.

5. Porque tú no eres un Dios que se complace en la maldad; el malo no habitará junto a ti.

6. Los insensatos no estarán delante de tus ojos; aborreces a todos los que hacen iniquidad.

7. Destruirás a los que hablan mentira; al hombre sanguinario y engañador abominará YHVH.

8. Mas yo por la abundancia de tu misericordia entraré en tu casa; adoraré hacia tu santo templo en tu temor.

9. Guíame, YHVH, en tu justicia, a causa de mis enemigos; endereza delante de mí tu camino.

10. Porque en la boca de ellos no hay sinceridad; sus entrañas son maldad, sepulcro abierto es su garganta, con su lengua hablan lisonjas.

11. Castígalos, oh, Elohim; caigan por sus mismos consejos; por la multitud de sus transgresiones échalos fuera, porque se rebelaron contra ti.

12. Pero alégrense todos los que en ti confían; den voces de júbilo para siempre, porque tú los defiendes; en ti se regocijen los que aman tu nombre.

13. Porque tú, oh, YHVH, bendecirás al justo; como con un escudo lo rodearás de tu favor.

Recomiendo la lectura del capítulo 7 del libro de Aryeh Kaplan *Meditación y la Biblia* (Ed. Equipo Difusor del Libro). En él se explica que la palabra Tehilim (salmos) proviene de la raíz Halal, traducida normalmente por «alabar», pero con otros significados, en particular, «resplandecer» y «locura». Afirma que Halal denota un estado en el que se abandona el estado de conciencia normal y, al mismo tiempo, se percibe la luz espiritual. También estudia su relación con otra raíz, Jalal, que significa «hueco» o «vacío», especialmente en un sentido espiritual. Concluye que Halal denota negación de los sentidos y el ego con el fin de hallar la iluminación. Dice: «Por eso se llamó a los salmos tehilim, porque fueron diseñados expresamente para alcanzar el estado de exaltación».

Kaplan cita un interesante Midrásh respecto a los salmos supuestamente escritos por el mismo Moisés (del 90 al 100, ambos inclusive): «¿Por qué no están escritos estos salmos en la Torá [dado que fueron escritos por Moisés]? Porque uno trata de la Ley y el otro de la profecía». Dice Kaplan: La Torá se ocupa principalmente de la Ley, mientras que todo lo que tiene que ver con la profecía y el misticismo encuentra debido acomodo en el libro de los Salmos.

Más adelante (hablando del salmo 5, pero es fácilmente generalizable): el hecho de que este salmo hable de los enemigos del orador y no de conceptos espirituales superiores no contradice esto [el que sea un salmo para evocar el espíritu profético], porque, en realidad, los enemigos se refieren a las klipot y a las fuerzas del mal, que forman una barrera y ponen en peligro a quien pretende escalar las cimas espirituales. Por lo tanto, el primer paso en la ascensión a los niveles espirituales superiores consiste en atravesar los dominios del mal, representados por el viento huracanado, las nubes oscuras y el fuego relampagueante de la visión de Ezequiel. El fin primordial de la meditación Shigayón (salmo 5) es limpiar la mente de lo mundano y derrotar a estos «enemigos». El destacado místico y cabalista rabí Yosef Guikatila (1248-1305) afirma expresamente que ésta era la finalidad de todos los salmos.

Algunos usos y comentarios del salmo 5:
A) Segulot tradicionales:

1. Curarse de melancolía, depresión o locura. Que la persona que lo sufre recite este salmo de continuo, un mínimo de siete veces, en un mismo día o en varios días sucesivos; que lo imprima y lo ponga en la pared, o lo lleve consigo; que abra y se abra a su dimensión energética. Fundamental: la total convicción. Si no nos lo creemos de verdad, su efecto se amortigua enormemente. No se trata de fe ciega o superstición, sino de conexión, de apertura de la vasija. El poder está en la conjunción de la emoción de lo astral, lo conceptual, lo mental y lo arquetípico energético de lo espiritual manifestado por las letras hebreas y sus combinaciones. Todo guiado por la kavaná o intención según voluntad.

2. Contra malos espíritus. Se enseña que todo acto positivo crea (o desarrolla, energiza, hace crecer) un ángel positivo y todo acto negativo hace lo propio con un ángel negativo. De forma que toda acción deja una huella para bien o para mal. Con frecuencia somos víctimas de nuestras propias creaciones.

B) Sh.T.:[7] **Transacciones de negocios con magistrados o con tus príncipes** (recuérdese el contexto medieval) y deseo de obtener su favor especial. Si por mucho que lo intentas tus asuntos no prosperan y sospechas de un **mazal** (estrella, espíritu, destino) **negativo.**

C) Por referencia directa: **Protección. Contra la mentira, el lashón hará** (calumnia, medias verdades, maledicencia en todo lo referente al habla), **la adulación, asaltos y crímenes, y en general, personas seducidas por el mal.**

D) Cualidades positivas que transmite: Saber esperar en Dios (una vez que hemos hecho nuestra parte, es decir, establecida nuestra terminal de contacto).

E) Cualidades negativas que ayuda a superar: Nos **protege de nuestro propio yétser hará, inclinación al mal,** la fuerza negativa en manos del egoísmo y el egocentrismo. **En particular de la arrogancia y del orgullo,** raíz de nuestra rebelión consciente hacia Dios.

Hay en el judaísmo, por así decir, tres niveles de trasgresión o acción errónea: Jet, avón y pésha. El Jet es equivocación inintencionada (al menos con una conciencia disminuida), por ignorancia, torpeza, etc. Avón es un acto equivocado realizado con intención y conciencia, sabiendo que está mal. La finalidad es obtener un beneficio para mí (por ejemplo, robar). O puede ser fruto de una emocionalidad o instinto incontrolables. Pésha es un acto cometido en desafío directo a Dios. Avón aparece en el versículo 6 del salmo. Pésha en el 11. Todos se corrigen mediante teshuvá, es decir, retorno. La palabra teshuvá se traduce como «arrepentimiento», pero no existe el sentimiento de culpa negativa al que estamos acostumbrados. Hacer teshuvá es retornar, volver

---

7. *Shimush Tehilim.*

al acto negativo y cambiar su componente de deseo de recibir sólo para mí en deseo de dar y compartir.

La Guevurá implica doble negación: negar la negación de Dios y por tanto afirmar su quedushá, su santidad y trascendencia (igual que Jésed afirma su inmanencia y su plenitud expansiva). Oponiéndonos al mal mediante la resistencia y la negación, lo usamos como trampolín para alcanzar las alturas espirituales. La negatividad a la que llamamos mal activo tiene su raíz en el puro deseo de recibir, sin componente alguno de dar (Qlipá es cáscara vacía, es decir, pura recepción), y por tanto incompatible con la esencia dadora de la Luz Divina.

Evidentemente, no nos estamos refiriendo con ello a la fuerza negativa en sí —deseo de recibir, la inteligencia de la vasija— necesaria para cualquier tipo de manifestación y cuyo origen está en el tsimtsum original (o contracción de Sí mismo) en el seno del En Sof o Infinito, que crea el espacio vacío u oscuridad sobre la que la superabundancia dadora del Uno puede verter su Luz y manifestar la Creación. Esa inteligencia de la vasija tiene también su parte en la Esencia Divina (el Zohar habla del Maljut del Infinito) y por eso forma parte del Nombre de Dios (así, por ejemplo, la He de Biná recibe de la Yod de Jojmá para dar, es decir, para crear los Mundos). Yendo al plano microcósmico, la vasija que somos —constituida por nuestro deseo de recibir, incluso de recibir la Luz— tiene que aprender la fase de dar para poder entrar en sintonía con la Luz del Creador. Éste es el trabajo espiritual. El ego y la inteligencia corpórea son el foco principal del deseo de recibir en nosotros.

Dice el Bahir (196):

> Rabbah dijo: «Si los justos quisieran, podrían crear un mundo. ¿Qué interfiere? Vuestros pecados, como está escrito (Is 59, 2): "Sólo vuestros pecados [avonot] crean la separación entre vosotros y vuestro Dios". Por lo tanto, si no fuera por vuestros pecados, no habría ninguna diferenciación entre vosotros y Él.

Puesto que el texto bíblico original carecía de vocales y la forma consonántica del perfecto de la 3.ª persona singular y del imperativo (2.ª persona) coinciden, el primer versículo del Génesis se podría leer como: «Por Reshit (o en, o con, Reshit) crea tú...», como un mandato o una instrucción.

Jojmá es la primera extensión de la «voluntad de dar» del Creador.[8] Nuestros pecados, lo que nos separa de la esencia dadora del Creador, es la «voluntad de recibir», si bien necesaria en el esquema de las cosas (no puede haber donación sin algo que reciba). Para ser más precisos, la raíz del pecado es el deseo de recibir sólo para uno mismo. Éste es vencido en Maljut, la fase más densa de la voluntad de recibir, cuando ésta se transmuta en voluntad de recibir para dar (asimilándonos así a la naturaleza del Creador).

Por eso, el párrafo citado (196) del Bahir continúa:

> Ésa es la diferencia entre vosotros y Él. Está, pues, escrito (Sal 8, 6): «Y Le has hecho [al hombre] un poco menos que Dios». ¿Qué significa «un poco»? Es porque [el hombre] peca, mientras que el Santo, bendito sea, no. Bendito sea Él y bendito sea Su Nombre por siempre jamás. Él no peca. Pero el Deseo [del Mal] procede de Él. ¿Podemos imaginar que procede de Él? Pero se originó en Él hasta que David vino y lo mató. Así, está escrito (Sal 109, 22): «Mi corazón está vacío dentro de mí».
>
> David dijo: Porque pude vencerlo (Sal 5, 5): «El mal no reside contigo».

David es un símbolo de Maljut. Allí se invierte el sentido egoico de la voluntad de recibir. Se pregunta el Bahir cómo la venció David:

> Gracias al estudio, ya que nunca paró [de estudiar] tanto de día como de noche. Por tanto estaba adherido a la Torá en lo alto. Pues cuando una persona estudia la Torá por sí misma, la Torá misma se adhiere al Santo, bendito sea. Por lo tanto, dijeron: «Una persona debe estudiar siempre la

---

8. La segunda, más amortiguada, es el Jésed, tras la primera restricción de Biná.

Torá, aunque no sea por sí misma, ya que si no [la estudia] por sí misma, acabará por estudiarla por sí misma». ¿Qué es esta Torá de la que habláis? Es la Esposa que es adornada y coronada y que está incluida en los mandamientos. Es el tesoro de la Torá. Es la prometida del Santo, bendito sea, como está escrito (Dt 33, 4): «Moisés nos encomendó la Torá, la herencia (Morasha) de la congregación de Jacob». No leáis «herencia» (Morasha) sino «prometida» (Me'urasa). ¿Cómo es esto? Cuando Israel se compromete con la Torá por sí misma, entonces es la prometida del Santo, bendito sea, y entonces es la herencia de Israel.

La Torá es una: Ley de la Naturaleza, ley ética, ley espiritual. La Creación toda, en sus dimensiones visibles y ocultas, es la expresión de esta Ley de Sabiduría que el Santo consulta (Entendimiento) para la creación del mundo.[9]

La misma diligencia y dedicación absolutas de David están también incluidas en el conocido versículo: «El Temor de YHVH es el principio de la Sabiduría». «Reshit Jojmá Yrat YHVH». חכמה יראת יהוה ראשית.

Este Temor es un estado de alerta y atención consciente y constante que nos lleva a anularnos («mi corazón está vacío dentro de mí») ante el Poder y la Grandeza de la Presencia Divina. Como dice el cabalista judeo español Yosef Guikatila (s. XIII):[10] «Dondequiera que encuentres la palabra Temor, has de contemplar que se está refiriendo a la sefirá Jojmá. Es ésta un lugar de temor, pues no tiene límite ni me-

---

9. Prov 8, 22-30: «YHVH me poseía en el *principio*. Ya de antiguo, antes de sus obras. Eternamente tuve el principado, desde el principio, antes de la tierra. Antes de los abismos fui engendrada; antes que fuesen las fuentes de las muchas aguas. Antes que los montes fuesen formados, Antes de los collados, ya había sido yo engendrada; no había aún hecho la tierra, ni los campos, ni el principio del polvo del mundo. Cuando formaba los cielos, allí estaba yo; cuando trazaba el círculo sobre la faz del abismo; cuando afirmaba los cielos arriba, cuando afirmaba las fuentes del abismo; cuando ponía al mar su estatuto, para que las aguas no traspasasen su mandamiento; cuando establecía los fundamentos de la tierra, con él estaba yo ordenándolo todo, y era su delicia de día en día, teniendo solaz delante de él en todo tiempo».
10. Las Puertas de la Luz. Citado también por Kaplan en *Cábala y meditación*.

dida y la mente no tiene poder para aprehenderla. Lo cual está aludido en el versículo (Job 28, 28): «Y dijo al hombre: He aquí que el temor de Adonai es la Sabiduría y apartarse del mal el Entendimiento».

«No verá el hombre a Dios y vivirá».

Penetrar en este estado con el intelecto, o cualquier estado de mente dualista y discriminatoria, es imposible. Dice Guikatila *(op. cit.)*: «Cuando los pensamientos de una persona llegan a este lugar alto y profundo, ésta tiene razones para temer, porque sus pensamientos pueden verse confundidos, corriendo y meditando más allá de la propia medida. Respecto a esto, el Séfer Yetsirá dice: "Diez sefirot de la Nada, cierra tu boca para que no hable y tu corazón para que no piense. Y si tu corazón corre, vuelve a tu lugar". Uno debe volver a su lugar, puesto que está entrando en un sitio de miedo y temor al pensar en su profundidad y esencia».

Es Dios quien concede el poder de entrar y permanecer en este lugar previo el Bitul o anonadamiento –hacerse nada– aniquilación de toda traza de conciencia personal. Entonces el Temor –יִרְאָה, Yrá– se transforma en el espejo – רְאִי, Reí–[11] de la Mente Divina, el Rostro contemplando al Rostro, la pura Luz de la omniconciencia. Todo procede de ella. El pensamiento es su estado de movimiento.

Salmo 6

1 לַמְנַצֵּחַ בִּנְגִינוֹת עַל־הַשְּׁמִינִית מִזְמוֹר לְדָוִד:
2 יְהוָה אַל־בְּאַפְּךָ תוֹכִיחֵנִי וְאַל־בַּחֲמָתְךָ תְיַסְּרֵנִי:
3 חָנֵּנִי יְהוָה כִּי אֻמְלַל אָנִי רְפָאֵנִי יְהוָה כִּי נִבְהֲלוּ עֲצָמָי:
4 וְנַפְשִׁי נִבְהֲלָה מְאֹד וְאַתָּה יְהוָה עַד־מָתָי:
5 שׁוּבָה יְהוָה חַלְּצָה נַפְשִׁי הוֹשִׁיעֵנִי לְמַעַן חַסְדֶּךָ:
6 כִּי אֵין בַּמָּוֶת זִכְרֶךָ בִּשְׁאוֹל מִי יוֹדֶה־לָּךְ:
7 יָגַעְתִּי בְּאַנְחָתִי אַשְׂחֶה בְכָל־לַיְלָה מִטָּתִי בְּדִמְעָתִי עַרְשִׂי אַמְסֶה:

---

11. La letra He es una desinencia indicativa del femenino.

8 עָשְׁשָׁה מִכַּעַס עֵינִי עָתְקָה בְּכָל־צוֹרְרָי׃
9 סוּרוּ מִמֶּנִּי כָּל־פֹּעֲלֵי אָוֶן כִּי־שָׁמַע יְהוָה קוֹל בִּכְיִי׃
10 שָׁמַע יְהוָה תְּחִנָּתִי יְהוָה תְּפִלָּתִי יִקָּח׃
11 יֵבֹשׁוּ וְיִבָּהֲלוּ מְאֹד כָּל־אֹיְבָי יָשֻׁבוּ יֵבֹשׁוּ רָגַע׃

1. Lamnatséaj binguinot al hasheminít mizmor leDavid.
2. Adonai al beapejá tojijéni, veal bajamatejá teyaseréni.
3. Jonéni Adonai ki umlál áni, refaéni Adonai ki nibhalú atsamáy.
4. Venafshí nibhalá meód, veatá Adonai ad matáy.
5. Shubá Adonai jaletsá nafshí, hoshiéni lemaán jasdéja.
6. Ki en bamávet zijrejá, bishól mi yodeláj.
7. Yagáti beanjatí asjé bejol láyla mitatí, bedimatí arsí amsé.
8. Asheshá mikáas ení, ateqá bejol tsoreráy
9. Surú miméni kol poalé áven, ki shamá Adonai qol bijyí.
10. Shamá Adonai tejinatí, Adonai tefilatí yqáj.
11. Yebóshu veybahalú meód kol oyebáy, yashúbu yebóshu rága.

1. Para el director de canto, con neguinot (instrumentos) sheminit (de ocho cuerdas). Salmo de David.

2. YHVH, no me reprendas en tu enojo ni me castigues con tu ira.

3. Ten misericordia de mí, oh, YHVH, porque estoy enfermo (o abatido); sáname, oh, YHVH, porque mis huesos se estremecen (tiemblan de terror).

4. Mi alma también está muy turbada (aterrada); y tú, YHVH, ¿hasta cuándo?

5. Vuélvete, oh, YHVH, libra (o rescata) mi alma; sálvame por tu misericordia.

6. Porque en la muerte *(espiritual, o sea, desconexión)* no hay memoria de ti; en el Sheol, ¿quién te alabará?

7. Me he consumido a fuerza de gemir; todas las noches inundo de llanto mi lecho, riego mi cama con mis lágrimas.

8. Mis ojos están gastados de sufrir; se han envejecido a causa de todos mis angustiadores.

9. Apartaos de mí, todos los hacedores de iniquidad; porque YHVH ha oído la voz de mi lloro.

10. YHVH ha oído mi ruego; recibirá YHVH mi oración.

11. Se avergonzarán y temblarán mucho todos mis enemigos; se volverán (arrepentirán) y de inmediato se avergonzarán.

Comentarios:

En la tradición judía (Sh.T.) este salmo se utiliza para **curar las enfermedades de los ojos**.

Sh.T. también propone recurrir a este salmo cuando **en un viaje** por tierra o por mar uno se siente en **peligro** y no tiene a quien recurrir.

En general es un **salmo de curación**. No sólo de enfermedades físicas, sino de toda forma de espíritu atormentado, pérdida de alma, pensamientos sombríos, angustia, depresión, tristeza... La enfermedad y el sufrimiento son interpretados como desconexión espiritual y a través de la reconexión con HaShem vienen la curación y la liberación, y son alejados los espíritus de la negatividad que se manifiestan como angustia, depresión, etc.

El versículo 3 como **mantra** es poderoso **para la curación:**

3 חָנֵּנִי יְהוָה כִּי אֻמְלַל אָנִי רְפָאֵנִי יְהוָה כִּי נִבְהֲלוּ עֲצָמָי:

3. Jonéni Adonai ki umlál áni, refaéni Adonai ki nibhalú atsamáy

3. Concédeme gracia, oh, YHVH, porque estoy enfermo; sáname, oh, YHVH, porque mis huesos (mi esencia) se estremecen.

Notamos que en la expresión «ki umlal ani» están implicados dos de los 72 Nombres en las iniciales (אכא) y en las finales (ילי) y que son instrumentos para realizar la curación. Los valores numéricos son 22 (Jojmá) y 50 (Biná), y la suma es 72, aludiendo al poder de los 72 Nombres y de la extensión del tetragrama en Atsilút:

יוד הי ויו הי

Esto se refuerza aún más en la segunda parte del versículo: Ki nibhalú atsamáy.

En este caso, las letras iniciales son עצב de valor numérico 140, que es Kóaj YHVH Elohim, כח יהוה אלהים, el poder de YHVH Elohim. Las letras finales son יי׳, directamente 26, el número del tetragrama. La suma de ambos valores es 166, que es la triangulación de la extensión del tetragrama en Briá, lo que proyecta toda la energía para la curación.

יוד
יוד הי
יוד הי ואו
יוד הי ואו הי

Otros dos versículos de este salmo se usan para la invocación estándar de dos de los 72 ángeles, a saber: ייל אל, Yeyalel (n.º 58; una permutación de ילי, mencionado antes) y עלמיה Alamiah (n.º 4).

Los versículos son:

(Salmos 6, 4)

וְנַפְשִׁי נִבְהֲלָה מְאֹד וְאַתָּ(ה) יְהוָה עַד־מָתָי

matáy 'ad Adonay veatá me'od nibhalá Venafshi
Y mi alma está muy turbada; y tú HaShem, ¿hasta cuándo?

(Salmos 6, 5)

שׁוּבָה יְהוָה חַלְּצָה נַפְשִׁי הוֹשִׁיעֵנִי לְמַעַן חַסְדֶּךָ

jasdéja lemaán hoshiéni nafshi jaletsá Adonáy Shubá
Torna a mi, HaShem, salva mi alma; sálvame por tu misericordia.

Yeyalel es un ángel que se invoca cuando nos enfrentamos con una terrible situación que no podemos controlar y ante la que no sabemos qué hacer. Nos dejamos ir. Dios nos protege y lucha por nosotros.

Como en el versículo del Éxodo (14, 14), cuando los israelitas se hallan entre la espada y la pared: por un lado los egipcios, por otro el mar Rojo, y dice Moisés: «YHVH luchará por vosotros». El Nombre ייל es notarikón de YHVH Ylajem Lajem (YHVH luchará por vosotros). Sigue el versículo: Veatém tajarishún (y vosotros estad quietos). Esta frase puede usarse como mantra de acción:

YHVH ylajem li (lanu); Adonai lucha por mí (nosotros). Por otra parte, como se puede consultar en el capítulo correspondiente, el significado tradicional de este ángel está en perfecta consonancia con el significado general del salmo. El segundo ángel, Alamiah, se usa para el control del pensamiento –eliminar todo tipo de pensamientos negativos– y como un formidable escudo que rechaza la negatividad. Además, su luz nos protege de los accidentes y concede la paz interior a las personas angustiadas y atormentadas.

He aquí el salmo en forma de matriz energética (no se consideran las vocales):

לַמְנַצֵּחַ בִּנְגִינוֹת עַל הַשְּׁמִינִית מִזְמוֹר לְדָוִד
יְהוָה אַל בְּאַפְּךָ תוֹכִיחֵנִי וְאַל בַּחֲמָתְךָ תְיַסְּרֵנִי
חָנֵּנִי יְהוָה כִּי אֻמְלַל אָנִי רְפָאֵנִי יְהוָה כִּי נִבְהֲלוּ
עֲצָמָי וְנַפְשִׁי נִבְהֲלָה מְאֹד וְאַתָּה יְהוָה עַד מָתָי
שׁוּבָה יְהוָה חַלְּצָה נַפְשִׁי הוֹשִׁיעֵנִי לְמַעַן חַסְדֶּךָ
כִּי אֵין בַּמָּוֶת זִכְרֶךָ בִּשְׁאוֹל מִי יוֹדֶה לָּךְ יָגַעְתִּי
בְּאַנְחָתִי אַשְׂחֶה בְכָל לַיְלָה מִטָּתִי בְּדִמְעָתִי עַרְשִׂי
אַמְסֶה עָשְׁשָׁה מִכַּעַס עֵינִי עָתְקָה בְּכָל צוֹרְרָי
סוּרוּ מִמֶּנִּי כָּל פֹּעֲלֵי אָוֶן כִּי שָׁמַע יְהוָה קוֹל בִּכְיִי
שָׁמַע יְהוָה תְּחִנָּתִי יְהוָה תְּפִלָּתִי יִקָּח יֵבֹשׁוּ
וְיִבָּהֲלוּ מְאֹד כָּל אֹיְבָי יָשֻׁבוּ יֵבֹשׁוּ רָגַע

Salmo 7

שִׁגָּי֗וֹן לְדָ֫וִ֥ד אֲשֶׁר־שָׁ֥ר לַיהוָ֑ה עַל־דִּבְרֵי־כ֝֗וּשׁ בֶּן־יְמִינִֽי׃ 1
יְהוָ֣ה אֱ֭לֹהַי בְּךָ֣ חָסִ֑יתִי הוֹשִׁיעֵ֥נִי מִכָּל־רֹ֝דְפַ֗י וְהַצִּילֵֽנִי׃ 2
פֶּן־יִטְרֹ֣ף כְּאַרְיֵ֣ה נַפְשִׁ֑י פֹּ֝רֵ֗ק וְאֵ֣ין מַצִּֽיל׃ 3
יְהוָ֣ה אֱ֭לֹהַי אִם־עָשִׂ֣יתִי זֹ֑את אִֽם־יֶשׁ־עָ֥וֶל בְּכַפָּֽי׃ 4
אִם־גָּ֭מַלְתִּי שֽׁוֹלְמִ֥י רָ֑ע וָאֲחַלְּצָ֖ה צוֹרְרִ֣י רֵיקָֽם׃ 5
יִֽרַדֹּ֥ף אוֹיֵ֨ב ׀ נַפְשִׁ֡י וְיַשֵּׂ֗ג וְיִרְמֹ֣ס לָאָ֣רֶץ חַיָּ֑י וּכְבוֹדִ֓י ׀ לֶעָפָ֖ר 6
יַשְׁכֵּ֣ן סֶֽלָה׃
ק֘וּמָ֤ה יְהוָ֨ה ׀ בְּאַפֶּ֗ךָ הִ֭נָּשֵׂא בְּעַבְר֣וֹת צוֹרְרָ֑י וְע֥וּרָה אֵ֝לַ֗י מִשְׁפָּ֥ט 7
צִוִּֽיתָ׃
וַעֲדַ֣ת לְ֭אֻמִּים תְּסוֹבְבֶ֑ךָּ וְ֝עָלֶ֗יהָ לַמָּר֥וֹם שֽׁוּבָה׃ 8
יְהוָה֮ יָדִ֪ין עַ֫מִּ֥ים שָׁפְטֵ֥נִי יְהוָ֑ה כְּצִדְקִ֖י וּכְתֻמִּ֣י עָלָֽי׃ 9
יִגְמָר־נָ֬א רַ֨ע ׀ רְשָׁעִים֮ וּתְכוֹנֵ֪ן צַ֫דִּ֥יק וּבֹחֵ֣ן לִ֭בּוֹת וּכְלָי֗וֹת אֱלֹהִ֥ים 10
צַדִּֽיק׃
מָֽגִנִּ֥י עַל־אֱלֹהִ֑ים מ֝וֹשִׁ֗יעַ יִשְׁרֵי־לֵֽב׃ 11
אֱ֭לֹהִים שׁוֹפֵ֣ט צַדִּ֑יק וְ֝אֵ֗ל זֹעֵ֥ם בְּכָל־יֽוֹם׃ 12
אִם־לֹ֣א יָ֭שׁוּב חַרְבּ֣וֹ יִלְט֑וֹשׁ קַשְׁתּ֥וֹ דָ֝רַ֗ךְ וַֽיְכוֹנְנֶֽהָ׃ 13
וְ֭לוֹ הֵכִ֣ין כְּלֵי־מָ֑וֶת חִ֝צָּ֗יו לְֽדֹלְקִ֥ים יִפְעָֽל׃ 14
הִנֵּ֥ה יְחַבֶּל־אָ֑וֶן וְהָרָ֥ה עָ֝מָ֗ל וְיָ֣לַד שָֽׁקֶר׃ 15
בּ֣וֹר כָּ֭רָה וַֽיַּחְפְּרֵ֑הוּ וַ֝יִּפֹּ֗ל בְּשַׁ֣חַת יִפְעָֽל׃ 16
יָשׁ֣וּב עֲמָל֣וֹ בְרֹאשׁ֑וֹ וְעַ֥ל קָ֝דְקֳד֗וֹ חֲמָס֥וֹ יֵרֵֽד׃ 17
אוֹדֶ֣ה יְהוָ֣ה כְּצִדְק֑וֹ וַ֝אֲזַמְּרָ֗ה שֵֽׁם־יְהוָ֥ה עֶלְיֽוֹן׃ 18

1. Shigayón LeDavid, asher shar lAdonai al dibré Jus ben Yeminí.
2. Adonai Eloháy bejá jasíti, hoshiéni mi kol rodefáy vehatsiléni.
3. Pen ytróf kearyé nafshí, poréq veén matsíl.
4. Adonai Eloháy im asíti zot, im yesh ável bejapáy
5. Im gamálti sholemí ra, vaajaletsá tsorerí reqám.
6. Yradóf oyéb nafshí veyaség veyrmós laárets jayáy, ujbodí leafár yashkén selah.
7. Qúma Adonai beapéja hinasé beabrót tsoreráy, veúra eláy mishpat tsivíta.

8. Vaadát leumím tesobebéka, vealéha lamaróm shúba.

9. Adonai yadín amím, shofténi Adonai, ketsidquí ujtumí aláy.

10. Ygmór na ra reshaím utjonén tsadiq, ubojén libót uljayót Elohím tsadiq.

11. Maguiní al Elohím, moshía yshré leb.

12. Elohím shofét tsadiq, veél zoém bejól yom.

13. Im lo yashúb jarbó yltósh, qashtó daráj vayjonenéha.

14. Veló bejín kele mávet, jitsáv ledolequím yfál.

15. Hiné yejabel áven, vehará amál veláyad shaquér.

16. Bor kará vayájperéhu, vaypól beshájat yfál.

17. Yashúb amaló beroshó, veál qodqoló jamasó yeréd.

18. Odé Adonai ketsidqó, vaazamerá shem Adonai Elyón.

1. Shigayón de David que cantó a YHVH sobre las palabras de Kush benjaminita.

2. YHVH Dios mío, en ti he confiado; sálvame de todos los que me persiguen, y líbrame,

3. no sea que desgarre(n) mi alma cual león, y me destrocen sin que haya quien me libre.

4. YHVH Dios mío, si yo he hecho esto, si hay en mis manos iniquidad;

5. si he dado mal pago al que estaba en paz conmigo (antes he libertado al que sin causa era mi enemigo),

6. persiga el enemigo mi alma, y alcáncela; huelle en tierra mi vida, y mi honra ponga en el polvo. Sela.

7. Levántate, oh, YHVH, en tu ira; álzate en contra de la furia de mis angustiadores, y despierta en favor mío el juicio que mandaste.

8. Te rodeará congregación de pueblos, y sobre ella vuélvete a sentar en alto.

9. YHVH juzgará a los pueblos; júzgame, oh, YHVH, conforme a mi justicia, y conforme a mi integridad.

10. Fenezca ahora la maldad de los inicuos, mas establece tú al justo; porque el Dios justo prueba la mente y el corazón.

11. Mi escudo está en Dios, que salva a los rectos de corazón.

12. Dios es juez justo, y Dios está airado todos los días.

13. Si no se arrepiente, él afilará su espada; armado tiene ya su arco, y lo ha preparado.

14. Asimismo ha preparado armas de muerte, y ha labrado saetas ardientes.

15. He aquí, el impío concibió maldad, se preñó de iniquidad, y dio a luz engaño.

16. Pozo ha cavado, y lo ha ahondado; y en el hoyo que hizo caerá.

17. Su iniquidad volverá sobre su cabeza, y su agravio caerá sobre su propia coronilla.

18. Alabaré a YHVH conforme a su justicia, y cantaré al nombre de YHVH el Altísimo.

Comentarios:

En la tradición judía, la segulá de este salmo (su tesoro) es alejar o ahuyentar a los enemigos. El *Sh. T.* describe varios casos de inquina de nuestros enemigos hacia nosotros que no es necesario detallar aquí. También añade este salmo para rezar antes de que se decida un caso judicial en tu contra y tú estás seguro de la rectitud de tu causa.

Como todo este conjunto de salmos, el contexto histórico está referido a las vicisitudes de David, en este caso la persecución que sufría por parte del rey Saúl. Aunque no sabemos quién era Kush, se supone que al ser de la tribu de Benjamín estaría ligado a Saúl, que también era benjaminita. El inicio («sobre las palabras de Kush») y la alusión a ser desgarrado (pues ése es el efecto del lashón hará –la mala lengua–), sugiere que estamos ante una lengua calumniadora *(véase también* el versículo 15). David tiene la conciencia tranquila en cuanto a las acusaciones falsas contra él: ha devuelto bien por mal, incluso dejando a Saúl con vida cuando le tenía totalmente en sus manos. Hay que estar muy seguro para someterse abiertamente al juicio divino en los términos que David lo hace.

De todas formas, no son las circunstancias históricas, más o menos reales, las que nos invitan a recitar o rezar un salmo –un shigayón, un canto apasionado–, sino más bien su carácter de universalidad y capacidad de conexión inmediata. Puede que hoy en día no estemos constantemente amenazados de muerte, pero sí sufrimos muchas formas de **acoso,** individuales (personales) y colectivas. Por ejemplo, cada día somos bombardeados con **informaciones manipulativas** basadas en medias verdades o, incluso, en falsedades. Este salmo nos protege de todo ello y, a cambio, nos invita a desterrar de nosotros toda forma de **lashón hará** o habla negativa en la que podamos incurrir. ¿Cómo podemos apelar a la justicia divina, que es totalmente objetiva (y que se basa en la integridad del corazón, como establece el salmo), si nosotros mismos incurrimos en la misma conducta? Estaríamos tirando piedras contra nuestro propio tejado, ya que nosotros mismos vamos a ser objeto del juicio. Es interesante como el salmo señala el carácter de efecto bumerán de la negatividad en general y del habla negativa en particular. Sabemos que la ira de Dios es una metáfora de la acción de Guevurá. Un término más moderno para lo mismo es el de karma. Toda acción genera consecuencias, y las consecuencias de toda acción negativa son negativas. Esto es una ley universal: «Dios está airado todos los días». Incluso aunque se deriven también consecuencias positivas (ya que en la Sabiduría todo, incluido el mal, sirve al plan de Dios), la acción recae sobre el que la ejecuta, según la intención con que fue realizada (ya que «el juez justo prueba la mente y el corazón»).

En realidad, en un nivel más profundo, este salmo sirve para **saldar deudas kármicas,** pues, al fin y al cabo, las consecuencias de nuestros actos negativos, en esta o en otras vidas, son nuestros perseguidores. Lo primero es aceptarlo: «YHVH Dios mío, si yo he hecho esto, si hay en mis manos iniquidad; si he dado mal pago al que estaba en paz conmigo (antes he libertado al que sin causa era mi enemigo), persiga el enemigo mi alma, y alcáncela; huelle en tierra mi vida, y mi honra ponga en el polvo. Sela». Lo segundo es corregirlo: «Si no se arrepiente…», se pondrán en marcha los mecanismos externos e internos de corrección. La teshuvá (arrepentimiento) hace milagros. Ya hemos hablado otras veces de la teshuvá (literalmente, «retorno»): como es necesario volver a la situación y transmutar el deseo de recibir sólo para mí –la fuente de la negatividad– en deseo de dar y de compartir. Y.

sobre todo, el estado de conexión constante (versículos 2, 11 y 18, los tres poderosos mantras) es el remedio universal, y es la liberación.

Es interesante notar que el versículo 18 se usa como mantra de invocación del ángel Imamiah: עממיה, que se invoca precisamente para **trabajar karma, para liberarnos de nuestros enemigos y de las situaciones opresivas (externas e internas)**, etc.

אוֹדֶה יְהוָה כְּצִדְקוֹ וַאֲזַמְּרָה שֵׁם־יְהוָה עֶלְיוֹן׃

'elyón   Adonai shem   vaazamerá   ketsidqó   Adonai   Odé

(el)-Altísimo   y-cantaré-alabanzas   a-YHVH Agradeceré

al-nombre-de-YHVH   conforme-a-su-justicia

De todas formas, un salmo no responde a una interpretación única (que, de alguna manera, congela su significado). Como hemos dicho otras veces, es una matriz de luz y de energía, con conexión inmediata.

El salmo 7 tiene muchos tesoros. Por ejemplo, la expresión del versículo 2: יְהוָה אֱלֹהַי בְּךָ חָסִיתִי, YHVH Dios mío, en ti he confiado, que constituye en sí mismo un mantra y objeto de meditación. Además del significado literal, tenemos las siguientes guematriot que nos abren dimensiones profundas:

YHVH Elohái = 72, número emblemático del despliegue divino. Bejá = 22. Jasíti = 488 = Tsebá hashamáym = ejército de los cielos.

Hay una progresión desde el Dios Total (YHVH), pasando por el Dios de mi relación personal (Elohái, en sí mismo un desarrollo del Nombre Yah יה del Pensamiento Divino, en donde radica la raíz viviente –Jaiá– de nuestra alma; ya que Elohái = 46, que es el valor de la triangulación del Nombre Yah:

יוד

יוד הא

Lo cual viene seguido en el versículo de las 22 letras de la Creación (Bejá), cuyo movimiento según los dictados del Espíritu Divino da lugar a todo lo que existe (Tsebá Shamaym).

Con esta fórmula conecto, pues, con el Poder y todos los Poderes. Si formamos el Nombre constituido por las cuatro iniciales יאבה, vemos que su valor numérico es 21 = אהיה, Eheieh, Nombre de Dios en Kéter: Yo Soy quien yo soy…

Si formamos el Nombre formado por las cuatro últimas: היכי, vemos que su valor numérico es 45, el número del Humano, אדם, Adam, que es también la extensión yetsirática del Tetragrámaton:

$$45 = יוד\ הא\ ואו\ הא$$

Me abandono a Dios en Debeqút (unión –de pegado con cola– y éxtasis resultante). Debeqút, דבקות, es 512. Bejá Jasíti suma 510, pero hay que añadir dos unidades por los dos Nombres divinos que preceden a estas dos palabras. Así pues, la expresión: יהוה אלהי בך חסיתי, Adonai Eloháy bejá Jasíti, con sus 15 letras, el número de יה, constituye un verdadero mantra de unificación y de Debeqút. Hay que rezarlo visualizándolo de luz en la mente e inflamándolo con el fuego del corazón.

Hay muchas más cosas que la meditación personal podrá descubrir:

Por ejemplo: Maguiní, mi escudo: מגני. He aquí otra palabra mántrica e invocatoria. Estoy rodeado de los cuatro ángeles: Mijael (¿Quién como Dios?), Gabriel (la Fuerza de Dios), Nuriel (la lámpara de Dios) y Yofiel (la Belleza de dios, el príncipe de la Torá). ¿Qué puedo temer?

Salmo 8

1 לַמְנַצֵּחַ עַל־הַגִּתִּית מִזְמוֹר לְדָוִד׃
2 יְהוָה אֲדֹנֵינוּ מָה־אַדִּיר שִׁמְךָ בְּכָל־הָאָרֶץ אֲשֶׁר תְּנָה הוֹדְךָ עַל־הַשָּׁמָיִם׃
3 מִפִּי עוֹלְלִים וְיֹנְקִים יִסַּדְתָּ עֹז לְמַעַן צוֹרְרֶיךָ לְהַשְׁבִּית אוֹיֵב וּמִתְנַקֵּם׃
4 כִּי־אֶרְאֶה שָׁמֶיךָ מַעֲשֵׂי אֶצְבְּעֹתֶיךָ יָרֵחַ וְכוֹכָבִים אֲשֶׁר כּוֹנָנְתָּה׃

5 מָה־אֱנוֹשׁ כִּי־תִזְכְּרֶנּוּ וּבֶן־אָדָם כִּי תִפְקְדֶנּוּ׃
6 וַתְּחַסְּרֵהוּ מְּעַט מֵאֱלֹהִים וְכָבוֹד וְהָדָר תְּעַטְּרֵהוּ׃
7 תַּמְשִׁילֵהוּ בְּמַעֲשֵׂי יָדֶיךָ כֹּל שַׁתָּה תַחַת־רַגְלָיו׃
8 צֹנֶה וַאֲלָפִים כֻּלָּם וְגַם בַּהֲמוֹת שָׂדָי׃
9 צִפּוֹר שָׁמַיִם וּדְגֵי הַיָּם עֹבֵר אָרְחוֹת יַמִּים׃
10 יְהוָה אֲדֹנֵינוּ מָה־אַדִּיר שִׁמְךָ בְּכָל־הָאָרֶץ׃

1. Lamnatséaj al haguitít mizmór leDavid.
2. Adonai Adonénu ma adír shimjá bejol haárets asher tená hodejá al hashamáim.
3. Mipí olelím veyonequím isadtá oz, lemaán tsoreréja lehashbít oyéb umitnaquém.
4. Ki eré shaméja maasé etsbeotéja, yaréaj vejojabím ashér konánta.
5. Ma enósh ki tizkerénu ubén adám ki tifquedénu.
6. Vatejareséhu meta meElohím vejabód vehadár teateréhu.
7. Tamshiléhu bemaasé yadéja, kol sháta taját ragláv.
8. Tsoné vaalafím kulám, vegám bahamót sadáy.
9. Tsipór shamáim udgué hayám, obér orjót yamím.
10. Adonai Adonénu ma adír shimjá bejol haárets.

1. Lamnatséaj. Sobre los guitit. Salmo de David.
2. ¡Oh, YHVH, Señor nuestro, qué poderoso es tu nombre en toda la tierra que has desplegado tu gloria sobre los cielos.
3. De la boca de los niños y de los que maman fundaste la fortaleza a causa de tus enemigos, para hacer callar al enemigo y al vengativo.
4. Cuando veo tus cielos, obra de tus dedos (10 dedos = diez sefirot), la luna y las estrellas que estableciste,
5. ¿qué es el hombre que de él te acuerdas y el hijo del hombre que lo visitas?
6. Y le has hecho un poco menor que Elohim, y lo coronaste de gloria y de honra.
7. Le haces señorear sobre las obras de tus manos; todo lo pusiste debajo de sus pies:

8. ovejas y bueyes, todo ello, y asimismo las bestias del campo,

9. las aves de los cielos y los peces del mar; todo cuanto pasa por los senderos del mar.

10 ¡Oh, YHVH, Señor nuestro, qué poderoso es tu nombre en toda la tierra!

Comentarios:

Este salmo tiene diez versículos en correspondencia con las diez sefirot. Consta de 315 letras, guematria de Yetsirá = יצירה, el mundo de la formación, simbolizado por los cielos. Hay 77 palabras = עז (Oz, Fuerza) = מזל (Mazal, influencia de los astros) = הביס (Hebísh, «vencer», «derrotar»). He aquí un salmo para **estar por encima de la influencia de los astros** canalizando su energía mediante los Nombres de Dios.

Sh. T.: «Si deseas asegurarte el amor y la buena voluntad de todos los hombres en tus asuntos de negocios…».

La segulá tradicional de este salmo es «**para hallar gracia**», es decir, en un aspecto mundano, pero sobre todo para conectarnos con la Gracia Divina. Específicamente nos dice que el modo de lograrlo es mediante el Nombre de Dios. Tenemos así el versículo (10 y primera mitad del 2) que es el versículo de invocación del ángel Lauviah (n.º 17): לאויה, un versículo de siete palabras, todas Nombres Divinos y que además tiene 26 letras, el número del tetragrama, YHVH.

El nivel de energía implicado es el de Zeir Anpin, el Rostro Menor, (el Rostro yetsirático del mundo de Atsilút, centrado en Tiféret y representado generalmente por el tetragrama YHVH). Así, vemos cómo las siete palabras se corresponden con las siete sefirot inferiores: Adonai (YHVH) con Jésed, la Luz de misericordia, la fuente de la Gracia. Adonénu, nuestro Señor, pone límites, Guevurá. Mah = 45, en Tiféret, es la expansión yetsirática del tetragrama: יוד הא ואו הא. También es el arquetipo del Ser Humano (אדם, Adam = 45). Adir, Poderoso, manifestando la energía de la Victoria. Shimjá, tu Nombre, representa las energías formales de Hod. Kol (bejol), el Todo, es uno de los nombres de Yesod. HaÁrets: Maljut, cierra el circuito y une el Zeir Anpin con la Shejiná, y con toda la Creación. El valor numérico del ángel Lauviah es 52, la expansión del tetragrama en Asiá = יוד הד וו הה, y también el valor de Ben, hijo.

El versículo 3 es enigmático: «De la boca de los niños y de los que maman fundaste la fortaleza a causa de tus enemigos, para hacer callar al enemigo y al vengativo». Una interpretación dentro del judaísmo ortodoxo es que Israel será espiritualmente fuerte mientras que siga existiendo la educación de los niños, a los cuales lo primero que se les enseña es el Shemá Israel Adonai Elohénu Adonai Ejád.

Pero más parece que podemos interpretarlo en este contexto en el sentido de que Dios funda o establece la fuerza sobre lo débil y pequeño, y que lo débil y pequeño, pronunciando el Nombre de Dios (de la boca…) es capaz de vencer a cualquier oposición u obstáculo.

Así luego el salmo continúa: del mismo modo el ser humano parece insignificante frente al cosmos, pero por designación divina, quien lo ha hecho un poco menos que Él, puede tener dominio sobre todas las fuerzas y poderes.

Todo esto bien lo sabía David, el presunto autor del salmo, quien derrotó al gigante Goliat —símbolo de todos los obstáculos que se oponen a nuestro desarrollo espiritual, como la Klipá tratando de dominar la Tierra— y lo hizo con la fuerza del Nombre de Dios. Así David le dice a Goliat: «Tú vienes a mí con espada y con lanza y con venablo y yo vengo a ti con el Nombre YHVH Tsebaót, Dios de las filas de Israel que tú has desafiado».

Le vence lanzándole una piedra, pero la palabra «piedra», אבן, Eben, es también un Nombre de Dios (véase, por ejemplo Gn 49, 24).

Un análisis de esta palabra nos muestra que אבן, Eben, es la reunión de אב, Padre, y בן, Hijo, expresando la conexión constante entre Rostros. Ésa es la Piedra, el Fundamento.

Como dice YHVH (Ex 4, 24): «Israel es mi hijo, mi primogénito». Israel es un Nombre Divino que expresa el estado deiforme del ser humano. Podemos decir que es el nombre del alma espiritual de la Humanidad, el colectivo del enjambre de Chispas Divinas actualmente en encarnación.

Vemos en el texto que se habla de Ben Adam, hijo del hombre. Tenemos antes otra palabra que es Enosh (Mah Enosh…) que significa «hombre» (humano) y que es el cuarto descendiente de Adam, después de Caín, Abel y Set, que representa a la humanidad en general.

Ben Adam, el nombre por el que es consistentemente llamado Ezequiel en su estado profético, representa el estado de self, el Tiféret de Yetsirá.

Ben Elohim, hijo de Dios, representa el estado de Tiféret de Briá, que en el Árbol extendido en los mundos corresponde también al Maljut de Atsilút, el Maljut del Mundo Divino, expresión de la Shejiná, la Presencia Divina.

Ab, Padre, en este contexto, representaría el Zeir Anpin de Atsilút, particularmente su Tiféret, el Tiféret del Mundo Divino.

Eben es la conexión constante entre Rostros y es el fundamento sobre el que se establece una victoria, pues todos estos salmos son Lamnatséaj (למנצח), para la Nétsaj, para la Victoria. [Lamnatséaj es traducido corrientemente como «Para el director del coro»].

Podemos encontrar una corroboración de que el salmo se refiere a los Nombres de Dios, en los valores numéricos de estas dos palabras: עוללים וינקים, los niños y los lactantes. Ambas tienen Nombres subyacentes. Olelím, la primera, suma 186, lo mismo que Maqom, מקום, «sitio», «lugar», y que se usa como un Nombre de Dios, al que se llama HaMaqóm, el Lugar (Dios es el sitio del mundo y el mundo no es su sitio). Esta palabra es además el resultado de sumar los cuadrados de los valores numéricos de las letras del tetragrama: $10^2 + 5^2 + 6^2 + 5^2$.

La segunda palabra, veyonequín, suma 216, lo mismo que Guevurá, la Fuerza, y que además de ser el nombre de una sefirá, se usa también para designar a Dios: HaGuevurá, la Fuerza. Además, 216 es el número de letras que componen los 72 Nombres de Dios.

Y en el contexto del salmo, no deja de ser significativo que el valor de la palabra anterior, Mipí, «de la boca», sume 130, lo mismo que Qal, que significa «pequeño», «insignificante». 130 es también la expansión triangular de Mah (tetragrama en Yetsirá):

יוד הא ואו הא   יוד הא ואו   יוד הא   יוד

Y es que con el poder de los Nombres de Dios, el ser humano tiene dominio sobre las aves, los peces y las bestias del campo, es decir, sobre los poderes cósmicos (Briá, Yetsirá, Asiáh), tal como le fue otorgado en la Creación: «Fructificad y aumentad… y dominad», siendo Pru urbú, «fructificad y aumentad», de valor numérico 500 (la realización cósmica de la He = 5 y de la Nun = 50), mientras que Tsebaot, «Ejércitos», «multitudes», suma 499.

Porque «le has hecho poco menor que Elohim». Tanto el Bahir como el Zohar, comentan sobre este versículo. El Bahir es bastante radical, exponiendo la condición para obtener ese poder, que es el dominio del deseo de recibir o el corazón vacío. Cito completo el párrafo:

Rabbah dijo: Si los justos quisieran, podrían crear un mundo. ¿Qué interfiere? Vuestros pecados, como está escrito (Is 59, 2): «Sólo vuestros pecados crean la separación entre vosotros y vuestro Dios». Por lo tanto, si no fuera por vuestros pecados, no habría ninguna diferenciación entre vosotros y Él.

Vemos entonces que Rabba creó un hombre y lo mandó a Rav Zeira Éste le habló pero no recibió respuesta. Pero si no hubiera sido por vuestros pecados, hubiera podido responder.

Y ¿desde dónde hubiera respondido? Desde su alma (del homúnculo).

¿Tiene el hombre, entonces, un alma para ponérsela dentro?

Sí, como está escrito (Gn 2, 7): «Y sopló en sus fosas nasales un aliento de vida». Si no fuera por sus pecados, el hombre tendría un «alma de vida». [A causa de vuestros pecados, no obstante] el alma no es pura.

Ésa es la diferencia entre vosotros y Él. Está, pues, escrito (**Sal 8, 6**): **«Y le has hecho un poco menos que Dios»**.

¿Qué significa «un poco»? Es porque [el hombre] peca, mientras que el Santo, bendito sea, no. Bendito sea Él y bendito sea Su Nombre por siempre jamás. Él no peca.

Pero el Deseo [del Mal] procede de Él.

¿Podemos imaginar que procede de Él? Pero se originó en Él hasta que David vino y lo mató. Así, está escrito (Sal 109, 22): «Mi corazón está vacío dentro de mí».

David dijo: Porque pude vencerlo (Sal 5, 5): «El mal no reside contigo».

¿Cómo pudo David vencerlo? Gracias al estudio, ya que nunca paró [de estudiar] tanto de día como de noche. Por tanto estaba adherido a la Torá en lo alto. Pues cuando una persona estudia la Torá por sí misma, la Torá misma se adhiere al Santo, bendito sea.

Por lo tanto, dijeron: «Una persona debe estudiar siempre la Torá, aunque no sea por sí misma, ya que si no [la estudia] por sí misma, acabará por estudiarla por sí misma».

¿Qué es esta Torá de la que habláis?

Es la Esposa que es adornada y coronada y que está incluida en los mandamientos. Es el tesoro de la Torá. Es la prometida del Santo, bendito sea, como está escrito (Dt 33, 4): «Moisés nos encomendó la Torá, la herencia (Morasha) de la congregación de Jacob». No leáis «herencia» (Morasha), sino «prometida» (Me'urasa).

¿Cómo es esto? Cuando Israel se compromete con la Torá por sí misma, entonces es la prometida del Santo, bendito sea y entonces es la herencia de Israel.

(Sal 109, 22): «Mi corazón está vacío dentro de mí». En realidad, esta frase expresa la esencia de la Torá, cuya primera letra es Bet (de Bereshit) y cuya última letra es Lamed (de Israel). Lamed Bet es Leb: Corazón. Pero Bet Lamed es una raíz que significa «vacío», nada, como en Bli: sin. Así, el Séfer Yetsirá define a las sefirot como Belimah (sin qué), que se traduce como «sin substancia», «del vacío».

Salmo 9

1 לַמְנַצֵּחַ עַלְמוּת לַבֵּן מִזְמוֹר לְדָוִד׃
2 אוֹדֶה יְהוָה בְּכָל־לִבִּי אֲסַפְּרָה כָּל־נִפְלְאוֹתֶיךָ׃
3 אֶשְׂמְחָה וְאֶעֶלְצָה בָךְ אֲזַמְּרָה שִׁמְךָ עֶלְיוֹן׃
4 בְּשׁוּב־אוֹיְבַי אָחוֹר יִכָּשְׁלוּ וְיֹאבְדוּ מִפָּנֶיךָ׃
5 כִּי־עָשִׂיתָ מִשְׁפָּטִי וְדִינִי יָשַׁבְתָּ לְכִסֵּא שׁוֹפֵט צֶדֶק׃
6 גָּעַרְתָּ גוֹיִם אִבַּדְתָּ רָשָׁע שְׁמָם מָחִיתָ לְעוֹלָם וָעֶד׃
7 הָאוֹיֵב תַּמּוּ חֳרָבוֹת לָנֶצַח וְעָרִים נָתַשְׁתָּ אָבַד זִכְרָם הֵמָּה׃
8 וַיהוָה לְעוֹלָם יֵשֵׁב כּוֹנֵן לַמִּשְׁפָּט כִּסְאוֹ׃
9 וְהוּא יִשְׁפֹּט־תֵּבֵל בְּצֶדֶק יָדִין לְאֻמִּים בְּמֵישָׁרִים׃
10 וִיהִי יְהוָה מִשְׂגָּב לַדָּךְ מִשְׂגָּב לְעִתּוֹת בַּצָּרָה׃
11 וְיִבְטְחוּ בְךָ יוֹדְעֵי שְׁמֶךָ כִּי לֹא־עָזַבְתָּ דֹרְשֶׁיךָ יְהוָה׃
12 זַמְּרוּ לַיהוָה יֹשֵׁב צִיּוֹן הַגִּידוּ בָעַמִּים עֲלִילוֹתָיו׃
13 כִּי־דֹרֵשׁ דָּמִים אוֹתָם זָכָר לֹא־שָׁכַח צַעֲקַת עֲנָוִים׃
14 חָנְנֵנִי יְהוָה רְאֵה עָנְיִי מִשֹּׂנְאָי מְרוֹמְמִי מִשַּׁעֲרֵי מָוֶת׃
15 לְמַעַן אֲסַפְּרָה כָּל־תְּהִלָּתֶיךָ בְּשַׁעֲרֵי בַת־צִיּוֹן אָגִילָה בִּישׁוּעָתֶךָ׃
16 טָבְעוּ גוֹיִם בְּשַׁחַת עָשׂוּ בְּרֶשֶׁת־זוּ טָמָנוּ נִלְכְּדָה רַגְלָם׃
17 נוֹדַע יְהוָה מִשְׁפָּט עָשָׂה בְּפֹעַל כַּפָּיו נוֹקֵשׁ רָשָׁע הִגָּיוֹן סֶלָה׃
18 יָשׁוּבוּ רְשָׁעִים לִשְׁאוֹלָה כָּל־גּוֹיִם שְׁכֵחֵי אֱלֹהִים׃
19 כִּי לֹא לָנֶצַח יִשָּׁכַח אֶבְיוֹן תִּקְוַת עֲנָוִים תֹּאבַד לָעַד׃
20 קוּמָה יְהוָה אַל־יָעֹז אֱנוֹשׁ יִשָּׁפְטוּ גוֹיִם עַל־פָּנֶיךָ׃
21 שִׁיתָה יְהוָה מוֹרָה לָהֶם יֵדְעוּ גוֹיִם אֱנוֹשׁ הֵמָּה סֶּלָה׃

1. Lamnatséaj al mút labén mizmor LeDavíd.
2. Odé Adonai bejol libí, asaperá kol nifleotéja.
3. Esmejá veeeltsá baj, azamerá shimjá elyón.
4. Beshúb oyebáy ajór, ykashelú veyobedú mipanéja.
5. Ki asíta mishpatí vediní yashávta, lejisé shofét tsédeq.
6. Gaárta goím ibadta rashá, shemám majíta leolám vaéd.
7. Haoyéb támu jorabót la nétsaj, vearím natáshta, abád zijrám héma.

8. VAdonai leolám yésheb, konén lamishpat kisó.

9. Vehú ishpot tébel betsédeq, yadín leumím bemesharím.

10. Vihí Adonai misgáb ladáj, misgab leitót batsará.

11. Veybtejú bejá yodeé semeja, ki lo azábta doreshéja Adonai.

12. Zamerú lAdonai yoshéb Tsión, haguídu baamím alilotáv.

13. Ki dorésh damím otám zajár, lo shajáj tsaaqát anavím.

14. Jonnéni Adonai reé oní misoneáy, meromemí mishaaré mávet.

15. Lemaán asaperá kol tehilatéja beshaaré bat Tsión, aguíla bishuatéja.

16. Tabéu goím beshaját asú, beréshet zú tamánu nilkedá raglám.

17. Nodá Adonai mishpát, asá befóal kapáv noquéh rashá, higayón selah.

18. Yashúbu reshaím lishóla, kol goím shejejé Elohím.

19. Ki lo lanétsaj yshajá ebión, tiqvát aniím tobád laád.

20. Qumá Adonai al yaóz enósh, Yshafetú goím al panéja.

21. Shitá Adonai morá lahém, yedeú goím enósh, héma selah.

1. Lamnatséaj almút laben mizmor de David.

2. Te alabaré, oh, YHVH, con todo mi corazón; contaré todas tus maravillas.

3. Me alegraré y me regocijaré en ti; cantaré a tu nombre, oh, Altísimo.

4. Mis enemigos volvieron atrás; cayeron y perecieron delante de ti.

5. Porque has mantenido mi derecho y mi causa; te has sentado en el trono juzgando con justicia.

6. Reprendiste a las naciones, destruiste al malo, borraste el nombre de ellos eternamente y para siempre.

7. Los enemigos han perecido; han quedado desolados para siempre; y las ciudades que derribaste, su memoria pereció con ellas.

8. Pero YHVH permanecerá para siempre; ha dispuesto su trono para juicio.

9. Él juzgará al mundo con justicia, y a los pueblos con rectitud.

10. YHVH será refugio del pobre, refugio para el tiempo de angustia.

11. En ti confiarán los que conocen tu nombre, por cuanto tú, oh, YHVH, no desamparaste a los que te buscaron.

12. Cantad a YHVH, que habita en Sion; publicad entre los pueblos sus obras.

13. Porque el que demanda la sangre se acordó de ellos; no se olvidó del clamor de los afligidos.

14. Ten misericordia de mí, YHVH; mira mi aflicción que padezco a causa de los que me aborrecen, Tú que me levantas de las puertas de la muerte,

15. Para que cuente yo todas tus alabanzas en las puertas de la hija de Sion, y me goce en tu salvación.

16. Se hundieron las naciones en el hoyo que hicieron; en la red que escondieron fue tomado su pie.

17. YHVH se ha hecho conocer en el juicio que ejecutó; en la obra de sus manos fue enlazado el malo.

18. Los malos serán trasladados al Seol, todas las gentes que se olvidan de Dios.

19. Porque no para siempre será olvidado el menesteroso, ni la esperanza de los pobres perecerá perpetuamente.

20. Levántate, oh, YHVH; no se fortalezca el hombre; sean juzgadas las naciones delante de ti.

21. Pon, oh, YHVH, temor en ellos; conozcan las naciones que no son sino hombres.

Comentarios:

La segulá tradicional de este salmo es la **curación de un varón joven**. Tenemos el versículo 14: «… Tú que me levantas de las puertas de la muerte», pero también el misterioso encabezado que generalmente se deja sin traducir: Al Mút LaBen, que literalmente significa «sobre la muerte del hijo».

También, siempre según el *Sh. T.*, este salmo debe rezarse contra el poder y la malignidad de los enemigos.

En este poderoso salmo hay tres versículos de invocación de tres de los 72 ángeles que portan el Nombre de Dios:

Versículo 2: Nithaiah

אוֹדֶה יְהוָה בְּכָל־לִבִּי אֲסַפְּרָה כָּל־נִפְלְאוֹתֶיךָ:
Odé Adonáy bejol libí, asaperá kol nifleotéja.
Te alabaré, oh YHVH, con todo mi corazón; contaré todas tus maravillas.

Versículo 10: Mebahel

וִיהִי יְהוָה מִשְׂגָּב לַדָּךְ מִשְׂגָּב לְעִתּוֹת בַּצָּרָה
Vihí Adonáy misgáb ladáj, misgab leitót batsará.
YHVH será refugio del oprimido, refugio para el tiempo de angustia.

Versículo 12: Lelahel

זַמְּרוּ לַיהוָה יֹשֵׁב צִיּוֹן הַגִּידוּ בָעַמִּים עֲלִילוֹתָיו
Zamerú lAdonáy yoshéb Tsión, haguídu baamím alilotáv.
Cantad a YHVH, que habita en Sión; publicad entre los pueblos sus obras.

Las atribuciones son tradicionales. Siempre se puede también construir una combinación energética con las iniciales (por ejemplo, en el versículo 10: וימלמלב, lo que constituye un código de siete letras que sintetiza, como una semilla, el poder del versículo) o analizar las palabras por cualquier procedimiento para extraer su potencial energético. Por ejemplo, en el mismo versículo 10, la palabra **Misgab** (refugio, ciudadela o baluarte) suma 345, que es el valor numérico de אל שדי la (El Shadai, Dios Omnipotente), Nombre de Dios en Yesod. Y la palabra **BaTsará**, «en angustia», suma 297, lo mismo que el Nombre de Dios en Guevurá: אלהים גבור, Elohim Guibor. **LaDaj**, «para el oprimido», suma 54, lo mismo que la expresión כח יהוה, Kóaj YHVH, el Poder de YHVH. La primera palabra ויהי, Vihí, «y será», es ya un tetragrama. Su valor numérico es 31, igual que אל la, «Dios», a su vez, Nombre de Dios en Jésed. Por último, **Leitót**, «en tiempos», suma 906, el valor numérico del último versículo del Nombre de 42, שקו ציח, que corresponde a Maljut. Tenemos así Nombres Divinos de Jésed a Maljut, si hacemos corresponder la expresión Misgab, el Poder de YHVH, que se repite dos veces, a Nétsaj y Hod, cuyos Nombres son YHVH y Elohim Tsebaot, Dios —en su aspecto masculino y femenino— de los poderes.

Porque, en la concepción cabalística, un salmo es una configuración energética que trasmite una canalización particular de luz. Y la clave está en las letras, no tanto en la dimensión conceptual de las palabras. Por supuesto que éstas no son arbitrarias y el significado literal, alegóricamente y metafísicamente interpretado, debe estar en armonía con el significado místico, que es el que da la dimensión de las letras.

Así, se dice que la Torá del Mesías es la Torá de las letras. Como dice el Baal Shem Tov: «Cuando venga el Mesías, que sea rápidamente, en nuestros días, explicará toda la Torá, de principio a fin, con todas las permutaciones posibles de cada palabra. Después, él hará de la Torá una única palabra, y sobre ella hará permutaciones sin fin, y expondrá sobre todas ellas» (Bereshit 1).

Y un cabalista moderno, A. Green, en su obra *Your Word is Fire*, enseña: «Entra en cada letra con toda tu fuerza. Dios mora dentro de cada una. Al entrar en ella, te haces uno con Él».

Por eso, decíamos al principio del capítulo:

> Se nos ha enseñado que el significado literal está para ponerse en el estado de conciencia adecuado previo a la lectura cabalística (por letras). El Tehilim es un libro escrito con Rúaj HaKódesh (Espíritu Santo). Hay que considerar cada letra como una vasija metafísica que canaliza la Luz Divina —podemos considerarla como la actualización específica de un sendero del Árbol de la Vida— de modo que al contemplarla y visualizarla con la kavaná adecuada, se produce la transmisión.

Y repitiendo una cita del Baal Shem Tov:

La fe pura y simple en HaShem sumada a la virtud de leer un capítulo del Tehilim con alegría y buena predisposición, tienen el poder de transformar una צרה, Tsará = sufrimiento, en צהר, Tsoar = brillo, energía positiva.

La cual es particularmente relevante a nuestro salmo, ya que en el versículo 10, que hemos analizado palabra a palabra, se habla del tiempo de Tsará, de angustia y sufrimiento. Pero transformando todo el versículo a Nombres Divinos (eso es romper la Qlipá –la cáscara– y liberar las chispas divinas), como hemos hecho, toda la negatividad queda autoliberada y todo se muestra en su raíz esencial, luminosa, divina.

Que éste es un salmo para, entre otras cosas, **apelar a la justicia divina** es evidente. Pero el juicio que se demanda es tiferético, centrado: es Mishpat, משפט. La Mem y Shin iniciales son Agua y Fuego, misericordia y rigor, los dos platillos de la balanza. Pé es la boca que emite la sentencia (también sendero Nétsaj-Hod, de equilibrio entre pilares). Tet es el veredicto (también sendero Jésed-Guevurá, nuevamente de equilibrio entre pilares a nivel del alma), pero Tet es Tov, Bien, lo que indica que el veredicto es para bien, aunque sea riguroso. Dios juzga BeTsédeq VeMesharím, con justicia (pero Tsédeq es Jésed) y rectitud. Y tenemos en los versículos 16 y 17 la ley del karma, de las consecuencias de las propias acciones.

Uno de los objetivos de los salmos es servir de guía para la conciencia superior. ¿Cómo se puede, por ejemplo, alabar a YHVH con **todo** el corazón (v. 2) si no se está en un estado de Presencia, con anonadamiento personal, es decir, sin rastro de ego? Se puede entonces cantar sus maravillas, porque maravilla es pele, פלא, que es Alef invertido, y es la Unidad de la Luz Primordial reencontrada, vista desde abajo, por así decir, que ahora se puede exaltar porque nos encontramos en Devekut, en unidad con lo Divino. Entonces (v. 3) todos mis enemigos (los obstáculos que he encontrado y encuentro en el camino espiritual) simplemente han desaparecido (mostrando su verdadera naturaleza ilusoria) delante de Ti. Ése es el espíritu en el que recitar los salmos.

Alegóricamente, las naciones son todas las inteligencias atómicas y elementales que constituyen mi ser en los distintos planos. Tsión es una alegoría de Yesod. La hija de Tsión es Yerushaláim, es decir, Maljut.

«Tú que me levantas de las puertas de la muerte»: porque la muerte no es una barrera, sino que detrás de las puertas de la muerte se abre el espacio de la Luz Clara. Para quien no es capaz de reconocerla, por su desconexión con la Luz, es decir, para las energías no regeneradas, está el espacio intermedio del Sheol, que es como decir el Bardo de la transmigración, por utilizar el lenguaje tibetano.

«No se fortalezca el hombre», es decir, la naturaleza inferior del ser humano: la palabra para hombre es Enosh, no Adam. Enosh representa la naturaleza humana encarnada, en Maljut, con su personalidad, con su ego. Tenemos los tres primeros descendientes de Adam: Caín y Abel, representando Jésed y Guevurá, los dos pilares laterales; Shet, representando Tiféret y el pilar del medio y, por último, Enósh, Maljut. Entonces, como dice el Génesis, empezaron los hombres a invocar el Nombre de YHVH.

Qumá Adonai, ¡levántate, Adonai! es una llamada y una gran canalización de luz, pero qumá (151) es también miqvé, מקוה, la piscina ritual de las aguas de la purificación, y también הה יוד הה אלף, Eheieh, la expansión del Nombre Yo Soy, unido a YHVH, Kéter unido a Tiféret, la invocación de la gran misericordia. Independientemente de las interpretaciones personales (porque el simbolismo bíblico es tan rico que se puede aplicar a todos los contextos simultáneamente), este salmo de **fe, de protección y de rectificación** es muy relevante a las circunstancias presentes, en las que parece que prevalecen las injusticias humanas sobre el derecho. VAdonai leolám yésheb. Y Adonai permanecerá para siempre. «Porque no para siempre será olvidado el menesteroso, ni la esperanza de los pobres perecerá perpetuamente».

Salmo 10

1 לָמָה יְהוָה תַּעֲמֹד בְּרָחוֹק תַּעְלִים לְעִתּוֹת בַּצָּרָה׃
2 בְּגַאֲוַת רָשָׁע יִדְלַק עָנִי יִתָּפְשׂוּ בִּמְזִמּוֹת זוּ חָשָׁבוּ׃
3 כִּי־הִלֵּל רָשָׁע עַל־תַּאֲוַת נַפְשׁוֹ וּבֹצֵעַ בֵּרֵךְ נִאֵץ יְהוָה׃
4 רָשָׁע כְּגֹבַהּ אַפּוֹ בַּל־יִדְרֹשׁ אֵין אֱלֹהִים כָּל־מְזִמּוֹתָיו׃
5 יָחִילוּ דְרָכָיו בְּכָל־עֵת מָרוֹם מִשְׁפָּטֶיךָ מִנֶּגְדּוֹ כָּל־צוֹרְרָיו יָפִיחַ בָּהֶם׃
6 אָמַר בְּלִבּוֹ בַּל־אֶמּוֹט לְדֹר וָדֹר אֲשֶׁר לֹא־בְרָע׃
7 אָלָה פִּיהוּ מָלֵא וּמִרְמוֹת וָתֹךְ תַּחַת לְשׁוֹנוֹ עָמָל וָאָוֶן׃
8 יֵשֵׁב בְּמַאְרַב חֲצֵרִים בַּמִּסְתָּרִים יַהֲרֹג נָקִי עֵינָיו לְחֵלְכָה יִצְפֹּנוּ׃
9 יֶאֱרֹב בַּמִּסְתָּר כְּאַרְיֵה בְסֻכֹּה יֶאֱרֹב לַחֲטוֹף עָנִי יַחְטֹף עָנִי בְּמָשְׁכוֹ בְרִשְׁתּוֹ׃
10 יִדְכֶּה יָשֹׁחַ וְנָפַל בַּעֲצוּמָיו חֵיל כָּאִים׃
11 אָמַר בְּלִבּוֹ שָׁכַח אֵל הִסְתִּיר פָּנָיו בַּל־רָאָה לָנֶצַח׃
12 קוּמָה יְהוָה אֵל נְשָׂא יָדֶךָ אַל־תִּשְׁכַּח עֲנָוִים׃
13 עַל־מֶה נִאֵץ רָשָׁע אֱלֹהִים אָמַר בְּלִבּוֹ לֹא תִּדְרֹשׁ׃
14 רָאִתָה כִּי־אַתָּה עָמָל וָכַעַס תַּבִּיט לָתֵת בְּיָדֶךָ עָלֶיךָ יַעֲזֹב חֵלְכָה יָתוֹם אַתָּה הָיִיתָ עוֹזֵר׃
15 שְׁבֹר זְרוֹעַ רָשָׁע וָרָע תִּדְרוֹשׁ־רִשְׁעוֹ בַל־תִּמְצָא׃
16 יְהוָה מֶלֶךְ עוֹלָם וָעֶד אָבְדוּ גוֹיִם מֵאַרְצוֹ׃
17 תַּאֲוַת עֲנָוִים שָׁמַעְתָּ יְהוָה תָּכִין לִבָּם תַּקְשִׁיב אָזְנֶךָ׃
18 לִשְׁפֹּט יָתוֹם וָדָךְ בַּל־יוֹסִיף עוֹד לַעֲרֹץ אֱנוֹשׁ מִן־הָאָרֶץ׃

1. Láma Adonai taamód berajóq, talím leitót batsará.

2. Begaavát rashá idláq aní, itafesú bimzimót zu jashábu.

3. Ki hilél rashá al taavát nafshó, ubotséa bérej niéts Adonai.

4. Rashá kegóbah apó bal idrósh, en Elohím kol mezimotáv.

5. Iajílu derajáv bejol et maróm mishpatéja minegdó, kol tsoreráv yafíaj váhame

6. Amár belibó bal emót, ledór vadór ashér lo berá

7. Alá pihú mále umirmót vatój, tájat leshonó amál vaáven.

8. Yeshéb bemaaráb jatserím bamistarím yaharóg naquí, enáv lejelejá itspónu

9. Yeerób bamistár kearyé besukó yeerób lajatóf aní, yajtóf aní bemoshjó versito

10. Idké yashóaj, venafál baatsumáv jelkaím

11. Amár belibó shajáj El, histír Panab bal raá lanétsaj.

12. Qúma Adonai el nesá yadéja, al tishkáj anavím

13. Al me niéts rashá Elohim, amár belibó lo tidrósh

14. Raíta ki atá amál vajáas tabita latét beyadéja, haléja yaazób jeléja, yatóm atá haíta ozér.

15. Shebór zeróa rashá, vará tidrosh rishó bal timtsá.

16. Adonai mélej olám vaéd, abedú goím meartsó.

17. Taavát anavím shamáta Adonai, tajín libám taqshíb oznéja

18. Lishpót yatóm vadáj, bal yosíf od, laaróts enósh min haárets.

1. ¿Por qué estás lejos, oh, YHVH, y te escondes en el tiempo de la tribulación?

2. Con arrogancia el malo persigue al pobre; será atrapado en los artificios que ha ideado.

3. Porque el malo se jacta del deseo de su alma, bendice al codicioso y desprecia a YHVH.

4. El malo, por la altivez de su rostro, no busca a Dios; no hay Dios en ninguno de sus pensamientos.

5. Sus caminos son torcidos en todo tiempo; Tus juicios los tiene muy lejos de su vista; a todos sus adversarios desprecia.

6. Dice en su corazón: No seré movido jamás; nunca me alcanzará el infortunio.

7. Llena está su boca de maldición, y de engaños y fraude; debajo de su lengua hay vejación y maldad.

8. Se sienta al acecho cerca de las aldeas; en escondrijos mata al inocente. Sus ojos están acechando al desvalido;

9. acecha oculto, como el león desde su cueva; acecha para arrebatar al pobre; arrebata al pobre trayéndolo a su red.

10. Se encoge, se agacha y caen en sus fuertes garras muchos desdichados.

11. Dice en su corazón: Dios ha olvidado; ha encubierto su rostro; nunca lo verá.

12. Levántate, oh, YHVH Dios, alza tu mano; no te olvides de los pobres.

13. ¿Por qué desprecia el malo a Dios? En su corazón ha dicho: Tú no demandarás.

14. Tú lo has visto; porque miras el trabajo y la vejación, para dar la recompensa con tu mano; a ti se acoge el desvalido; Tú eres el amparo del huérfano.

15. Quebranta tú el brazo del inicuo y persigue la maldad del malo hasta que no halles ninguna.

16. YHVH es Rey eternamente y para siempre; de su tierra han perecido las naciones.

17. El deseo de los humildes oíste, oh, YHVH; Tú dispones su corazón y haces atento tu oído,

18. Para juzgar al huérfano y al oprimido, a fin de que no vuelva más a hacer violencia el hombre de la tierra.

Usos tradicionales:

Salmo de **rectificación, de tikún, tanto del orgullo, como de la avaricia.**

Segulot tradicionales: **dominar el odio; para quien tiene enemigos; contra entidades maléficas.**

También **para defender a los débiles.** En general, para todos aquellos que se encuentran **atribulados y agraviados.**

Contra toda forma de **explotación, opresión.**

Contra la ilusión de invencibilidad.

Algunos comentarios:

El primer versículo, en la tradición hermética, es de invocación del Nombre (de los 72) עהה, según las letras ampliadas.

(Salmos 10, 1)

לָמָה יְהוָה תַּעֲמֹד בְּרָחוֹק תַּעְלִים לְעִתּוֹת בַּצָּרָה
batsará   leitót   talim   berajóq   taamód   Adonáy   Láma
¿Porqué HaShem te mantienes alejado, te escondes en tiempos de angustia?

Es un tiempo de manifestación del rigor, y el retrato que se hace de la proliferación de la opresión en los versículos siguientes es perfectamente actualizable a nuestros días, aunque se muestre de una forma más abstracta y sofisticada.

Con frecuencia llamamos severidad a que tengamos múltiples problemas, algunos graves, y no nos vayan bien las cosas. Ciertamente. Pero no estamos viendo la imagen completa de los acontecimientos, sino sólo un pequeño fragmento. Y menos contemplamos la causa subyacente.

En realidad, el principal rigor estriba en la ocultación de Dios, pues la esencia de Guevurá (el rigor) no es la negación en sí, sino la negación de la negación de Dios. Doble negación que es una afirmación de su Presencia y su acción, incluso en los tiempos difíciles.

Así, si bien este versículo (y todo el salmo) habla de la ocultación de Dios (en el plano de Maljut), podemos ver que, leyendo el versículo en clave de Nombres de Dios, esa ocultación es sólo aparente. Lo hacemos comprobando cómo podemos encontrar un Nombre Divino subyaciendo a cada palabra. De este modo reducimos todo a su raíz espiritual. Quizá no tengamos poder para cambiar los acontecimientos, pero sí lo tenemos para cambiar nuestra actitud frente a ellos, y eso supone todo un mundo de diferencia, porque las condiciones externas cambian en consonancia, como imágenes en un espejo.

Concretando, y siguiendo un orden inverso, ya vimos en el salmo anterior que la palabra BaTsará, «en angustia», suma 297, lo mismo que el Nombre de Dios en Guevurá: אלהים גבור, Elohim Guibor.

Leitót, «en tiempos», suma 906, el valor numérico del último versículo del Nombre de 42, שקו ציח, que corresponde a Maljut.

תעלים = 550 = Elohé HaTsebaot, אלהי הצבאות, el Dios de los Ejércitos.

Berajoq, lejano: 316: פוקד עון, Poked Avon, visita el pecado, y también אש יה, fuego divino.

Taamod, 514 = רוח אלף למד הי יוד מם = Rúaj Elohim (extendido), el Espíritu de Dios.

למה es una permutación de מלה, uno de los 72 Nombres de Dios, que también puede descomponerse (valor 75) como: אהיה יה יהוה אחד:

¿Y cómo podemos transmutar una situación aparentemente negativa y llena de desesperación? Mediante el poder del Nombre implicado en el versículo, ההע.

Lo analizamos siguiendo nuestro sistema de correspondencias: el Nombre, He He Ayin, corresponde a Guevurá de Jojmá, que es el poder de la sabiduría. Es interesante notar que su valor numérico es 80, el mismo que el de la letra פ, que asociamos con Marte, con el sendero Nétsaj-Hod y la carta del tarot de la Torre herida por el rayo (también el nombre del ángel asociado: ההעיה suma 95, el valor numérico de Maadim, מאדים, el nombre del planeta Marte, que corresponde a Guevurá). Otras palabras que suman 80 son: יסוד, Yesod, Fundamento.

En el Nombre, teniendo en cuenta que la letra Ayin corresponde a la carta del tarot del Diablo (sendero Hod-Tiféret) y que la He es una representación de la Shejiná, tenemos por un lado la imagen de la Shejiná acompañando a las criaturas en su exilio por los planos de la forma (una He del Nombre) y por otro a la Shejiná venciendo a las fuerzas de la oscuridad, como en el libro de Esther o la mujer del Apocalipsis (la segunda He del Nombre). Así pues, este Nombre, que actúa con la energía del rayo y del relámpago (carta de la Torre), canaliza una potente luz de liberación de todas las ataduras —ataduras que en esencia son mentales, que surgen de la ignorancia de nuestra propia naturaleza, de nuestro apego a nuestras propias concepciones, programaciones, condicionamientos, hábitos (carta del Diablo)— que tomamos como si fueran nuestro verdadero ser. Y nos libera no mediante la batalla, sino con la luz de la sabiduría.

He Ayin He, que es la permutación que aparece en el versículo, es tiempo de exilio. He He Ayin es tiempo de liberación.

Si nos soltamos de nuestras cadenas y unimos las dos letras He (liberación de la Shejiná en exilio en nosotros) de este Nombre en una Yod (5+5), obtenemos עי, y entonces la Ayin se transforma en el ojo de Dios (el significado literal de Ayin es «ojo». Yod = 10 es la Sabiduría, sabiduría superior en Jojmá-Yod del tetragrama; sabiduría inferior en Maljut = 10), y nuestra visión en la mirada divina.

El poder de la Yod es invocado en el versículo 12: «Qúma Adonai El nesá yadéja, levántate YHVH Dios, alza tu mano (es decir, tu Yod), no te olvides de los humildes (o pobres)». Dios «aborrece» el abuso de poder y está siempre del lado de los humildes, de los débiles, de los huérfanos, de los oprimidos. Dios aborrece el mal, que es la negación de Sí, y con la negación de la negación que es la Guevurá en acción, volver al equilibrio.

Salmo 11

1 לַמְנַצֵּחַ לְדָוִד בַּיהוָה חָסִיתִי אֵיךְ תֹּאמְרוּ לְנַפְשִׁי נוּדִי הַרְכֶם צִפּוֹר:
2 כִּי הִנֵּה הָרְשָׁעִים יִדְרְכוּן קֶשֶׁת כּוֹנְנוּ חִצָּם עַל־יֶתֶר לִירוֹת בְּמוֹ־אֹפֶל לְיִשְׁרֵי־לֵב:
3 כִּי הַשָּׁתוֹת יֵהָרֵסוּן צַדִּיק מַה־פָּעָל:
4 יְהוָה בְּהֵיכַל קָדְשׁוֹ יְהוָה בַּשָּׁמַיִם כִּסְאוֹ עֵינָיו יֶחֱזוּ עַפְעַפָּיו יִבְחֲנוּ בְּנֵי אָדָם:
5 יְהוָה צַדִּיק יִבְחָן וְרָשָׁע וְאֹהֵב חָמָס שָׂנְאָה נַפְשׁוֹ:
6 יַמְטֵר עַל־רְשָׁעִים פַּחִים אֵשׁ וְגָפְרִית וְרוּחַ זִלְעָפוֹת מְנָת כּוֹסָם:
7 כִּי־צַדִּיק יְהוָה צְדָקוֹת אָהֵב יָשָׁר יֶחֱזוּ פָנֵימוֹ:

1. Lamnatséaj. LeDavid. BAdonai jasíti, ej tomerú lenafshí, núdi harjém tsipór.

2. Ki hiné harshaím idrejún quéshet konénu jitsám al yéter, lirót bemo ófel leyshré leb.

3. Ki hashatót yehareshún, tsadiq ma paál.

4. Adonai behejal qodshó, Adonai basháim kisó, enáv yejezú, afapáv ibjanú bené adám.

5. Adonai tsadiq ibján, verashá veohéb jamás, saneá nafshó.

6. Yamtér al reshaím pajím, esh vegofrít verúaj zilafót menát kosám.

7. Ki tsadiq Adonai, tsedaqot ahéb, yashar yejezú fanémo.

1. Para el director (del coro). De David. En YHVH he confiado (me he refugiado); ¿cómo decís a mi alma, que escape al monte cual ave (lit. huid a vuestro monte-pájaro)?

2. Porque he aquí, los malos tienden el arco, disponen sus saetas sobre la cuerda, para asaetear en oculto a los rectos de corazón.

3. Si fueren destruidos los fundamentos, ¿qué ha de hacer el justo?

4. YHVH está en su santo templo; YHVH tiene en el cielo su trono; sus ojos ven, sus párpados (pupilas) examinan a los hijos de los hombres.

5. YHVH prueba al justo; pero al malo y al que ama la violencia, su alma los aborrece.

6. Sobre los malos hará llover calamidades; fuego, azufre y viento abrasador será la porción del cáliz de ellos.

7. Porque YHVH es justo, y ama la justicia (las obras justas); el hombre recto mirará su rostro.

Segulá tradicional: **Contra los enemigos. Contra los que nos persiguen e intentan dañarnos. Protección de todo mal.**

También para una **alineación de las partes de nuestra alma** *(véase después)*.

Podemos ver en la práctica la metodología del libro *Shimmush Tehilim* que, como indicamos al principio, da casi para cada salmo un Nombre Divino a usar junto con una oración apropiada para nuestra intención. En este caso, el Nombre Divino es פלא, PELE (está en letras aumentadas en el texto hebreo), que significa «maravilla», «milagro». Así, dice: «Quien rece diariamente este salmo con sentimientos de devoción, manteniendo constantemente en la mente el santo nombre PELE, es decir, Maravilloso, y que además dirige a Dios una oración apropiada, estará a salvo de toda persecución y no tendrá ningún gran mal que temer».

La oración de cierre es la siguiente: «Adorable, poderoso y santo Dios PELE, אל פלא, tuyo es el consejo, la acción y el poder y sólo Tú puedes hacer maravillas. Aleja de mí todo lo malo y protégeme de la persecución de los hombres malos, en aras de tu gran nombre PELE. Amén. Selah».

Notamos que este nombre pele es Alef invertida, indicando, por tanto, el retorno a la unidad (ésa es la maravilla).

Notamos también que el salmo tiene exactamente 270 letras, que es valor numérico de la palabra RA, רע, que significa mal, de ahí que sea un antídoto contra todo mal. Lo combate de raíz.

Entrando más en el salmo, notamos que el contexto histórico es el del David perseguido por Saúl, que por celos ha cambiado su actitud hacia él y quiere matarlo. Para lo cual pone en marcha una constante persecución.

Como siempre, podemos contemplarlo en nosotros en múltiples planos de significado. Estamos viviendo una situación dramática. Nos sentimos perseguidos. Podemos verlo como una situación de conflicto personal (quizá una persecución de tipo político) o también social (¿qué se puede hacer si los fundamentos de la sociedad están corrompidos, si la justicia está desvirtuada?, v. 3). O quizá también podamos contemplar la historia de David y Saúl como el conflicto psicológico entre el self y el ego por la supremacía de la psique.

Nuestros amigos, quizá nosotros mismos en momentos de desánimo, nos han aconsejado que escapemos (que abandonemos; ¿merece la pena la lucha por la justicia?), que busquemos refugio en la montaña como los pájaros para evitar el arco del cazador.

A pesar de la ocultación, Dios no está ausente ni está ajeno.

Al justo le prueba en la dificultad, en la crisis, en los problemas, con el fuego que separa la ganga de la mena. La ganga es la escoria, toda la negatividad, personal y social, y es consumida y desechada por el fuego de la Guevurá (como Sodoma y Gomorra, que el salmo nos recuerda –v. 6–).

Pero mientras que el mal es aniquilado puesto que es incompatible de raíz con la Divinidad, el hombre recto contemplará el Rostro de

Dios, que no es poco. Nuestra lucha por la justicia nos lleva a ver a Dios cara a cara.

Vamos a mirar ahora el salmo como un recurso místico para alcanzar la contemplación de Dios. Nos lo sugiere, entre otras cosas, el hecho de los siete versículos de los que consta.

Vemos que el Nombre de Dios, el tetragrama, YHVH, aparece cinco veces, en correspondencia con los Mundos y las partes del alma. El valor numérico del tetragrama es 26 y 5 × 26 =130 = Ayin = ojo. También 130 es YHVH triangulado en el mundo de Yetsirá (podemos verlo como el triángulo tradicional del ojo Divino):

יוד
יוד הא
יוד הא ואו
יוד הא ואו הא

También el tetragrama extendido en Yetsirá, יוד הא ואו הא, suma 45, que es ADAM, el ser humano. Lo que nos dice, entre otras cosas, que el ser humano es la manifestación Tetragrama encarnado en Yetsirá, y si YHVH es Tsadiq (v. 7), el ser humano debe ser tsadiq para alcanzar la contemplación del Rostro.

Volviendo al tema de los cinco Nombres, podemos tentativamente establecer una correspondencia como la siguiente:

En YHVH he confiado, me he refugiado. Es la Yejidá, la Chispa Divina en el seno de lo Absoluto. Si todo es infinito, ¿hay algún monte al que pueda escapar? Símbolo del ave: alma.

YHVH está en su santo templo. Es la Jaiá y el lugar del Hombre Santo de Atsilút.

YHVH tiene en el cielo su trono: Neshamá, alma espiritual. El Trono es una denominación genérica común del mundo de Briá.

YHVH prueba al justo. Rúaj. El alma llamada racional, el asiento de la conciencia ética.

YHVH es justo. Néfesh, alma vital. Nos recuerda la frase: Tsadiq Yesod Olam. El justo es el fundamento del mundo. El valor numérico de esta frase es precisamente 430, el mismo que la palabra Néfesh.

Lo cual nos lleva de nuevo al tsadiq, el «Justo», cuyo opuesto es el Rashá, el «malvado». La dialéctica del salmo es entre el Tsadiq y el Rashá. Por tanto, vamos a profundizar algo en el concepto de tsadiq, ya que YHVH es tsadiq y ama tsedaqot, las «acciones justas». Y como dice también el salmo 145:

17:צַדִּיק יֻהוִוֻהוּ בְּכָל־דְּרָכָיו וְחָסִיד בְּכָל־מַעֲשָׂיו

Tsadiq Adonai (con la vocalización de Yesod) bejol derajáv beJasid bejol maasáv. Justo es Adonai en todos sus caminos y piadoso (misericordioso) en todas sus obras.

Hablar del tsadiq es hablar de la letra Tsadi. Incluyo, a continuación, algunas citas de lo escrito sobre esta letra en mi libro *El camino del Árbol de la Vida*.

En primer lugar, la Tsadi está compuesta de una letra Nun y una Yod en el misterio de las dos polaridades:

צ ן

La letra Nun representa el principio femenino y Biná; la letra Yod es representativa de la polaridad masculina y Jojmá. En la letra Tsadi se hallan en conjunción procreativa, aludiendo, más bien, al estado de cópula que se produce entre Tiféret y Maljut.[12] De ahí la referencia a que la Yod es la del pacto santo, es decir, Yesod, que corresponde al órgano sexual masculino, el instrumento mediante el cual Tiféret se une con Maljut (es decir, el cielo con la Tierra, el mundo metafísico con el mundo físico, el

---

12. Nun es la inicial de la palabra *Nekeva*, «hembra», que representa a Maljut. La Yod aludida es la última letra del Nombre Divino Shadai, que corresponde a Yesod.

Santo, bendito sea —la polaridad masculina de la acción Divina en el mundo—, con la Shejiná —la Presencia o polaridad femenina de éste gobierno Divino—). Cuando ambos Rostros están perfectamente unidos, hay comunicación y armonía en todos los niveles de la Creación, la Luz se manifiesta abiertamente, sin velos, y la Presencia de Dios resulta patente. Porque toda la Creación está concebida como una vasija para contener y manifestar la Luz Divina, que entonces brilla sin ambages.

[...]

El ser humano está concebido para actualizar el poder de la Tsadi,[13] que no es otro que el de la manifestación de la Luz Divina mediante el cierre del circuito de las polaridades.[14] Y así está escrito: «Y creó Elohim al Hombre en su imagen, en imagen de Elohim le creó, varón y hembra los creó» (Gn 1, 27).

[...]

Éste es el trabajo del Tsadik, ser el pilar de conexión con la Fuente que trae el sustento necesario a los planos inferiores, tal como dice el versículo: «El Justo es el Fundamento del Mundo». A dos personas llama específicamente la Torá «justos»: a Nóaj (Noé) y a Yosef (José). Ambos trajeron consigo la salvación: Nóaj de todo el género humano, Yosef del pueblo egipcio primero y de Israel después.

La conexión total que realiza el tsadiq viene expresada en el versículo de Habakuk: «Y el justo vivirá por su fe; Ve tsadiq BeEmunató Yijeyé» (Hab 2, 4).[15] La emuná, la «fe», es la conexión supramental con la esfera de Biná.[16] Mediante ella la mente se libera de sus adherencias a los planos de la forma y entra en secreta comunicación con lo Divino, que

---

13. Que la Tsadi representa unión de las polaridades también se comprueba por el hecho de que su transformada por Albam sea Zayin, letra masculina (inicial de Zajar, Varón), mientras que su transformada por Atbash es He, letra femenina, como sabemos.
14. Pero interponiendo una resistencia entre ambos polos para que no se produzca el cortocircuito. Por eso el tsadiq debe dominar su naturaleza haciendo resistencia sobre sus propios impulsos.
15. Véase Talmud, Maccot 23b-24a, para un análisis reductivo de cómo este precepto es un resumen de todos los preceptos de la Torá.
16. Y con el poder manifestado por la letra Bet, tal como se muestra en el versículo de Habakuk.

entonces se revela como la pura Luz de Sabiduría (Jojmá), la Vida verdadera.

Entonces el tsadiq puede expresar en el plano físico los poderes espirituales.

Un salmo es una matriz de energías espirituales y significados. Nunca agotamos todas sus posibilidades. Lo que hay que hacer es repetir el salmo muchas veces a modo de mantra, abrirlo, contemplar sus letras, imaginar que lo vemos en letras de fuego blanco irradiando luz blanca en el firmamento sobre nuestras cabezas, llenarnos de su luz, dejarnos llevar. Cada cual según su propia inclinación.

Salmo 12

1 לַמְנַצֵּחַ עַל־הַשְּׁמִינִית מִזְמוֹר לְדָוִד׃
2 הוֹשִׁיעָה יְהוָה כִּי־גָמַר חָסִיד כִּי־פַסּוּ אֱמוּנִים מִבְּנֵי אָדָם׃
3 שָׁוְא יְדַבְּרוּ אִישׁ אֶת־רֵעֵהוּ שְׂפַת חֲלָקוֹת בְּלֵב וָלֵב יְדַבֵּרוּ׃
4 יַכְרֵת יְהוָה כָּל־שִׂפְתֵי חֲלָקוֹת לָשׁוֹן מְדַבֶּרֶת גְּדֹלוֹת׃
5 אֲשֶׁר אָמְרוּ לִלְשֹׁנֵנוּ נַגְבִּיר שְׂפָתֵינוּ אִתָּנוּ מִי אָדוֹן לָנוּ׃
6 מִשֹּׁד עֲנִיִּים מֵאַנְקַת אֶבְיוֹנִים עַתָּה אָקוּם יֹאמַר יְהוָה אָשִׁית בְּיֵשַׁע יָפִיחַ לוֹ׃
7 אִמֲרוֹת יְהוָה אֲמָרוֹת טְהֹרוֹת כֶּסֶף צָרוּף בַּעֲלִיל לָאָרֶץ מְזֻקָּק שִׁבְעָתָיִם׃
8 אַתָּה־יְהוָה תִּשְׁמְרֵם תִּצְּרֶנּוּ מִן־הַדּוֹר זוּ לְעוֹלָם׃
9 סָבִיב רְשָׁעִים יִתְהַלָּכוּן כְּרֻם זֻלּוּת לִבְנֵי אָדָם׃

1. Lamnatséaj al hasheminít mizmor leDavid.
2. Hoshía Adonai ki gamár jasíd, ki fásu emunim mibené adám.
3. Shav yedaberú ish et reehú, sefát jalaqót, beléb valéb yedabéru.
4. Yajrét Adonai kol lifté jalaqót, lashón medabéret guedolót.
5. Ashér amerú lilshonénu nagbír sefaténu itánu, mi adón lánu.
6. Mishód aniím meenqát ebyoním, atá yaqúm yomár Adonai, ashít belleza yafíaj lo.
7. Imerót Adonai amarót tehorót, késef tsáruf baalíl laárets, mezuqáq shibatáyim.

8. Atá Adonai tishmerém, titserénu min hadór zu leolám.
9. Sabíb reshaím ithalajún kerúm zulút libné adam.

1. Para el director. Sobre Sheminit. Salmo de David.
2. Salva, oh, YHVH, porque se acabaron los piadosos;
porque han desaparecido los fieles de entre los hijos de los hombres.
3. Habla mentira cada uno con su prójimo;
hablan con labios lisonjeros, y con doblez de corazón.
4. YHVH destruirá todos los labios lisonjeros,
y la lengua que habla jactanciosamente.
5. A los que han dicho: Por nuestra lengua prevaleceremos;
nuestros labios son nuestros; ¿quién es señor de nosotros?
6. Por la opresión de los pobres, por el gemido de los menesterosos,
ahora me levantaré, dice YHVH;
pondré en salvo al que por ello suspira.
7. Las palabras de YHVH son palabras limpias,
como plata refinada en horno de tierra,
purificada siete veces.
8. Tú, YHVH, los guardarás;
de esta generación nos preservarás para siempre.
9. Cercando andan los malos,
cuando la vileza es exaltada entre los hijos de los hombres.

Segulá tradicional: **Para no debilitarse. También protección contra los perseguidores, acosadores verbales, falsas palabras, medias verdades, exaltación del mal y de los corruptos, etc.**

También para **corrección de la propia lengua y del habla negativa.** Y no sólo del habla. Todos sabemos de la importancia del pensamiento positivo. El salmo está orientado a la **purificación del propio pensamiento,** nuestra habla interna. Ésta es la antesala a la conciencia superior. El camino de la **meditación** nos abre las puertas de lo eterno.

¿Qué sentido tiene la referencia a la palabra de Dios, que dice que es refinada? El término צרוף significa «refinada», pero también «permutada», lo que, según Abulafia, hace referencia a sus técnicas de meditación (Tseruf).

Incluyo una cita del capítulo VI de mi libro *La cábala de la merkavá* (www.lacabaladelaluz.com):

> Abulafia sostenía que sus métodos de desencriptado de la Torá y sus técnicas de meditación (con Nombres de Dios) constituían la verdadera tradición de los profetas de Israel. En cualquier caso, sostenía que con sus técnicas –él hablaba de la Cábala de los Nombres– se alcanzaban estados de conciencia afines al éxtasis profético, con las iluminaciones concomitantes.
>
> La palabra Tseruf, de la raíz Tsadi Resh Peh, tiene varios significados que arrojan luz tanto sobre el objetivo como sobre el procedimiento meditativo en sí. Por una parte significa «unir» y «combinar»; también «cambiar» y «agregar». Por otra, limpiar, purificar y refinar (por ejemplo la plata). Y por último tiene la connotación de poner a prueba y ensayar.
>
> Podemos considerar, para el tema que nos ocupa, que el denominador común de los distintos significados es un movimiento hacia la abstracción, el pasar a otro plano prediferenciado en el que las cosas no están separadas y, por tanto, pueden cambiarse, sustituirse unas por otras, etc. De hecho, la expresión majshavá tserufá significa «pensamiento abstracto». Mediante la práctica del Tseruf –sustituir, permutar, combinar– buscamos purificar y refinar la mente para deshacer los nudos que atan nuestro pensamiento al plano de lo concreto, de los sentidos, de los hechos y objetos definidos.
>
> Se trata de un camino sistemático y gradual, de refinado continuo, que exige probar y ensayar. El camino es interiorización, pasar del pensamiento concreto a la mente abstracta, y de ahí apertura completa al mundo del espíritu.

Dice el salmo:

Las palabras de YHVH (son) palabras puras, plata[17] **refinada** en horno de tierra, purificada siete veces.

Sigue la cita:

> Es decir, la misma palabra de Dios es permutada (mezclada, combinada). Lo cual nos lleva al núcleo del Séfer Yetsirá y, por ende, del Bereshit: la Creación por la Palabra. La Creación se realiza por la combinación y permutación de las letras, que son las vasijas metafísicas de la Luz Divina. Recordemos que, según relata el libro del Éxodo, Betsalel fue elegido para la construcción del Tabernáculo (Templo) en el desierto, a su vez una recreación de la obra de la Creación o Bereshit. Y el Talmud señala que Betsalel sabía cómo permutar las letras con las cielo y Tierra fueron creados.

Podemos tratar de entenderlo mediante el modelo conceptual de la mecánica cuántica:

Hasta el momento de la observación (mediante un experimento) los valores de las variables que definen el estado de un sistema físico (por ejemplo, una partícula elemental) no están definidas, no tienen un valor concreto. La función de onda que lo define se describe, de hecho, como una superposición de todos los estados posibles del sistema. Cuando hacemos una observación (interacción con la conciencia), la función de onda colapsa a un estado definido (uno de entre todos los estados superpuestos). Podemos entonces decir que la partícula está aquí o allá, tiene una determinada velocidad (siempre dentro de lo permitido por el principio de indeterminación). Hasta entonces sólo podemos hablar de probabilidades.

Del mismo modo, si tenemos un conjunto de letras que definen un estado, por ejemplo Yesod, Yod Sámej Vav Dálet, las veinticuatro permutaciones de esas cuatro letras nos determinan en superposición todas las posibilidades energéticas asociadas a esa sefirá, de las cuales la configura-

---

17. Késef, «plata», suma 160, lo mismo que Ets, «árbol», y Tsélem, «forma, imagen».

ción que conocemos como YSVD (en vez de, digamos, SDVY) es una posibilidad colapsada a una realidad específica determinada por la conciencia. El recitar (o vibrar, cantar, en cualquier caso meditar) todas las permutaciones nos sitúa en el estado fundamental previo, abriendo nuestra mente a todas sus posibilidades energéticas. En ese estado es posible salir del marco cerrado y limitado en que nos encontramos (la realidad es mental), acceder a estados superiores de conciencia y efectuar las reprogramaciones convenientes.

Y podemos entonces aplicar el versículo:
Tú YHVH les guardarás. Nos preservarás de esta generación para siempre. LeOlam. Para la eternidad.

Salmo 13

1 לַמְנַצֵּחַ מִזְמוֹר לְדָוִד׃
2 עַד־אָנָה יְהוָה תִּשְׁכָּחֵנִי נֶצַח עַד־אָנָה תַּסְתִּיר אֶת־פָּנֶיךָ מִמֶּנִּי
3 עַד־אָנָה אָשִׁית עֵצוֹת בְּנַפְשִׁי יָגוֹן בִּלְבָבִי יוֹמָם עַד־אָנָה יָרוּם אֹיְבִי עָלָי׃
4 הַבִּיטָה עֲנֵנִי יְהוָה אֱלֹהָי הָאִירָה עֵינַי פֶּן־אִישַׁן הַמָּוֶת׃
5 פֶּן־יֹאמַר אֹיְבִי יְכָלְתִּיו צָרַי יָגִילוּ כִּי אֶמּוֹט׃
6 וַאֲנִי בְּחַסְדְּךָ בָטַחְתִּי יָגֵל לִבִּי בִּישׁוּעָתֶךָ אָשִׁירָה לַיהוָה כִּי גָמַל עָלָי׃

1. Lamnatséaj. Mizmor LeDavíd.
2. Ad ána Adonai tishkajéni nétsaj. Ad ána tastír et panéja mimeni.
3. Ad ána ashít etsót benafshí yagón bilbabí yomám. Ad ána yarúm oyebí aláy.
4. Habíta anéni Adonai Eloháy haíra enáy pen ishán ha mávet.
5. Pen yomár oyebí yejoltív tsarái yaguílu ki emót.
6. Vaaní bejasdejá batájti yaguél libí bishuatéja. Ashíra lAdonai ki gamál aláy.

1. Al músico principal. Salmo de David

2. ¿Hasta cuándo, Adonai? ¿Me olvidarás para siempre? ¿Hasta cuándo esconderás tu rostro de mí?

3. ¿Hasta cuándo he de tomar consejo en mi alma, con tristezas en mi corazón cada día?

¿Hasta cuándo será enaltecido mi enemigo sobre mí?

4. Mira, respóndeme, oh, Adonai Dios mío; ilumina mis ojos, no sea que yo duerma la muerte.

5. Para que no diga mi enemigo: Lo vencí. Mis enemigos se alegrarían si yo resbalara.

6. Mas yo en tu misericordia confío; mi corazón se alegrará en tu salvación. Y cantaré a Adonai porque ha sido dadivoso conmigo (me ha colmado de bien).

Comentarios:

El uso tradicional de este salmo es **para evitar una muerte violenta, un accidente letal o cualquier modo de muerte no natural** (v. 4).

En cualquier caso, es un potente salmo de **protección. Para cuando parece que estamos a punto de ser derrotados (en el combate material o espiritual)**.

También se usa **para curar enfermedades de los ojos**, por la referencia explícita (v. 4).

Para tener **revelaciones durante el sueño** (v. 4), ya que se considera el sueño como una pequeña muerte (un sesentavo de la muerte).

Y, por supuesto, es un salmo **contra la depresión, la melancolía, la ansiedad, la desesperación** (v. 3). En esencia, la depresión es una desconexión de la luz, una carencia de luz. Así, el salmo empieza con el dolor del alma ante la ocultación divina. Eso nos lleva a un estado de tristeza, de depresión (pasamos del plano espiritual al anímico). Como consecuencia, somos acechados e invadidos constantemente por la negatividad, manifestación de mi propio yétser hará (mala inclinación). Esto se manifiesta en pensamientos negativos, incluso pensamientos de muerte. La muerte del alma es la desconexión de la luz. Por eso, ilumina mis ojos, para que despierte de este estado de conciencia restringida que es como un sueño respecto de la conciencia iluminada. El versículo 6 opera una **transmutación de energía,** para la confianza, la alegría, la exaltación, el agradecimiento. Es pasar de una situación de carencia a otra de plenitud.

Es posible que el contexto histórico de este salmo se refiera al David perseguido por Saúl, escondido en una cueva y temeroso de dormirse por si es muerto durante la noche.

En cualquier caso, podemos a nivel psicológico ver el conflicto entre ambos como el ego persiguiendo al self para no ser destronado de la psique. El ego que se sustenta sobre todo en aquello que ata y esclaviza nuestro espíritu, sobre lo que se adhiere nuestro yétser hará, el cual es otro nombre para el deseo de recibir sólo para mí. Enlazando con lo anterior, la característica esencial de la Luz es dar. Una de las características de las personas deprimidas es que están cerradas sobre sí mismas, mirándose constantemente a sí mismas, por así decir. Una forma de empezar a salir es dando, por ejemplo en tsedaká.

El salmo, como siempre, tiene infinitos pliegues de significado. Es también un salmo de **liberación y de ascenso.**

En particular para **liberarse de adicciones** (v. 3).

El recurso general es mediante los 72 Nombres. La expresión אֱלֹהַי יְהוָה suma precisamente 72.

El salmo empieza por Lamnatséaj, traducido como «para el músico principal o para el director del coro». Pero por un lado Lamed Mem, que podemos interpretar como una contracción de Lemaán (Lamed Mem Ayin Nun, para, en aras de) y Nétsaj (Nun Tsadi, Jet). Es decir, «en aras de» o «para» la Victoria.

Podemos pedir la ayuda del Nombre פהל (de los 72), y de su ángel Pahaliah פהליה. Las iniciales de los versículos 5, 4 y 1 forman el Nombre, y el valor numérico de la expresión con que comienzan el 2 y el 4, Ad-ána, es 130, el mismo que el del ángel Pahaliah. 130 es también el valor numérico de Ayin, עין, ojo, nueva referencia a la visión y a la iluminación.

Incluyo a continuación lo escrito (www.lacabaladelaluz) sobre este Nombre y este ángel que es su ispaklaria (lente de focalización):

Canaliza la energía de Guevurá de Biná, que manifiesta los aspectos severos de la Ley, éste es un Nombre de gran poder y fuerza. De hecho, פהל suma 115, el mismo valor numérico que la palabra חזק, Jazáq, que significa precisamente «fuerte», «poderoso», «firme», y que es, en sí mismo, un apelativo para designar a la Deidad y también un Nombre y un mantra. Tiene canalización de por sí.

Igualmente 115 es הימין, la diestra, la mano (el brazo) derecha/o, que representa la acción del poder Divino, salvador y redentor, como en el versículo (en el cántico del mar Rojo, tras atravesar en seco el mar): «Tu diestra, HaShem, magnificada por tu fuerza; tu diestra, HaShem, aniquiló al enemigo» (Ex 15, 6).

Otro aspecto nos lo da la correspondencia astrológica de las letras (en nuestro sistema): Pe es Marte, He es Aries y Lamed es Libra, que implica juicio. Éste es, así, un Nombre para ejercer rigor sobre uno mismo si queremos vernos libres de nuestras ataduras y adicciones y soltar nuestro espíritu, ya que es de energía espiritual de lo que estamos hablando. Se puede ser adicto a cualquier cosa: al dinero, al poder, al placer, a nuestra imagen egoica, a nuestras programaciones emocionales, a nuestra mente. Por increíble que nos parezca, solemos ser adictos a las propias cosas que nos esclavizan. Por supuesto, es la diestra de HaShem quien nos salva, pero nosotros hemos de empezar el movimiento y ejercer la resistencia para abrir el canal y ganar el mérito. ¡Cuántas veces hemos intentado salir de una situación, liberarnos de una dependencia, y nos hemos dado de cabeza contra un muro! Si invocamos entonces el poder del Nombre פהל, tendremos esa energía que nos hará atravesar nuestro particular mar Rojo y, sin saber cómo, nos encontraremos libres, al otro lado, mientras que las fuerzas psíquicas que nos oprimían se ahogarán en el mar del inconsciente –la matriz universal– para ser recicladas de nuevo.

El Nombre, por así decir, opera la purificación espiritual de la columna izquierda del Árbol, el pilar de la Forma, asiento del deseo de recibir en general. Vemos cómo la raíz numérica de cada una de sus letras corresponde a una sefirá de esta columna: Pe, 80-8; He, 5; Lamed, 30-3. El movimiento es de abajo arriba: Hod, Guevurá, Biná. Esta purificación por el fuego es condición necesaria para realizar el ascenso en conciencia. También la palabra Aliá, עליה, «subida», «ascenso», suma 115, el valor numérico del Nombre. La Torá siempre utiliza la palabra Aliá, «subida», para referirse al acceso a la Tierra de Israel,[18] la Tierra Santa, símbolo de Biná –el mundo espiritual– porque eso supone una elevación espiritual. (Por el contrario, siempre se desciende a Egipto, el mundo de la materia y la fragmentación). La palabra Aliá puede descomponerse en Al/Yah = יה / על, con el significado de «hacia el Nombre de Dios», Nombre que denota la mitad trascendente del Tetragrámaton.

Además, otra palabra de valor numérico 115 es Hineni, הנני, ¡Heme aquí!, que es la respuesta del alma al llamado Divino (por ejemplo, Abraham, Moisés, etc.), indicando nuestra disponibilidad y nuestra actitud de alerta consciente ante el mundo espiritual que se nos va a abrir progresivamente. Este Nombre nos da el coraje de responder a esa llamada, lo cual supondrá para nosotros un estado de fortaleza interior (Jazaq de nuevo).

Salmo 14

1 לַמְנַצֵּחַ לְדָוִד אָמַר נָבָל בְּלִבּוֹ אֵין אֱלֹהִים הִשְׁחִיתוּ הִתְעִיבוּ עֲלִילָה אֵין עֹשֵׂה־טוֹב:
2 יְהוָה מִשָּׁמַיִם הִשְׁקִיף עַל־בְּנֵי־אָדָם לִרְאוֹת הֲיֵשׁ מַשְׂכִּיל דֹּרֵשׁ אֶת־אֱלֹהִים:
3 הַכֹּל סָר יַחְדָּו נֶאֱלָחוּ אֵין עֹשֵׂה־טוֹב אֵין גַּם־אֶחָד:
4 הֲלֹא יָדְעוּ כָּל־פֹּעֲלֵי אָוֶן אֹכְלֵי עַמִּי אָכְלוּ לֶחֶם יְהוָה לֹא קָרָאוּ:
5 שָׁם פָּחֲדוּ פָחַד כִּי־אֱלֹהִים בְּדוֹר צַדִּיק:
6 עֲצַת־עָנִי תָבִישׁוּ כִּי יְהוָה מַחְסֵהוּ:

---

18. También en el servicio de la sinagoga se usa la expresión «subir a la Torá». La porción semanal se divide en siete Aliyot (plural de Aliá), es decir, en siete ascensos (o en un ascenso en siete fases).

7 מִי יִתֵּן מִצִּיּוֹן יְשׁוּעַת יִשְׂרָאֵל בְּשׁוּב יְהוָה שְׁבוּת עַמּוֹ יָגֵל יַעֲקֹב יִשְׂמַח יִשְׂרָאֵל׃

1. Lamnatséaj leDavid, amár nabál belibó en Elohim, hishjítu hitíbu alilá en ose tov.

2. Adonai mishamáyim hishquíf al bené adám lirót hayésh maskíl, dorésh et Elohim.

3. Hakól sar yajdáv neeláju, en osé tov, en gam ejád.

4. Haló yadeú kol poalé áven, hojelé amí ájlu léjem, Adonai lo qaráu.

5. Sham pajadú fájad, ki Elohim bedór tsadiq.

6. Atsát aní tabíshu, ki Adonai majséhu.

7. Mi ytén miTsiyón yeshuát Ysrael, beshúb Adonai shebút amó, yaguel Yaaqob ysmáh Ysraél.

1. Lamnatséaj. De David. Dice el necio en su corazón: No hay Dios. Se han corrompido, hacen obras abominables; no hay quien haga el bien.

2. YHVH miró desde los cielos sobre los hijos de los hombres, para ver si había algún entendido, que buscara a Dios.

3. Todos se desviaron, a una se han corrompido; no hay quien haga lo bueno, no hay ni siquiera uno.

4. ¿No tienen discernimiento (conocimiento) todos los que hacen iniquidad, que devoran a mi pueblo como si comiesen pan, y a YHVH no invocan?

5. Ellos (Allí, lit.) temblaron de espanto; porque Dios está con (o en) la generación justa.

6. Del consejo del pobre (o humilde) se han burlado, pero YHVH es su esperanza (refugio).

7. ¡Oh, que de Sion saliera la salvación de Israel! Cuando YHVH hiciere volver a los cautivos de su pueblo, se gozará Jacob, y se alegrará Israel.

Aunque se pueda aplicar a una situación personal, se dice que este salmo alude proféticamente (puesto que se supone que es un salmo de

David) a la destrucción del primer Templo de Jerusalén. El salmo 53, de contenido casi idéntico, se referiría a la destrucción del segundo Templo. En cualquier caso, se retrata un estado de ocultación de la Presencia Divina. Todo ello simbolizado por el estado de exilio, en el plano de lo social (en la narración bíblica con la cautividad de Babilonia tras la destrucción del primer Templo y la diáspora tras la destrucción del segundo), y en el plano de lo personal también experimentamos un estado similar de exilio y cautiverio, interno y externo, en las coordenadas de nuestra vida. Dice el necio en su corazón. En (o con) su corazón; no necesariamente con la boca. Es decir, no estamos hablando de una declaración formal de ateísmo, sino de un modo de vida, en el que hay una desconexión completa de cualquier principio trascendente.

Hay narrado en 1 Samuel 25 un episodio de David (quizá sea éste el contexto histórico bíblico del salmo) con un terrateniente rico y poderoso llamado Nabal —necio— a quien David solicita ayuda material que le es negada. La respuesta de Nabal es típica. ¿Quiénes son estos que me están pidiendo ayuda? ¿Por qué tengo que preocuparme por ellos y dar de lo que es mío? Pienso que el deseo de recibir sólo para uno mismo es el agente corruptor, cual levadura que infla la masa. No hace falta que hablemos del sistema económico mundial, con el sacrosanto principio del máximo beneficio para mí, y que acaba permeando todas las áreas de la vida. Y lo mismo cabe decir respecto del ansia de poder y de dominar a otras personas. Todo ello síntoma de un ego desconectado de algo que le trascienda a sí mismo, llámese como se llame.

Es pues éste un salmo a invocar **cuando uno se encuentra perdido en la fragmentación y el caos de la vida cotidiana.** Es un salmo de **reconexión.** La tradición afirma que es un salmo **para quitarse el miedo,** lo cual es una consecuencia del refugio en YHVH.

El *Shimush Tehilim* dice que este salmo protege contra la calumnia y la desconfianza de otros hacia uno. Dice literalmente: «Aquellos que recen este salmo con fe infantil y confianza en el más santo Nombre, El Emet, es decir, Dios verdadero o Dios de la verdad, encontrarán el favor de todos los hombres y se verán libres de calumnia y desconfianza». La oración es como sigue: «Que te plazca, oh, El Emet, concederme gracia, amor y el favor de todas las personas cuya ayuda necesite. Concédeme que todos puedan creer en mis palabras y que ninguna difamación sea efectiva contra mí y me retire la confianza de los hombres. Tú puedes hacerlo porque Tú mueves los corazones de los hombres de acuerdo a tu santa voluntad, y los mentirosos y calumniadores son una abominación para Ti. Óyeme en aras de tu Nombre. Amén. Selah.

Este libro afirma que el Nombre El Emet se halla implicado en las letras de mayor tamaño en nuestro texto hebreo. Si hay que concentrarse en todas las letras en la lectura del salmo, especialmente hay que hacerlo en éstas.

Encuentro interesante el uso de los dos Nombres Elohim y YHVH en el salmo. El primero rige en general la columna del rigor y el segundo la de la misericordia (o la del medio o todo el Árbol de la Vida, según el contexto). Elohim es primariamente un Nombre de Biná. También representa el aspecto inmanente, presente en las leyes de la Creación. Decir: no hay Elohim, es también decir: el mundo no se rige por leyes espirituales, mucho menos éticas; no hay consecuencias de ese tipo para las acciones (lo que antiguamente se decía: no hay temor de Dios).

En realidad, si hablamos de las fuerzas de la negatividad, que constituyen la inteligencia del deseo de recibir sólo para uno mismo, en lo que más interesadas están es en la perpetuación del estado de desconexión, es decir, en mantener a Maljut cortado del resto del Árbol de la Vida. Ya que de esa manera pueden alimentarse de la luz inherente al ser humano (devoran a mi pueblo como si comiesen pan. Pan es Léjem = 78 = 26 × 3, siendo 26 el número del Tetragrama), ya que sin esa luz tampoco subsistirían.

YHVH es el principio trascendente y es el principio liberador (la Deidad tiene ambas caras: sovev u´memalé, rodea y llena la realidad). Invocar a YHVH, como el salmo indica, es hacer de esta realidad una Presencia actual en nuestra vida. Allí (que es la traducción literal de

Sham), en el Nombre (puesto que también podemos leer Shem) temblarán, porque el Dios de la Naturaleza (Elohim) está con la generación justa.

Y el versículo 7 del salmo puede traducirse así:

Quién (MI, esto es Biná, igual que Mah, qué, representa Maljut) diera (dará) de (desde) Tsión (Tsión es Yesod e indica la reconexión, cuando transmite a Maljut) la salvación de Israel. Cuando haga volver (de la misma raíz que la palabra Teshubá, traducida normalmente como «arrepentimiento», pero que significa literalmente «retorno», particularmente a Biná) YHVH el retorno de su pueblo se regocijará Yaaqob se alegrará Israel. Yaaqob es Tiféret cuando mira hacia abajo. Israel es Tiféret cuando mira hacia arriba, conectado con Biná (Israel = «porque has luchado con Elohim y con hombres y has vencido»). Yaaqob yaguel (se regocija); Israel yismaj, se alegra. Y esta palabra Yismaj tiene no sólo el mismo valor numérico (358) sino incluso las mismas letras que la palabra Mashíaj, es decir, la unción, el descenso del espíritu, con su gozo y plenitud.

NOTA: A partir de este punto sólo comentaremos algunos salmos que consideramos particularmente interesantes. Si Dios quiere, esperamos en un futuro poder completar el trabajo presentando un texto cabalístico para cada uno de los 150 salmos.

Esperamos que, si la persona ha leído atentamente hasta aquí, ya se habrá hecho con la metodología que sugerimos y que consideramos un punto de partida para un estudio y meditación personales. Creemos que sólo de este modo el libro del Tehilim llegará a ser un instrumento vivo y plenamente operativo en la propia vida y, sobre todo, en el servicio a los demás.

De todas formas, listas de usos tradicionales de los salmos se encuentran fácilmente disponibles en Internet y, por otra parte, se encuentran en casi todas las ediciones en hebreo de los salmos. Siempre pueden ser un estímulo para esa profundización por la que abogamos.

Continuamos, pues, con algunos salmos escogidos:

Salmo 20

1 לַמְנַצֵּחַ מִזְמוֹר לְדָוִד׃
2 יַעַנְךָ יְהוָה בְּיוֹם צָרָה יְשַׂגֶּבְךָ שֵׁם אֱלֹהֵי יַעֲקֹב׃
3 יִשְׁלַח־עֶזְרְךָ מִקֹּדֶשׁ וּמִצִּיּוֹן יִסְעָדֶךָּ׃
4 יִזְכֹּר כָּל־מִנְחֹתֶךָ וְעוֹלָתְךָ יְדַשְּׁנֶה סֶלָה׃
5 יִתֶּן־לְךָ כִלְבָבֶךָ וְכָל־עֲצָתְךָ יְמַלֵּא׃
6 נְרַנְּנָה בִּישׁוּעָתֶךָ וּבְשֵׁם־אֱלֹהֵינוּ נִדְגֹּל יְמַלֵּא יְהוָה כָּל־מִשְׁאֲלוֹתֶיךָ׃
7 עַתָּה יָדַעְתִּי כִּי הוֹשִׁיעַ יְהוָה מְשִׁיחוֹ יַעֲנֵהוּ מִשְּׁמֵי קָדְשׁוֹ בִּגְבֻרוֹת יֵשַׁע יְמִינוֹ׃
8 אֵלֶּה בָרֶכֶב וְאֵלֶּה בַסּוּסִים וַאֲנַחְנוּ בְּשֵׁם־יְהוָה אֱלֹהֵינוּ נַזְכִּיר׃
9 הֵמָּה כָּרְעוּ וְנָפָלוּ וַאֲנַחְנוּ קַּמְנוּ וַנִּתְעוֹדָד׃
10 יְהוָה הוֹשִׁיעָה הַמֶּלֶךְ יַעֲנֵנוּ בְיוֹם־קָרְאֵנוּ׃

1. Lamnatséaj mizmór leDavíd
2. Yaanjá Adonai beyóm tsará, yesaguebjá shem Elohé Yaaqób
3. Yshláj ezrejá miqódesh, umiTsiyón ysadéka
4. Yzkór kol minjotéja veolatejá yedashéne selah
5. Ytén lejá jilbabéja vejol atsatejá yemalé
6. Neranená bishúatéja ubshen Elohénu nidgól, yemalé Adonai kol mishalotéja
7. Atá yadáti ki hoshía Adonai meshijó, yaanéhu mishemé kodshó, bigburót yésha yeminó
8. Éle baréjeb veéle basusím, vanájnu beshem Adonai Elohénu nazkír
9. Héma kareú venafálu, vanájnu qámnu vanitodád
10. Adonai hoshía hamélej yaanénu beyom qorénu

1. Al músico principal, Salmo de David.
2. YHVH te responda en el día de angustia (conflicto, tribulación); el nombre del Dios de Jacob te ampare.
3. Te envíe ayuda desde el santuario, y desde Sion te sostenga.
4. Haga memoria de todas tus ofrendas, y acepte tu holocausto.
5. Te dé conforme al deseo de tu corazón, y cumpla todo tu consejo.

6. Nosotros nos alegraremos en tu salvación, y alzaremos estandarte en el nombre de nuestro Dios; conceda YHVH todas tus peticiones.

7. Ahora conozco que YHVH salva a su ungido; lo oirá desde sus santos cielos con la potencia salvadora de su diestra.

8. Éstos confían en carros, y aquéllos en caballos; mas nosotros el nombre de YHVH nuestro Dios invocamos (tendremos memoria).

9. Ellos flaquean y caen, mas nosotros nos levantamos, y estamos en pie.

10. Salva, YHVH; que el Rey nos responda en el día que lo invoquemos.

Comentarios al Salmo 20:

El salmo 20 se propone tradicionalmente para **protección y ayuda en situaciones de angustia** y **para salir adelante en un juicio**. Es claramente un **salmo de victoria, de afirmación personal y de obtención de todo tipo de favores divinos**. También es uno de los salmos tradicionalmente empleados para la **curación**.

Ahora nos interesa sobre todo destacar su potencial espiritual de **conexión e iluminación**. Según una enseñanza, los salmos de Mizmor leDavid (Salmo para David) son de descenso, de recepción del Rúaj HaKódesh (Espíritu Santo), mientras que los de LeDavid Mizmor son de ascenso para poder recibirlo.

Mizmor LeDavid aparece 28 veces en el salterio. Los salmos son: 3, 4, 5, 6, 8, 9, 12, 13, 15, 19, 20, 21, 22, 23, 29, 31, 38, 39, 41, 51, 62, 63, 64, 65, 108, 140, 141, 143.

LeDavid Mizmor aparece 7 veces: Números 24, 40, 68, 101, 109, 110, 139.

El salmo 20 es del primer tipo, por tanto, de recepción.

Hay que tener en cuenta que el proceso no es necesariamente racional, más bien no lo es en absoluto, aunque no contradice la razón. Es puro Espíritu (suprarracional, más allá de la mente abstracta). Para abrirse a ello es necesario concentrarse plenamente en las letras hebreas, con total kavaná, viéndolas como letras de luz y fuego divino, trascendiendo lo que es meramente el significado literal de las palabras que lo componen. No es que éstas sean superfluas. Son necesarias como soportes de la energía espiritual. Nos ayudan en nuestra kavaná y la dirigen.

Es necesario, sin embargo, leer los salmos al modo de los Nombres de Dios, los explícitos y los implícitos. No hay que olvidar que han sido escritos con Rúaj HaKódesh y están llenos de secretos, no para confundir, precisamente para iluminar y mostrar el camino; para abrir nuestra mente a la meditación profunda y la contemplación.

Vemos que este salmo tiene 70 palabras, que el Zohar relaciona con los 70 gritos de dolor de la mujer en el parto. También se relaciona con los 70 años de exilio entre el primer y segundo Templo.

Respecto de lo primero, podemos hablar de un alumbramiento espiritual (70 = Ayin = Ojo; conciencia espiritual). Respecto de lo segundo, recordamos también que fueron 70 los descendientes de Jacob que descendieron a Egipto, el plano de la esclavitud, de la finitud y la materialidad. También fueron 70 las naciones que fueron dispersadas tras la torre de Babel.

En general, el número 70 es el símbolo del campo total estructurado de la conciencia humana. Al hablar de los 70 pueblos, o lenguas, o modos de diversificación de la conciencia, abarcamos a todos los pueblos, a toda la humanidad. Y la humanidad se encuentra en estado de exilio, perdida en los pliegues de la materialidad.

El salmo nos muestra los instrumentos para salir de este estado: las diez sefirot del Árbol de la Vida, prefiguradas en sus diez versículos y, sobre todo, la apelación al Nombre de Dios: «Éstos confían en carros, y aquéllos en caballos; mas nosotros el nombre de YHVH nuestro Dios invocamos» (la expresión YHVH Elohénu consta también de diez letras, abarcando todo el Árbol de la Vida).

Cinco veces aparece el Nombre YHVH en el salmo, y cada una rectifica, redime y/o ilumina un aspecto del alma humana:

«YHVH te responda en el día de angustia»: Néfesh.

«Conceda YHVH todas tus peticiones»: Rúaj.

«Ahora conozco que YHVH salva a su ungido»: Neshamá.

«Nosotros el nombre de YHVH nuestro Dios invocamos: Jaiá

«Salva, YHVH; que el Rey nos responda en el día que lo invoquemos»: Yejidá.

El salmo apela a la conciencia mesiánica: «Ahora conozco que YHVH salva a su ungido» (conozco yo, no otro. Hay que leer los salmos en primera persona, no como episodios históricos de las luchas de David, símbolo por otra parte de la esfera de Maljut).

Según la versión del Árbol extendido, la conciencia mesiánica (la unción con el aceite del Espíritu) se alcanza en el estado de Kéter de Yetsirá/Tiféret de Briá/Maljut de Atsilút. Puesto que los Patriarcas y Matriarcas son símbolos de las esferas en el mundo de Briá, éste es el lugar arquetípico de Yaaqob (Jacob, Israel), al que hemos aludido antes en relación con los 70: «Cuando el Altísimo dio a cada pueblo su heredad, dividió a los hijos de Adam y fijó los límites de los pueblos según el número de los hijos de Israel» (Dt 32, 8).

En el libro *Meditación y cábala,* R. Aryeh Kaplan incluye la siguiente cita del libro de Jayim Vital (enseñanza del Ari) Shaaré Rúaj HaKódesh:

> Cuando alguien se quiere arrepentir (hacer teshuvá) es bueno que lea el salmo 20 y medite en el nombre místico YBQ (Yod, Bet, Qof) que aparece en él dos veces. La primera referencia se encuentra en el versículo inicial (2.º): Yaanjá Adonai (YHVH) beyóm tsará, Dios te responderá en el día del conflicto, en el que las letras iniciales son YYBTs. Su suma es 112, el valor numérico de YBQ. La segunda referencia es más explícita y aparece en el versículo final del salmo, yaanénu beyom qorénu, nos responderá en el día que lo invoquemos. Ahora las iniciales mismas conforman directamente YBQ.

Antes de analizar este nombre místico, diremos que son las letras de Yaboq, el torrente en donde Jacob tuvo su lucha obteniendo el nombre Israel.

Hacer teshuvá (cita de Vital) es retornar, significado literal de la palabra. Teshuvá es además un nombre de Biná, el retorno a la conciencia espiritual de la Neshamá. Ciertamente las tres letras son las iniciales de Yejidá (unidad), Berajá (bendición) y Quedushá (santidad, la manifestación de la energía espiritual).

El número 112 representa la conjunción de los siguientes Nombres Divinos:

- Eheieh + YHVH + Adonai = 21 + 26 + 65 = 112. Kéter, Tiféret (Zeir Anpin) y Maljut; toda la columna central del Árbol de la Vida.

- YHVH + Elohim = 26 + 86 = 112. La unión de Misericordia y Severidad por un lado, o de las polaridades masculina y femenina como Nombre de Dios en Biná.

Podemos ver la enorme potencia espiritual de este código. Además, las iniciales de HaKadosh Baruj Hu, HQBH, también suman 112. Se trata de un verdadero Nombre de Dios, algo con conexión directa e inmediata.

Vemos también su potencia salvadora. Por eso, en el ritual judío de oraciones, se usa el versículo final del salmo para neutralizar la negatividad desde la misericordia: Vehú rajúm yejaper avón veló yashjit vehirbá lehashib apó, veló yair kol jamató. Adonai hoshía hamélej yaanénu beyom qorénu. (Y Él es misericordioso, expiará la iniquidad y no destruirá, abundantemente contendrá su ira y no encenderá todo su furor. ¡Eterno salva! El Rey nos responderá en el día que le invoquemos).

Hay que tener en cuenta que las iniciales de las tres primeras palabras de este versículo: Adonai (YHVH) Hoshía Hamélej, son también otro Nombre de Dios (de los 72): YHH. Y además las letras finales de las cuatro últimas hamélej yaanénu beyom qorénu, Kaf Vav Mem Vav, suman 72, una referencia explícita a los 72 Nombres de Dios, cuyo poder genéricamente cierra el salmo.

Vemos entonces el tipo de combate espiritual que realiza Jacob en el torrente Yaboq (YBQ): atar en un nudo central (Tiféret) en el Árbol de la Vida la inmanencia y la trascendencia, el Kéter con el Maljut, las polaridades derecha e izquierda y ligarse fuertemente a HaKadosh Baruj Hu. Por eso tu nombre será Israel, porque has luchado con dios (la trascendencia) y con hombres (la inmanencia) incluyéndolo en el arquetipo Ser Humano (Adam) y has vencido.

Con ello abre un espacio de conciencia espiritual para toda la humanidad. Recordemos su posición arquetípica como Tiféret de Briá, el lugar del ungimiento del Espíritu (Mashíaj = Ungido). Hay que tener en cuenta que ésa es la esencia del Nombre Jacob, que son las mismas letras de Yaboq más la Ayin del 70 que, como hemos visto al principio, representa a toda la humanidad: Yaaqob, Yod Ayin Qof Bet, YBQ + Ayin.

Que Jacob es un ser humano arquetípico queda comprobado cuando vemos que la esencia ADM, es el Uno de la Alef frente al cuatro Dalet de los elementos, siendo la Mem final, de valor numérico 600, indicativa de las 600.000 raíces de almas contenidas en el ser cósmico Adam. Jacob es también un 1 frente al 4, cuaternario representado por sus cuatro esposas. El valor numérico de Yaaqob es 182, que es 26 × 7, siendo 26 el número de YHVH, es decir, el tetragrama manifestado en el septenario de la forma.

Como conclusión final, podemos decir que este salmo está destinado a abrir en nosotros esa **conexión con el Tiféret arquetípico** que hemos descrito, nuestra inclusión en la conciencia mesiánica, el lugar del ungimiento, el núcleo espiritual y divino de nuestra alma.

Queda mucho por decir. Todo salmo es infinito. Es un cable que nos permite alcanzar el estado de conciencia al que apunta su texto. Quiera HaKadosh Baruj Hu abrir las puertas de nuestra percepción interior y hacernos merecedores de recibir al Santo Espíritu para Gloria de su Nombre. Amen

Resumen meditativo:

Yaboq

אהיה
יהוה
אדני
Eheieh YHVH Adonai

איאהההדיונההי
Entrelazados

יהוה
אלהים
יאהלוההים
YHVH Elohim entrelazados

הקבה
HaKadósh Baruj Hu

Salmo 23

1 מִזְמוֹר לְדָוִד יְהֹוָה רֹעִי לֹא אֶחְסָר:
   ejsár lo roi Adonái leDavid Mizmór

2 בִּנְאוֹת דֶּשֶׁא יַרְבִּיצֵנִי עַל־מֵי מְנֻחוֹת יְנַהֲלֵנִי:
  yenahaléni menujót al–mé yarbitséni déshe Binót

3 נַפְשִׁי יְשׁוֹבֵב יַנְחֵנִי בְמַעְגְּלֵי־צֶדֶק לְמַעַן שְׁמוֹ:
  shemó lemaán tsédek bemaguelé yanjéni yeshobéb Nafshi

4 גַּם כִּי־אֵלֵךְ בְּגֵיא צַלְמָוֶת לֹא־אִירָא רָע כִּי־אַתָּה עִמָּדִי שִׁבְטְךָ
  shibtejá imadi atá ki ra irá lo tsalmávet begué elej ki Gam

וּמִשְׁעַנְתֶּךָ הֵמָּה יְנַחֲמֻנִי:
  yenajamúni héma umishantéja

5 תַּעֲרֹךְ לְפָנַי שֻׁלְחָן נֶגֶד צֹרְרָי דִּשַּׁנְתָּ בַשֶּׁמֶן רֹאשִׁי
  kosi roshi bashémen dishánta tsoreráí négued shulján lefanái Taarój

כּוֹסִי רְוָיָה:
  revayá

6 אַךְ טוֹב וָחֶסֶד יִרְדְּפוּנִי כָּל־יְמֵי חַיָּי וְשַׁבְתִּי בְּבֵית־יְהֹוָה לְ
  le Adonai bebét veshabtí jayái yemé kol yirdefúni vajésed tob Aj

אֹרֶךְ יָמִים:
  yamim órej

1. Salmo de David. YHVH es mi pastor; nada me faltará.
2. En lugares de delicados pastos me hará descansar;
junto a aguas de reposo me pastoreará.
3. Confortará mi alma;
me guiará por sendas de justicia por amor de su nombre.
4. Aunque ande en valle de sombra de muerte,
no temeré mal alguno, porque tú estarás conmigo;
tu vara y tu cayado me infundirán aliento.
5. Aderezas la mesa delante de mí en presencia de mis angustiadores;
unges mi cabeza con aceite; mi copa está rebosando.
6. Ciertamente el bien y la misericordia me seguirán todos los días de mi vida,
y en la casa de YHVH moraré por largos días.

Breve comentario:

Según el *Shimush Tehilim*, este salmo se usa para recibir instrucciones confiables respecto a alguna cosa a través de una visión o un sueño.

Es éste un salmo de **serenidad, guía, descanso, confianza y abandono a la Providencia**. Denota un estado de **amor y armonía en la vida**, de **ausencia de temor** ante los acontecimientos. Trae **prosperidad**, tanto interna como externa. Nos pone en la **Presencia Divina** («Tú estás conmigo»).

Todo el salmo es muy potente. Describe el estado de ánimo y la actitud para recibir el Espíritu y la plenitud Divinas («mi copa rebosa»).

En el primer versículo se dice que YHVH es Roí, mi pastor. Es interesante observar que esta palabra, רעי, de valor numérico 280, es una permutación de עיר, uno de los 72 Nombres. Su significado es «**certeza absoluta contra la duda**». Su valor numérico (= 280) es el mismo que el de Mesupaq, dudar (Mem 40. Sámej 60. Pe 80. Qof 100). Duda es Safeq = 240 = Amaleq (Ayin Mem Lamed, Qof), el pueblo que en el simbolismo bíblico representa a la negatividad. En el Éxodo se narra que Amaleq ataca a Israel después de la salida de Egipto justo después de que dudan (Ex 17, 7-16): «¿Está YHVH entre nosotros o no?». Israel prevalece mientras Moisés mantiene los brazos en alto, es decir, mientras se mantiene la conexión con los Supremos.

Este Nombre también implica una **percepción reveladora**, en armonía con el significado del salmo según el *Shimush Tehilim*. De hecho, la expresión de conclusión, לא אחסר, nada me falta, suma 300, que es el valor de Shin, ש, anagrama del Espíritu de Dios, רוח אלהים, Rúaj Elohim = 300. Éste es un salmo de recepción del Espíritu (Mizmor leDavid), como dice: «Has ungido con aceite mi cabeza». El ungimiento siempre es un símbolo del descenso del Rúaj HaKódesh, el Espíritu Santo, lo que hace que mi copa rebose.

También 280 es el número de סנדלפון, Sandalfón, el arcángel de Maljut, la guía arcangélica del planeta Tierra. Sandalfón nos sostiene, nos sustenta, nos protege, nos guía, hace que nuestro camino por la tierra sea de prosperidad y plenitud. Nos pone en última instancia en conexión con el Alma de la Tierra.

Por último, 280 es el valor numérico de las 5 letras finales: ץ ף ן ם ך. Estas letras representan estados cósmicos de plenitud no realizados todavía (el alfabeto termina con la letra Tav, 400). Por eso se dice que fueron instituidas por los profetas, porque apuntan a tiempos mesiánicos.

La conexión que proporcionan estas letras es tremenda. Se corresponden con las cinco vocales y con los 5 Partsufim o Rostros Divinos, según la siguiente lista:

ך: Jolam, «o», Kéter, Arij Anpin, el Gran Rostro de Dios.
ם: Kamats, «a», Jojmá, Abba, el Padre.
ן: Tseré, «e», Biná, Imma, la Madre.
ף: Jirik, «i», Zeir Anpin, el Pequeño Rostro de Dios, sefirot de Jésed a Yesod.
ץ: Kubuts «u», Maljut, Shejiná, la Presencia Divina.

A pesar de que recorremos todo el Árbol de la Vida, éste es un salmo del pilar del medio. Cuando dice el salmo: «Preparas para mí una mesa frente a mis angustiadores», pueden entenderse en este contexto los dos pilares laterales en negativo, pero tu vara y tu cayado (nuevamente los dos pilares laterales pacificados y bajo supervisión divina) me sostienen.

Ciertamente, éste es un salmo que rebosa Tiféret, lleno de secretos, y del cual sólo hemos arañado algunas conexiones. Por ejemplo, todo el maravilloso versículo 6 está preñado de Nombres Divinos. Así ילי en las terminaciones de Yirdefúni Kol Yemé(i), y directamente כלי en K(o)L Y(emé). El primero recaptura y eleva todas las chispas caídas. El segundo hace que nuestra vasija, nuestra casa, sea la Casa de YHVH en la que «moraré por largos días».

Salmo 24

1 לְדָוִד מִזְמוֹר לַיהוָה הָאָרֶץ וּמְלוֹאָהּ תֵּבֵל וְיֹשְׁבֵי בָהּ׃
2 כִּי־הוּא עַל־יַמִּים יְסָדָהּ וְעַל־נְהָרוֹת יְכוֹנְנֶהָ׃
3 מִי־יַעֲלֶה בְהַר־יְהוָה וּמִי־יָקוּם בִּמְקוֹם קָדְשׁוֹ׃
4 נְקִי כַפַּיִם וּבַר־לֵבָב אֲשֶׁר לֹא־נָשָׂא לַשָּׁוְא נַפְשִׁי וְלֹא נִשְׁבַּע לְמִרְמָה׃
5 יִשָּׂא בְרָכָה מֵאֵת יְהוָה וּצְדָקָה מֵאֱלֹהֵי יִשְׁעוֹ׃
6 זֶה דּוֹר דֹּרְשָׁו מְבַקְשֵׁי פָנֶיךָ יַעֲקֹב סֶלָה׃
7 שְׂאוּ שְׁעָרִים רָאשֵׁיכֶם וְהִנָּשְׂאוּ פִּתְחֵי עוֹלָם וְיָבוֹא מֶלֶךְ הַכָּבוֹד׃
8 מִי זֶה מֶלֶךְ הַכָּבוֹד יְהוָה עִזּוּז וְגִבּוֹר יְהוָה גִּבּוֹר מִלְחָמָה׃
9 שְׂאוּ שְׁעָרִים רָאשֵׁיכֶם וּשְׂאוּ פִּתְחֵי עוֹלָם וְיָבֹא מֶלֶךְ הַכָּבוֹד׃
10 מִי הוּא זֶה מֶלֶךְ הַכָּבוֹד יְהוָה צְבָאוֹת הוּא מֶלֶךְ הַכָּבוֹד סֶלָה׃

1. Le David mizmór lAdonai haáretz umloáh, tébel veióshbe bah
2. Ki Hu al iammím iesadáh, veal neharót iejonenéha
3. Mi iaalé behár Adonai, umí iakúm bimkóm kodshó.
4. Nekí japáim ubár lebáb ashér lo nasá lasháv nafshí, ve lo nishbá lemirmá.
5. Issá berajá meét Adonai, utzdaká meElohé ishó.
6. Ze dor dresháv, mebakhshé fanéja Iaakóv selah.
7. Seú shearím rashejém vehinnaseú pitjé olám, veiabó mélej hakabód.
8. Mi zé mélej hakabód Adonai izzúz veguibbór, Adonai guibbór miljamá

9. Seú shearím rashejém us-ú pitjé olám, veiabó mélej hakabód.

10. Mi Hu zé mélej hakabód Adonai Tzebaót, Hu mélej hakabod selah.

1. De David. Salmo. De YHVH es la tierra y su plenitud; el mundo, y los que en él habitan.

2. Porque él la fundó sobre los mares, y la afirmó sobre los ríos.

3. ¿Quién subirá al monte de YHVH? ¿Y quién estará en su lugar santo?

4. El limpio de manos y puro de corazón; que no ha invocado Mi Alma en vano, ni jurado con engaño.

5. El recibirá bendición de YHVH, y benevolencia del Elohim de su salvación.

6. Tal es la generación de los que le buscan, de los que buscan tu rostro, Jacob. Selah.

7. Alzad, oh, puertas, vuestras cabezas, y alzaos vosotras, puertas eternas, y entrará el Rey de Gloria.

8. ¿Quién es este Rey de gloria? YHVH el fuerte y valiente, YHVH el poderoso en batalla.

9. Alzad, oh, puertas, vuestras cabezas, y alzaos vosotras, puertas eternas, y entrará el Rey de Gloria.

10. ¿Quién es este Rey de gloria? YHVH de los Ejércitos, El es el Rey de Gloria. Selah.

Breve comentario:

Según el *Shimush Tehilim*, este salmo sirve **para salvarnos del peligro** más grande y no nos veremos afectados por una **inundación** devastadora (alusión al v. 2).

También según la tradición es especial para la **parnasá** (sustento) y el **bienestar económico** (v. 5).

Desde el punto de vista místico, es un salmo muy potente para conectarnos y ascender por el Árbol de la Vida. Los «mares» (v. 2) aluden a Biná y a Maljut, y los «ríos» son las sefirot que unen ambas esferas. Tiene 10 versículos y la expresión BeHar YHVH (¿Quién subirá «al monte» –literalmente, «en el monte»– de YHVH?) suma 233, el valor de Ets haJayim, Árbol de la Vida.

«¿Y quién estará en su Lugar Santo?» Se refiere al propio Templo y las puertas eternas (pitjé olam) son los siete centros psicofísicos del pilar del medio (chakras).

La expresión Mélej HaKavod, el Rey de la Gloria, se refiere obviamente a la Deidad, pero precisando más, en el contexto personal de la construcción del propio templo interior, Kavod, כבוד, es 32: el número de elementos del Árbol de la Vida (y el valor de Leb, corazón).

HaKavod, הכבוד, la Gloria, es 37. Éste es el valor numérico de la palabra Yejidah, יחידה, que es la Chispa Divina.

Esta Chispa Divina se manifiesta por la conjunción de YHVH y Eheieh. Desarrollados con yodim, tenemos: יוד הי ויו הי y יוד הי, אלף הי. Y entrelazados:

יוד אלף הי הי ויו הי יוד הי הי

La guematria del conjunto es 233, valor que hemos encontrado antes en BeHar YHVH (v. 3) y que es, a su vez, Ets HaJayim, el Árbol de la Vida.

Por otro lado, Mélej, מלך, Rey, se considera en el contexto humano como un acróstico de las tres palabras: מח, Móaj, «cerebro»; לב, Leb, «corazón»; כבד, Kabed, «hígado»; siendo cada una asiento vital en lo físico de neshamá, rúaj y néfesh.

Este salmo **despierta nuestra naturaleza interior, alinea nuestros vehículos, nos permite integrar en nosotros el Árbol de la Vida, nos permite ascender por el Árbol hasta el lugar de nuestra Yejidá, activa nuestra Chispa Divina, que es parte de lo Divino y nos abre directamente a la experiencia del Dios total, del Dios único**, representado por el Nombre de Dios, YHVH, y manifestado como YHVH Tsebaot, el Nombre del Poder único detrás de todos los poderes, el nombre de la divinidad manifestándose como una multitud de potencias activas.

Tradicionalmente se usa este salmo para recibir una respuesta del Creador. Ciertamente nos abre a la experiencia profética. Cito de *El camino del Árbol de la Vida*:

> Por todo ello, YHVH Tsebaot está vuelto hacia el hombre y se manifiesta en él en la profecía. Porque si YHVH Eloah Vadáat *(Nombre de Dios en Tiféret)* es el Dios interior e íntimo que se encuentra en la experiencia mística, YHVH Tsebaot *(Nombre de Dios en Nétsaj)*, que expresa la fuerza de la trascendencia en medio de la Creación, representa el impulso divino que nos alcanza y nos despierta a la búsqueda, el destello de iluminación y palabra inspirada, el relámpago del descenso divino que enciende el anhelo de nuestras almas hacia la perfección, para, precisamente, en la diversidad de nuestras potencias anímicas encontrar y reconocer a la fuente del poder único, diciendo como el profeta (Is 6, 3): «Kadosh, Kadosh, Kadosh, YHVH Tsebaot, Meló Kol HaArets Kevodó». «Santo [Jésed (y Kéter)], Santo [Guevurá (y Jojmá)], Santo [Tiféret (y Biná)] es YHVH Tsebaot [Nétsaj]. Toda [Yesod] la Tierra [Maljut] está llena de su Gloria [Hod]». Porque todo es Uno, añade el Zohar[19].

Salmo 29

1 מִזְמוֹר לְדָוִד הָבוּ לַיהוָה בְּנֵי אֵלִים הָבוּ לַיהוָה כָּבוֹד וָעֹז:

1. Tributad a יהוה׳, oh hijos de los poderosos (hijos de Dios), Dad a יהוה׳ la gloria y el poder.

Mizmór LeDavíd, habú lAdonáy bené elím, habú lAdonáy kabód vaóz

2 הָבוּ לַיהוָה כְּבוֹד שְׁמוֹ הִשְׁתַּחֲווּ לַיהוָה בְּהַדְרַת־קֹדֶשׁ:

2 Dad a יהוה׳ la gloria debida a su nombre; Adorad a יהוה׳ en la hermosura de la santidad.

Habú lAdonáy kebód shemó, hishtajabú lAdonáy behadrát kódesh.

3 קוֹל יְהוָה עַל־הַמָּיִם אֵל־הַכָּבוֹד הִרְעִים יְהוָה עַל־מַיִם רַבִּים:

3 Voz de יְהֹוָה (Jésed) sobre las aguas; truena el Dios de gloria, יהוה׳ sobre las muchas aguas.

Qol Adonáy al hamáyim, el hakabod hirím, Adonáy al máyim rabím

---

19. Santa Asamblea Mayor. Párrafo 1090.

4 קוֹל־יְהוָה בַּכֹּחַ קוֹל יְהוָה בֶּהָדָר:

4 Voz de יְהוָה (**Guevurá**) con potencia; Voz de יהוה (**Tiferet**) con gloria.

Qol Adonáy bakóaj, Qol Adonáy behadár

5 קוֹל יְהוָה שֹׁבֵר אֲרָזִים וַיְשַׁבֵּר יְהוָה אֶת־אַרְזֵי הַלְּבָנוֹן:

5 Voz de יְהוָה (**Nétsaj**) que quebranta los cedros; quebrantó יהוה los cedros del Líbano.

Qol Adonáy shobér arazím, vayshabér Adonáy et arzé halebanón

6 וַיַּרְקִידֵם כְּמוֹ־עֵגֶל לְבָנוֹן וְשִׂרְיֹן כְּמוֹ בֶן־רְאֵמִים:

6 Los hizo saltar como becerros; al Líbano y al Sirión como hijos de búfalos.

Vayarquidém kemó éguel, Lebanón veShirión kemó ben reemím

7 קוֹל־יְהוָה חֹצֵב לַהֲבוֹת אֵשׁ:

7 Voz de יְהוָה (**Hod**) que derrama llamas de fuego;

Qol Adonáy jotséb lahabót esh

8 קוֹל יְהוָה יָחִיל מִדְבָּר יָחִיל יְהוָה מִדְבַּר קָדֵשׁ:

8 Voz de יוהוווהי (**Yesod**) que hace temblar el desierto; hace temblar יהוה el desierto de Cades.

Qol Adonáy yajíl midbar, yajíl Adonáy midbár qadésh

9 קוֹל יְהוָה יְחוֹלֵל אַיָּלוֹת וַיֶּחֱשֹׂף יְעָרוֹת וּבְהֵיכָלוֹ כֻּלּוֹ אֹמֵר

9 Voz de יהוה (**Maljut**) que desgaja las encinas, y desnuda los bosques; en su templo todo proclama

Qol Adonáy yejolél ayalót vayejesób yearót, ubhejaló kuló omér kabód

כָּבוֹד:

su gloria.

10 יְהוָה לַמַּבּוּל יָשָׁב וַיֵּשֶׁב יְהוָה מֶלֶךְ לְעוֹלָם:

10 יהוה preside en el diluvio, y se sienta יהוה como rey para siempre.

Adonáy lamabúl yashab, vayéseheb Adonáy mélej leolám

11 יְהוָה עֹז לְעַמּוֹ יִתֵּן יְהוָה יְבָרֵךְ אֶת־עַמּוֹ בַשָּׁלוֹם:

11 יהוה dará poder a su pueblo; יהוה bendecirá a su pueblo con paz.

Adonáy oz leamó ytén, Adonáy yebaréj et amó bashalóm

Según el *Shimush Tehilim,* este salmo sirve para la **expulsión de un espíritu malo.**

Para **contrarrestar desastres naturales, granizo, terremotos, riadas, tormentas.**

Nos trae la **victoria** y nos **libera de los opositores.**

Se usa para **curarse de la melancolía, la depresión o la locura.** También **como protección contra el fuego.**

Las alusiones están claras en los versículos correspondientes.

El Salmo 29 hace realmente de puente entre el Shabat y los días de la semana, y en la liturgia judía abre los rezos de lo que se llama la Kabalat Shabat, la recepción del sábado, que se lee el viernes por la noche.

Este salmo contiene siete veces la expresión «Kol YHVH, Voz de YHVH»,[20] en correspondencia con las siete sefirot inferiores del Árbol de la Vida (Zeir Anpin y Maljut), así como con los siete días de la Creación (y por tanto con los días de la semana) y con las siete voces que se «veían» en el monte Sinaí (Ex 20, 18).

Cada uno de los tetragramas se visualiza con la vocalización propia de la sefirá en cuestión.

Así pues, el salmo 29 nos proporciona una fuerte **conexión con la experiencia del Sinái, con la Torá** (que fue dada en esas siete voces), con **la profecía** (Bat Qol), con **la Creación** y con todos los septenarios, en particular, en el plano del tiempo, con el de **los días de la semana.**

También con **la cabalá,** ya que Voz, Qol, קוֹל, suma 136. Añadiendo una unidad por la palabra en conjunto (kolel), obtenemos קבלה, el esoterismo de la Torá, dado también en el Sinái.

Salmo 67

1 לַמְנַצֵּחַ בִּנְגִינֹת מִזְמוֹר שִׁיר׃
2 אֱלֹהִים יְחָנֵּנוּ וִיבָרְכֵנוּ יָאֵר פָּנָיו אִתָּנוּ סֶלָה׃
3 לָדַעַת בָּאָרֶץ דַּרְכֶּךָ בְּכָל־גּוֹיִם יְשׁוּעָתֶךָ׃
4 יוֹדוּךָ עַמִּים אֱלֹהִים יוֹדוּךָ עַמִּים כֻּלָּם׃

---

20. El tetragrama aparece además otras 11 veces en este salmo; en total 18, según el número de Jai, Vida.

5 יִשְׂמְחוּ וִירַנְּנוּ לְאֻמִּים כִּי־תִשְׁפֹּט עַמִּים מִישׁוֹר וּלְאֻמִּים
בָּאָרֶץ תַּנְחֵם סֶלָה:
6 יוֹדוּךָ עַמִּים אֱלֹהִים יוֹדוּךָ עַמִּים כֻּלָּם:
7 אֶרֶץ נָתְנָה יְבוּלָהּ יְבָרְכֵנוּ אֱלֹהִים אֱלֹהֵינוּ:
8 יְבָרְכֵנוּ אֱלֹהִים וְיִירְאוּ אֹתוֹ כָּל־אַפְסֵי־אָרֶץ:

1. Lamnatséaj Binguinót Mizmór Shir.
2. Elohím Yejanénu Vivarejénu Yaér Panáv Itánu Selah.
3. LaDáat BaÁrets Darkéja BeJól Goím Yeshuatéja.
4. Yodúja Amím Elohím Yodúja Amím Kulám.
5. Yismejú Viranenú LeUmím Ki Tishpót Amím Mishór ULUmím BaÁrets Tanjém Selah.
6. Yodúja Amím Elohím Yodúja Amím Kulám.
7. Érets Natená Yevulá Yevarejénu Elohím Elohénu.
8. Yevarejénu Elohím Veyireú Otó Kol Afsé Árets.

1. Para el director del coro, con instrumentos de cuerda. Salmo. Cántico.
2. Elohim tenga piedad de nosotros y nos bendiga. Resplandezca su Rostro hacia nosotros. Sela.
3. Para que sea conocido tu camino sobre la tierra, y entre todas las naciones tu salvación.
4. Alábente los pueblos, Elohim, alábente los pueblos todos.
5. Regocíjense y canten de gozo las naciones, pues juzgas a los pueblos con equidad y diriges a las naciones sobre la tierra.
6. Alábente los pueblos, Elohim, alábente los pueblos todos.
7. La tierra ha dado su fruto. Bendíganos, Elohim nuestro Dios.
8. Bendíganos Elohim y sea temido en todos los confines de la tierra.

Según el *Shimush Tehilim,* la segulá de este salmo es curación **de quien tiene fiebre crónica**. También la liberación de alguien que ha sido **encarcelado** u obligado.

Lo normal es que este salmo se escriba en forma de candelabro de siete brazos y la intención al leerlo es que se está encendiendo de hecho la Menorá del Templo. El salmo tiene siete versículos, sin contar el primero, que es de introducción, y 49 palabras, sin tener en cuenta, de nuevo, las cuatro del versículo primero. Cada versículo corresponde, como es lógico, a un brazo del candelabro, mientras que las 49 palabras representan los 22 cálices, más 11 manzanas, más 9 flores, más 7 lámparas de la Menorá. Por otra parte, las cuatro primeras palabras se atribuyen a las dos despabiladeras y a las dos paletas de oro. El primer versículo se descompone sobre cada una de las ramas y actúa como la llama sobre ellas.

Leerlo diariamente, como decimos, equivale a encender la Menorá. La Menorá encendida lleva el Santo del Templo a nuestro hogar y llena asimismo de luz a nuestro septenario interior de los siete centros psicofísicos.

El salmo 67 en forma de Menorá constituye el tema decorativo central en los Shivitis, representado bajo el Nombre de Dios, introducido por el versículo 8 del salmo 16: «Shiviti YHVH lenegdí tamid: He puesto al Eterno delante de mí siempre»; versículo que, en sí mismo, es un poderoso mantra de meditación.

Según una tradición, el rey David tenía grabado este salmo en forma de Menorá en su escudo, resultando vencedor en la guerra. De ahí su uso general para la Protección Divina. Se dice que al que leyere este salmo todos los días bajo la forma de candelabro de siete brazos, concentrándose en sus palabras, secretos y Santos Nombres, no le acontecerá ningún mal y prosperará en todos sus caminos.

Además, por sus 49 palabras divididas en los siete versículos, el salmo 67 también se emplea en las meditaciones relativas a los períodos de siete por siete, como en los 49 días del Omer, que transcurren entre el segundo día de Pascua y la festividad de Shavuot (Pentecostés), en los que en cada día se trabaja la rectificación de la cualidad emocional correspondiente a la subsefirá (o subplano) de ese día. Se empieza por Jésed de Jésed, Guevurá de Jésed, Tiféret de Jésed y así sucesivamente hasta llegar a Maljut de Maljut en el día cuadragésimo noveno, último de la séptima semana. Cada palabra del salmo purifica en consecuencia una subsefirá y ésa es una kavaná que puede realizarse también todos los días como una limpieza de nuestros niveles yetsiráticos.

Explicación del Shiviti *(véase* la imagen a continuación)

En la **primera línea** está escrito el versículo 10 del salmo 36: «Ki Imejá Meqór Jaím Beorejá Niré-Ór. Porque contigo está la fuente de vida, en tu luz veremos la luz».

En la **segunda línea** aparece la primera mitad del versículo 16, 8: «Shivíti Adonai lenegdí tamíd. He puesto al Eterno delante de mí siempre». Es esta segunda línea la que da nombre a todo el kamea: es un **Shivíti**, porque es una toma de conciencia permanente de la Presencia Divina delante de mí.

El versículo 16, 8 se completa en la **línea 3**: «Ki miminí bal-emót. Porque Él está a mi derecha yo no caeré».

Vemos que el Nombre de Dios aparece de la siguiente forma:

Expresa la unión de HaKadosh barúj Hu (representada por el tetragrama) y la Shejiná (representada por el Nombre Adonai. De su unión, representada por el entrelazado de sus letras) todos los seres de todos los mundos reciben bendición, paz, plenitud, realización.

Este Yijud es tan importante que en algunos Sidurim (libros de oraciones) sustituye por completo al Nombre de Dios, apareciendo éste siempre en la forma anterior, es decir, con la He expandida conteniendo al Nombre Adonai y a continuación las ocho letras entrelazadas. Así, en todas las oraciones, cada vez que leemos el Nombre de Dios YHVH y pronunciamos Adonai, estamos, de hecho, actualizando la unificación.

Figura 7. Shiviti. Menorá

La unión recibe el nombre del Amén, por su igualdad de valores numéricos (91).

Por eso, en el bloque siguiente tenemos a la **derecha** lo que se llama Amén de **Berajot** (la unión de bendiciones) entrelazando los Nombres de arriba abajo, como antes, que es el sentido descendente de la berajá.

יאהדונהי

A la **izquierda** tenemos el Amén de **Kadishim,** que es el entrelazado en sentido contrario, de abajo arriba:

אידהנויה

Eso es porque el Kadish es una plegaria de elevación, y entonces el Nombre en Maljut (Adonai) debe preceder al Nombre en Tiféret o Zeir Anpin. Así, por ejemplo, en el éxtasis profético, Ezequiel usa los Nombres en ese sentido: Adonai YHVH.

Y entre ambos entrelazados el anagrama del Eterno (de derecha a izquierda):

Hayá Hové Veyihyéh: Era Es Será

El que está por encima de la dimensión del tiempo, el que define la dimensión del tiempo, el Eterno.

En la siguiente línea tenemos tres códigos:

A la derecha **AGLA** (Alef Guimel Lamed Alef), que es un Nombre Divino en sí mismo: Es el Notaricón (acróstico) de Atá Guibor Leolam Adonai, Tú eres Fuerte por siempre, Adonai.

Es la expresión que da comienzo a la segunda Berajá del rezo diario de la Amidá (correspondiente a Guevurá). Es un Nombre de gran fuerza y poder, proporcionando una tremenda protección. Es además un Nombre de vida y resurrección, y un Nombre de salvación, tal como continúa el versículo: Atá guibor leolam Adonai mejayé metim atá rab lehoshía: Tú eres fuerte por siempre, Adonai, el que resucita a los muertos, grande es tu salvación.

Los dos códigos siguientes están relacionados. Son **Pe Alef Yod** y **Jet Tav Jaf final**.

Provienen del versículo 16 del salmo 145:

«**Potéaj et yadéja umasbía lejol-jái ratzón**: Abres tu mano (tu Yod) y sacias a toda vida hasta el máximo de su deseo».

פּוֹתֵחַ אֶת־יָדֶךָ וּמַשְׂבִּיעַ לְכָל־חַי רָצוֹן:
פאי
יחהתוכה

Se ve que los dos códigos en cuestión son las primeras letras y las últimas letras de las tres primeras palabras: PotéaJ ET YadéJa. Las tres últimas aparecen entrelazadas con el tetragrama YHVH.

Pe Alef Yod suma 91, el mismo valor que el entrelazado de nombres YHVH y ADNY discutido antes y que representa el descenso de la Berajá. Éste es el código de la abundancia y prosperidad, material, anímica y espiritual.

Las tres letras finales suman 428, que es el mismo valor que la siguiente palabra umashbía, «y llenas». ¿Qué es quién y lo que llena? Las letras del tetragrama, YHVH. Por eso esas tres letras se visualizan entrelazadas con las Cuatro Letras, tal como se ha mostrado arriba, para traer plenamente a tierra la Bendición Divina.

Después, en la línea siguiente, encontramos dos de los 72 Nombres de Dios: **Mem He Shin** y **He Qof Mem final**.

El primero מהש representa el Tiféret de Kéter. Trae paz interior y exterior, curación por el Espíritu, nos pone en contacto con el maestro interior y nuestra Chispa Divina, y expresa el poder del Nombre de Dios (es una permutación de HaShem. También El Shaday tiene el mismo valor numérico que este Nombre: 345).

El segundo הקם es el Yesod de Jojmá. Tiene el mismo valor numérico (145) que Maté Elohim, la vara de Dios, con la que Moisés hacía los milagros. En este contexto representa la intervención constante de los Divino en nuestras vidas, que nos libra de toda situación de negatividad.

Ya, por fin, tenemos el salmo 67 en forma de Menorá. (Las tres palabras de la base son las tres últimas del versículo central).

Por último, al final, tenemos los acrósticos de las tres últimas letras de los versículos 8, 7 y 6 (a la derecha) y 4, 3 y 2 (a la izquierda).

El primer código, **Tsadi Vav Mem**, por guematria, suma 136, el mismo valor que las palabras Kol y Mamon, que significan «Voz» *(véase* sobre el salmo 29) y «Riqueza». La primera expresa conexión con la voz interior, la voz del espíritu. La segunda es evidente.

El código de la izquierda, **He Kaf Mem**, suma 65, el mismo que el Nombre Adonai y que la palabra Halel, que significa «alabanza» (gozosa) y es el estado de alabanza universal con el que terminamos este recorrido y meditación sobre este kamea y mandala.

Salmo 91

Tradicionalmente, este salmo se recita en conjunción con el final del salmo 90. Así se hace, por ejemplo, a la salida del Shabat (Motsae Shabat), porque tiene la virtud de extender las bendiciones del sábado a toda la semana. En particular, el versículo 17, Vihí Nóam, es en sí mismo una segulá, trayendo berajá a nuestras actividades mundanas que reemprendemos después del descanso del Shabat.

90 13 שׁוּבָה יְהוָה עַד־מָתָי וְהִנָּחֵם עַל־עֲבָדֶיךָ׃
14 שַׂבְּעֵנוּ בַבֹּקֶר חַסְדֶּךָ וּנְרַנְּנָה וְנִשְׂמְחָה בְּכָל־יָמֵינוּ׃
15 שַׂמְּחֵנוּ כִּימוֹת עִנִּיתָנוּ שְׁנוֹת רָאִינוּ רָעָה׃
16 יֵרָאֶה אֶל־עֲבָדֶיךָ פָעֳלֶךָ וַהֲדָרְךָ עַל־בְּנֵיהֶם׃
17 וִיהִי נֹעַם אֲדֹנָי אֱלֹהֵינוּ עָלֵינוּ וּמַעֲשֵׂה יָדֵינוּ כּוֹנְנָה עָלֵינוּ וּמַעֲשֵׂה יָדֵינוּ כּוֹנְנֵהוּ׃
91 1 יֹשֵׁב בְּסֵתֶר עֶלְיוֹן בְּצֵל שַׁדַּי יִתְלוֹנָן׃
2 אֹמַר לַיהוָה מַחְסִי וּמְצוּדָתִי אֱלֹהַי אֶבְטַח־בּוֹ׃
3 כִּי הוּא יַצִּילְךָ מִפַּח יָקוּשׁ מִדֶּבֶר הַוּוֹת׃
4 בְּאֶבְרָתוֹ יָסֶךְ לָךְ וְתַחַת־כְּנָפָיו תֶּחְסֶה צִנָּה וְסֹחֵרָה אֲמִתּוֹ׃
5 לֹא־תִירָא מִפַּחַד לָיְלָה מֵחֵץ יָעוּף יוֹמָם׃
6 מִדֶּבֶר בָּאֹפֶל יַהֲלֹךְ מִקֶּטֶב יָשׁוּד צָהֳרָיִם׃

7 יִפֹּל מִצִּדְּךָ אֶלֶף וּרְבָבָה מִימִינֶךָ אֵלֶיךָ לֹא יִגָּשׁ:
8 רַק בְּעֵינֶיךָ תַבִּיט וְשִׁלֻּמַת רְשָׁעִים תִּרְאֶה:
9 כִּי־אַתָּה יְהוָה מַחְסִי עֶלְיוֹן שַׂמְתָּ מְעוֹנֶךָ:
10 לֹא־תְאֻנֶּה אֵלֶיךָ רָעָה וְנֶגַע לֹא־יִקְרַב בְּאָהֳלֶךָ:
11 כִּי מַלְאָכָיו יְצַוֶּה־לָּךְ לִשְׁמָרְךָ בְּכָל־דְּרָכֶיךָ:
12 עַל־כַּפַּיִם יִשָּׂאוּנְךָ פֶּן־תִּגֹּף בָּאֶבֶן רַגְלֶךָ:
13 עַל־שַׁחַל וָפֶתֶן תִּדְרֹךְ תִּרְמֹס כְּפִיר וְתַנִּין:
14 כִּי בִי חָשַׁק וַאֲפַלְּטֵהוּ אֲשַׂגְּבֵהוּ כִּי־יָדַע שְׁמִי:
15 יִקְרָאֵנִי וְאֶעֱנֵהוּ עִמּוֹ־אָנֹכִי בְצָרָה אֲחַלְּצֵהוּ וַאֲכַבְּדֵהוּ:
16 אֹרֶךְ יָמִים אַשְׂבִּיעֵהוּ וְאַרְאֵהוּ בִּישׁוּעָתִי:

90. 13. Shubá Adonai ad matáy, vehinajém al abadéja. 14. Sabeénu babóquer jasdéja, unranená venismejá bejól yaménu. 15. Samejénu kimót initánu, shenót raínu ra'á. 16. Yeraé el abadéja paoléja vahadarejá al venme. 17. Vihí noám Adonai Elohénu alénu, umaasé yadénu konená alénu, umaasé yadénu konenéhu.

91. 1. Yoshéb beséter Elyón betsél Shadái yitlonán. 2. Omár LAdonai majshí umtsudatí Eloháy ébtaj bo. 3. Ki hu yatsilejá mipáj yaqúsh midéber havót. 4. Beebrató yásej laj vetájat kenafáv tejshé tsiná vesojerá amitó. 5. Lo tirá mipájad láyla mejéts yaúf yomám. 6. Midéber baófel yahalój mi quéteb yashúd tsojoráim. 7. Yipól mitsidejá élef urbabá miminéja eléja lo yigásh. 8. Raq beenéja tabita veshilumát reshaím tir'é. 9. Ki atá Adonai majshí Elyón sámta meonéja. 10. Lo teuné eléja raá venéga lo yiqráb beaholéja. 11. Ki malajáv yétsave laj lishmorjá bejól derajéja. 12. Al kapáim yisaúnja pen tigóf baében ragléja. 13. Al Shájal vaféten tidrój tirmos kéfir vetanín. 14. Ki bi jasháq vaafaletéhu asaguebéhu ki yadá shemí. 15. Iqraéni veeenéhu imó anojí betsará ajaletséhu vaajabedéhu 16. Órej yamím asbiéhu vear'éhu bishuatí.

90. 13. Vuélvete, oh, YHVH; ¿hasta cuándo? Y aplácate para con tus siervos.

14. De mañana sácianos de tu misericordia, y cantaremos y nos alegraremos todos nuestros días.

15. Alégranos conforme a los días que nos afligiste, y los años en que vimos el mal.

16. Aparezca en tus siervos tu obra, y tu gloria sobre sus hijos.

17. Sea la luz de YHVH nuestro Dios sobre nosotros, y la obra de nuestras manos confirma sobre nosotros; sí, la obra de nuestras manos confirma.

91. 1. El que habita al abrigo del Altísimo morará bajo la sombra del Omnipotente.

2. Diré yo a YHVH: Esperanza mía, y fortaleza mía; mi Dios, en quien confiaré.

3. Él te librará del lazo del cazador, de la peste destructora.

4. Con sus plumas te cubrirá, y debajo de sus alas estarás seguro; escudo y adarga es su verdad.

5. No temerás el terror nocturno, ni saeta que vuele de día,

6. ni pestilencia que ande en oscuridad, ni mortandad que en medio del día destruya.

7. Caerán a tu lado mil, y diez mil a tu diestra; mas a ti no llegará.

8. Ciertamente con tus ojos mirarás y verás la recompensa de los impíos.

9. Porque has puesto a YHVH, que es mi esperanza, al Altísimo por tu habitación.

10. No te sobrevendrá mal, ni plaga tocará tu morada.

11. Pues a sus ángeles mandará cerca de ti, que te guarden en todos tus caminos.

12. En las manos te llevarán para que tu pie no tropiece en piedra.

13. Sobre el león y el áspid pisarás; hollarás al cachorro del león y al dragón.

14. Por cuanto en mí ha puesto su amor, yo también lo libraré; le pondré en alto, por cuanto ha conocido mi nombre.

15. Me invocará, y yo le responderé; con él estaré yo en la angustia; lo libraré y le glorificaré.

16. Lo saciaré de larga vida, y le mostraré mi salvación.

El salmo 91 es un potentísimo medio de **protección**. Tradicionalmente, era recitado por Moshé cuando ascendía al Sinaí para protegerse de los ángeles negativos que trataban de impedírselo.

Según el *Shimush Tehilim* es un recurso apropiado **para salvarse de la melancolía, de la depresión, de la locura**. Se recita sobre una **persona atormentada por un espíritu malo** o afligida por una **enfermedad incurable** y se obtiene la liberación y la curación.

El *Sh. T.* incluso recomienda escribirlo en conexión con el último versículo del salmo 90 (Vihí Nóam) y esconderlo detrás de la puerta de la casa para la **protección del hogar**.

El versículo 2 es de invocación del ángel Sitael, סיטאל:

אֹמַר לַיהוָה מַחְסִי וּמְצוּדָתִי אֱלֹהַי אֶבְטַח־בּוֹ

El versículo 9 es de invocación del ángel Jaamiah, חעמיה:

כִּי־אַתָּה יְהוָה מַחְסִי עֶלְיוֹן שַׂמְתָּ מְעוֹנֶךָ

Ambos son poderosos mantras de invocación.

El primero nos conecta con el nivel Jésed de Kéter, el absoluto de misericordia. El segundo nos enseña el manejo positivo de todas las fuerzas de la naturaleza.

En realidad, éste es un salmo formidable que merece muchas horas de estudio y de combinaciones. Merece la pena reproducir aquí toda la metodología propuesta por el *Shimush Tehilim* (por otra parte, mucho más extensa que con cualquier otro salmo):

«Es una oración a través de la cual pueden ser apartados todos los problemas, peligros y sufrimientos. Si uno siente en peligro su vida, o se siente atacado por una enfermedad incurable, pestilencia, fuego o agua, arrollado por enemigos o asesinos, en batallas, relación con amos o señores, robos o prisión inminente, recitar el salmo 91 veces, según el número de YHVH Adonai (y el número del propio salmo). Cada vez que se llega al versículo 14: Ki bi jasháq vaafaletéhu asaguebéhu ki yadá shemí, hay que tener en mente el Santo Nombre בי"ט *[valor numérico 21 = Eheieh]* y luego rezar devotamente cada vez: Tú eres el más santo, rey sobre todo lo que está revelado y oculto, exaltado sobre todo lo que está en las alturas, santifica y glorifica tu Nombre en este tu mundo, de forma que todas las naciones de la Tierra puedan conocer que tuya es la gloria y el poder, y que tú me has librado de toda aflicción, pero especialmente de la penosa emergencia [aquí debe ser claramente establecida la intención de la oración] que me ha sobrevenido a mí … [nombre] hijo/a de … [nombre, de la madre principalmente]. Para lo cual prometo y hago voto de que yo, ahora y después de esto, en tanto que viva sobre la Tierra y hasta que retorne al polvo del que fui tomado/a [aquí debe establecerse verbalmente el voto, especificando lo que haremos, pondremos en práctica o daremos en el servicio de nuestro Creador. El voto puede consistir en ayunar, dar limosnas, en la lectura diaria de varios capítulos de las Santas Escrituras, Salmos, el Zohar o el Talmud, en la liberación de cautivos, sostener a los enfermos, enterrar a los muertos]. Alabado sea YHVH, mi Roca y mi Salvación. Tú serás mi representante e intercesor, y me ayudarás, porque tú ayudas a tus criaturas pobres, débiles y humildes, y en tiempo de necesidad liberas del miedo y del peligro, y tratas misericordiosamente con tu pueblo; misericordioso y perdonador, oyes la oración de todos. Bendito seas, YHVH, que escuchas las oraciones (Barúj atá Adonai shoméa tefilá). (Estas últimas palabras deben ser repetidas siete veces a la terminación de cada oración).

Y aquel que puntualmente observe las instrucciones anteriores durante tres días en sucesión, con plena confianza en la poderosa ayuda Divina, puede descansar seguro de que recibirá la asistencia que desea.

Nota del autor: En realidad, el voto debe ser proporcional a lo que solicita. Puede establecerse un plazo temporal para su cumplimiento, en vez de tomarlo de por vida, como dice el texto.

La cita del *Sh. T.* continúa:

Cabalistas, y especialmente el celebrado rabino Isaac Luria, nos han asegurado que en tiempo de pestilencia o de emergencia general, la oración del Vihí Nóam debe rezarse siete veces diariamente, conectando con ello en la mente la figura del candelabro dorado cuando está compuesto de las 41 importantes palabras y Nombres de este salmo, con el que debemos especialmente considerar los santos Nombres en el orden debido. Los nombres son los siguientes:

ונא אעו יכע ויכ יבע בשׁי אלמ ואא בכה ימי מהב ילו כתצ

ואל תמל מיי מבי מיצ ימא ומא ליר מתו רתכ אימ עשמ לתא

רול יבכ מול לכר עכי פתכ רעשׁ ותת כוכ בחו אכי שׁיו עאב

אוא יאוב

Nota del autor: Éstos son los 41 Nombres de protección que se derivan de este salmo con las iniciales de sus palabras (empezando por Vihí Noam, versículo 17 del salmo 90). Aunque se considera que su uso principal es protección, en realidad podemos decir que son la clave de los poderes del salmo, de mucho mayor alcance que sólo la protección.

El procedimiento es el mismo que con otros Nombres similares, como el Aná Bejóaj. Al recitar o cantar el salmo hay que concentrarse especialmente en las iniciales de las palabras. Cada tres letras es un Nombre, excepto el último, que es de cuatro letras. Los Nombres también pueden recitarse o meditarse por separado. La pronunciación de cada letra puede ser la de su vocal natural, o la que el *Sh. T.* proporciona y que se da a continuación. Es tradicional poner estos 41 Nombres escritos en forma de Menorá y ponerlos en la pared del recinto a proteger. Se trata de un poderoso Kamea.

Figura 8. Salmo 91. Menorá

Sigue la cita con la pronunciación de los Nombres:

VENI AAU YKA VISH YBA BISHI ALM VEAA BEJÁ YMI MEHOB YLU KTATS VEAL TMOL MII MEBI MITS IMA UMA LIR BETU RETAJ IM ASHAM LETA RUL YBAJ MUL LAKAD AJI PETAJ RAASH VETAT KUK BEJU AKI SHIU AAB AUA YAUB.

Luego recitar los versículos 21 al 28 del capítulo 12 del Éxodo, con los Nombres de los versículos 23 y 27 en el orden siguiente (de derecha a izquierda):

ויל אמו אהע הוש הוי עהו יהל אבל
VIL IMO AHA HUSH HUI IHO YAHEL AVAL

וזפ הלא פעב ביב באם ובה והו
VEZOP HALO PAHAB BIB BAM UBAH VEHU

Nota del autor: Como en el caso del salmo, los Nombres son las iniciales de las palabras de los versículos tomadas tres a tres. La cita del *Sh. T.* termina:

Y finalmente el Nombre נשחסלז, Nishjaslaz (No se da ninguna explicación de este Nombre).

Salmo 92

1 מִזְמוֹר שִׁיר לְיוֹם הַשַּׁבָּת׃
Mizmór Shir leyóm hashabát
1 Salmo. Cántico para el día del Sábado

2 טוֹב לְהֹדוֹת לַיהוָה וּלְזַמֵּר לְשִׁמְךָ עֶלְיוֹן׃
Tob lehodót lAdonáy ulzamér leshimjá Elión
2 Bueno es alabarte, oh יְהוָה (Jésed), y cantar salmos a tu nombre, oh Altísimo;

3 לְהַגִּיד בַּבֹּקֶר חַסְדֶּךָ וֶאֱמוּנָתְךָ בַּלֵּילוֹת:
lehaguíd babóquer jasdéja veemunatejá balelót
3 Anunciar por la mañana tu misericordia, y tu fidelidad cada noche,

4 עֲלֵי־עָשׂוֹר וַעֲלֵי־נָבֶל עֲלֵי הִגָּיוֹן בְּכִנּוֹר:
Alé asór vaalé nábel alé higayón bejinór
4 En el decacordio y en el salterio, en tono suave con el arpa.

5 כִּי שִׂמַּחְתַּנִי יְהוָה בְּפָעֳלֶךָ בְּמַעֲשֵׂי יָדֶיךָ אֲרַנֵּן:
Ki shimajtáni Adonáy befaoléja bemaasé yadéja aranén
5 Por cuanto me has alegrado, oh de יְהוָה (Guevurá), con tus obras; en las obras de tus manos me gozo.

6 מַה־גָּדְלוּ מַעֲשֶׂיךָ יְהוָה מְאֹד עָמְקוּ מַחְשְׁבֹתֶיךָ:
Mah gadelú maaséja Adonáy meód ameqú majshebotéja
6 ¡Cuán grandes son tus obras, oh יְהוָה (Tiferet)! Muy profundos son tus pensamientos.

7 אִישׁ־בַּעַר לֹא יֵדָע וּכְסִיל לֹא־יָבִין אֶת־זֹאת:
Ish báar lo yedá ujsíl lo yabín et zot
7 El hombre necio no sabe, y el insensato no entiende esto.

8 בִּפְרֹחַ רְשָׁעִים כְּמוֹ עֵשֶׂב וַיָּצִיצוּ כָּל־פֹּעֲלֵי אָוֶן לְהִשָּׁמְדָם
Bifróaj reshaím kemó éseb vayatsítsu kol poalé áven lehishamedán
8 Cuando brotan los impíos como la hierba, y florecen todos los que hacen iniquidad,

עֲדֵי־עַד:
adé ad
es para ser destruidos eternamente.

9 וְאַתָּה מָרוֹם לְעֹלָם יְהוָה:
Veatá maróm leolám Adonáy
9 Mas tú, יְהוָה (Nétsaj), para siempre eres altísimo.

10 כִּי הִנֵּה אֹיְבֶיךָ יְהוָה כִּי־הִנֵּה אֹיְבֶיךָ יֹאבֵדוּ יִתְפָּרְדוּ כָּל־
ki hiné oyebéja Adonáy ki hiné oyebéja yobédu yitparedú kol
10 Porque he aquí tus enemigos, oh יְהוָה (Hod), porque he aquí, perecerán tus enemigos; serán esparcidos todos

פֹּעֲלֵי אָוֶן:
poalé áven
los que hacen maldad.

11 וַתָּרֶם כִּרְאֵים קַרְנִי בַּלֹּתִי בְּשֶׁמֶן רַעֲנָן׃

Vatárem kirém qarní balotí beshémen raanán

11 Pero tú aumentarás mis fuerzas como las del búfalo; seré ungido con aceite fresco.

12 וַתַּבֵּט עֵינִי בְּשׁוּרָי בַּקָּמִים עָלַי מְרֵעִים תִּשְׁמַעְנָה אָזְנָי׃

Vatábet ení beshurái baqamím aláy mereím tishmána oznáy

12 Y mirarán mis ojos sobre mis enemigos; oirán mis oídos de los que se levantaron contra mí, de los malignos.

13 צַדִּיק כַּתָּמָר יִפְרָח כְּאֶרֶז בַּלְּבָנוֹן יִשְׂגֶּה׃

Tsadíq katamár yfráj keérez baLebanón ysgué

13 El justo florecerá como la palmera; crecerá como cedro en el Líbano.

14 שְׁתוּלִים בְּבֵית יְהוָה בְּחַצְרוֹת אֱלֹהֵינוּ יַפְרִיחוּ׃

Shetulím bebét Adonáy bejatsrót Elohénu yafríju

14 Plantados en la casa de יהוה (Yesod), en los atrios de nuestro Dios florecerán.

15 עוֹד יְנוּבוּן בְּשֵׂיבָה דְּשֵׁנִים וְרַעֲנַנִּים יִהְיוּ׃

Od yenubún besebá deshením veraananím yihyú

15 Aun en la vejez fructificarán; estarán vigorosos y verdes,

16 לְהַגִּיד כִּי־יָשָׁר יְהוָה צוּרִי וְלֹא־עַוְלָתָה בּוֹ׃

Lehaguíd ki yashár Adonáy tsurí veló avláta bo

16 Para anunciar que יהוה (Maljut) mi fortaleza es recto, y que en él no hay injusticia.

Este salmo es para ver **grandes milagros**. También para obtener **grandes honores**. Según el *Shimush Tehilim*, si se leen tres veces en sucesión los siguientes salmos: 92, 94, 23, 20, 24 y 100, el sujeto se verá en un proceso de **fortuna creciente**.

Los levitas cantaban este salmo todos los sábados. La Tradición afirma que Adam entonó este cántico de alabanza a la salida del sol del primer sábado, el primer día después de su expulsión del jardín del Edén. Se dice que Adam fue creado a última hora de la tarde del sexto día y a continuación transgredió y fue juzgado y expulsado. Pasó, pues, una larga y oscura noche de transición del sexto al séptimo en la que pensaba que no volvería a ver la Luz. Entonces, con los primeros rayos del sol tuvo la visión profética del sentido del caminar humano a través de este arquetípico séptimo día de la Creación en dirección al Mundo

Futuro, el cual ha sido en sí mismo definido como el Día que será siempre Shabat. Es un salmo, pues, para entender el sentido de la historia.

Vemos que el Nombre de Dios aparece siete veces, en correspondencia con las siete sefirot inferiores del Árbol, y en cada uno debe meditarse con la vocalización correspondiente. De este modo nos conectamos con la energía positiva del septenario y, en particular, con la energía de los días de la semana.

El versículo 6 es además el de invocación del ángel עשליה, que nos trae una fuerte conexión tiferética.

Salmo 93

1 יְהוָה מָלָךְ גֵּאוּת לָבֵשׁ לָבֵשׁ יְהוָה עֹז הִתְאַזָּר אַף־תִּכּוֹן תֵּבֵל בַּל־

Adonáy maláj gueút labésh labésh Adonáy oz hitazár af tikón tébel bal

1 יהו"ה reina; se vistió de magnificencia; יהו"ה se vistió, se ciñó de poder. Afirmó también el mundo, y no

תִּמּוֹט:

timót

se moverá.

2 נָכוֹן כִּסְאֲךָ מֵאָז מֵעוֹלָם אָתָּה:

najón kisajá meáz meolám áta

2 Firme es tu trono desde entonces; tú eres eternamente.

3 נָשְׂאוּ נְהָרוֹת יְהוָה נָשְׂאוּ נְהָרוֹת קוֹלָם יִשְׂאוּ נְהָרוֹת דָּכְיָם:

Naseú neharót Adonáy naseú nehárót dojyám

3 Alzaron los ríos, oh יהו"ה, los ríos alzaron su sonido; alzaron los ríos sus ondas.

4 מִקֹּלוֹת מַיִם רַבִּים אַדִּירִים מִשְׁבְּרֵי־יָם אַדִּיר בַּמָּרוֹם יְהוָה:

Miqolót maím rabím mishbére yam adír bamaróm Adonáy

4 יהו"ה en las alturas es más poderoso que el estruendo de las muchas aguas, más que las recias ondas del mar.

5 עֵדֹתֶיךָ נֶאֶמְנוּ מְאֹד לְבֵיתְךָ נַאֲוָה־קֹדֶשׁ יְהוָה לְאֹרֶךְ יָמִים:

Edotéja neemnú meód lebetejá naavá kódesh Adonáy leórej yamím

5 Tus testimonios son muy firmes; la santidad conviene a tu casa, Oh יהו"ה, por los siglos y para siempre.

Según el *Sh. T.* el salmo se emplea para **vencer a nuestros querellantes o litigantes. Para ganar un pleito.**

Con el Salmo 93 se celebra la eternidad del reinado Divino por encima de los embates de la temporalidad, simbolizados por las muchas aguas agitadas. En nuestro viaje a través de las dimensiones del mundo, el principio espiritual, aunque oculto, siempre nos acompaña. Este salmo también culmina la Kabalat Shabat, la recepción del sábado que se hace el viernes noche. Notamos la progresión ascendente desde el Lejá Dodí (véase en mi obra *El camino del Árbol de la Vida,* cap. XII), en el que se celebra la Presencia espiritual de Maljut, pasando por Yesod, que es llamado el Justo y que es comparado con la palmera en el salmo 92, hasta la afirmación del principio tiferético en el 93, salmo que consta de 45 palabras, según el número de Adam y de la expansión Mah del tetragrama.

יוד הא ואו הא

Salmo 119

Es el más largo de todo el libro del Tehilim. Tiene 176 versículos. Se trata de un salmo alfabético distribuido en 22 estrofas cada una de ocho versículos empezando por la misma letra hebrea (8 × 22 = 176). En su significado literal, trata de las excelencias de la Ley de Dios. Aryeh Kaplan, en su libro *Meditación y Biblia,* hace notar que, si bien todos los salmos eran utilizados como instrumentos de meditación, en este salmo se da una concentración tal de términos alusivos a ésta (ocultos o insuficientemente interpretados en la traducción) como para pensar que constituía un instrumento principal para la meditación y el ascenso espiritual. Hay que tener en cuenta que el 8, en el sentido ascendente, es el número de la espiritualidad (como Biná, octava sefirá de abajo arriba, trascendiendo el septenario de la forma). En la tradición judía es costumbre leerlo completo en la tarde del Shabat. De este modo se atrae un inmenso caudal de berajot para toda la semana.

El salmo 119 es un sol que canaliza en sentido descendente un gran torrente de luz, pero que también nos proporciona un ascenso espiritual por todo el Árbol de la Vida al recorrer todos sus senderos. En este caso, hacemos la lectura meditativa a la inversa, empezando por la Tav (sendero Maljut-Yesod) y terminando por la Alef (Jojmá-Kéter).

En un terreno más mundano, hay que tener en cuenta que por tradición cada una de las estrofas tiene una segulá específica, ya sea de curación, protección, elevación espiritual, etc. Las segulot están en todas las ediciones judías del libro de los Salmos. Un uso particular que se hace en la tradición es recitar las estrofas de las letras que componen el nombre de una persona fallecida. Se hace en el cementerio durante el enterramiento (para elevar el alma del difunto).

Exactamente igual se emplea ampliamente para la curación. Se recitan las letras del nombre del enfermo y también si se puede las del nombre de la madre. Por ejemplo, queremos rezar por la curación de Dan Ben Sharah, leemos profundamente las ocho estrofas de la letra Dalet, luego las de Nun, a continuación las de Bet, las de Nun de nuevo, y así sucesivamente hasta completar: Shin, Resh, He. Es bueno leer a continuación las letras de Refuá Shlemá (curación completa): שלמה רפואה, y Kerá Satán, קרע שטן, del segundo versículo del Nombre de 42 letras, correspondiente a Guevurá. La primera expresión fija y dirige la intención. La segunda elimina todo tipo de negatividad de la intención.

El problema es cómo transcribir a letras hebreas los nombres no judíos. Ello suele hacerse por la caligrafía –es decir, por las letras del nombre escrito en la lengua nativa– o bien por la pronunciación, aunque eso requiere algún conocimiento de hebreo.

Un código simple trascribiendo letra a letra es el siguiente:

A – Alef

B – Bet

C – Tsadi (como una cedilla. Ésta es la forma estándar. Puesto que fuerza mucho la pronunciación para Ca Co y Cu, se puede emplear Kaf o Qof en esos casos. En principio, el hebreo prefiere esta última, pero la primera se está empezando a usar en escritura de la calle alternativa).

CH – Tsadi He. Suele ser simplemente Tsadi con un apóstrofe a la izquierda.
D – Dalet
E – Alef o He
F – Pe
G – Guímel
H – He
I – Yod
J – Jet
K – Kaf
L – Lamed
M – Mem
N – Nun
Ñ – Nun Yod
O – Vav
P – Pe
Q – Qof
R – Resh
S – Sámej
T – Tet
U – Vav
V – Vav
W - Vav
X – Kaf Sámej
Y – Yod
Z – Zayin

Hay, por supuesto, letras que no aparecen, como Ayin, Shin, Tav. Se considera que son exclusivas de nombres y términos judíos.

De todas formas, existe la posibilidad de utilizar para el nombre códigos lingüísticos de transformación de letras, como Atbash o Albam, lo que incorporaría las letras anteriores.

Si alguien con conocimiento de hebreo prefiere utilizar una transliteración basada en la pronunciación y el sonido puede hacerlo. También se pueden utilizar cualesquiera de los traductores que ofrece Internet. Es importante quedarse satisfecho, que se reconozca de alguna manera a la persona en la escritura hebrea del nombre. Se pueden hacer varias pruebas. Como con todo, es cuestión de ponerlo en práctica y comprobar los resultados por uno mismo.

También, como hemos expuesto antes en relación con la curación, el salmo puede utilizarse para trabajar intenciones personales. Supongamos que queremos alcanzar la paz, el Shalom, שלום. Recitaríamos los ocho versículos correspondientes a la Shin, luego los de la Lamed, Vav y Mem en ese orden. O incluso podemos ampliar especificando nuestra petición como tal: Aní Rotsé (masculino; el femenino es Rotsá) Shalom: אני רצה שלום. En este caso, empezaríamos por Alef, luego Nun y así sucesivamente. He aquí un método para la generación de cualidades positivas.

Las peticiones con el salmo 119 van directas a Dios.

Salmo 133

שִׁיר הַמַּעֲלוֹת לְדָוִד הִנֵּה מַה־טּוֹב וּמַה־נָּעִים שֶׁבֶת אַחִים גַּם־יָחַד:
כַּשֶּׁמֶן הַטּוֹב עַל־הָרֹאשׁ יֹרֵד עַל־הַזָּקָן זְקַן־אַהֲרֹן שֶׁיֹּרֵד עַל־פִּי מִדּוֹתָיו:
כְּטַל־חֶרְמוֹן שֶׁיֹּרֵד עַל־הַרְרֵי צִיּוֹן כִּי שָׁם צִוָּה יְהוָה אֶת־הַבְּרָכָה חַיִּים עַד־הָעוֹלָם:

1. Shir hamaalót, le David, hiné ma tov umá naím shébet ajím gam yájad.
2. Kashémen hatób al harósh yoréd al hazaqán, zeqan Aharón, sheyoréd al pí midotáv
3. Ketal Jermón sheyoréd al hareré tsiyón, ki sham tsivá Adonai et haberajá, jaím ad haolám.

1. Cántico de las gradas. De David. ¡Mirad cuán bueno y cuán delicioso es habitar los hermanos juntos en armonía!

2. Es como el buen óleo sobre la cabeza, el cual desciende sobre la barba, la barba de Aarón, y baja hasta el borde de sus vestiduras;

3. como el rocío del Jermón, que desciende sobre los montes de Tsión; porque allí envía YHVH la bendición, la vida para siempre.

Está claro, y así lo marca la Tradición, que éste es un salmo de **amor, amistad y fraternidad** (y el *Sh. T.* propone como intención **mantener la amistad y ganar nuevos amigos**). Igual que el aceite se escurre por la barba y el rocío desciende desde las cumbres por los valles, cuando los hermanos conviven en unidad y armonía, la abundancia de bendición y vida desciende sobre ellos, porque la Shejiná está en ellos y entre ellos.

Aceite, en hebreo, es *Shémen*, שמן, y es un símbolo del Espíritu. Con el aceite son ungidos los sacerdotes, los reyes y los profetas. Recordamos que la palabra Mashíaj significa precisamente eso, «Ungido». El valor numérico de Shémen es 390, el mismo que Shamáim, שמים, cielos, cuya estructura verbal comparte: Shin y Mem, fuego y agua, las polaridades en paz y armonía. Pero la Nun (letra de Biná) final de Shémen indica además descenso de ese estado. De ahí que el aceite simbolice (y realice) el descenso del Espíritu. Notamos además que la expresión «Macho y hembra» (Gn 1, 27), zajar unequevá, suma también 390, indicando además que ese estado se alcanza cuando las polaridades están en unidad y armonía.

Y así, la iluminación espiritual y la bendición descienden sobre la cabeza, sobre el Kéter, y descienden por la barba, la barba de Aharón, el Kohen Gadol, representante de la Neshamá Suprema, y que aquí está como manifestador del Kéter. Efectivamente, en el simbolismo del Zohar, por la barba del Arij Anpin, el Rostro Inmenso de Dios, descienden como óleo perfumado las trece medidas de la misericordia, que contienen todo el Bien y la Bendición Divinas. Y desciende hasta el borde de las vestiduras, simbolizando la túnica (el cuerpo) de Luz y el resumen de los poderes espirituales (pectoral, hombreras, etc.).

Este simbolismo del descenso del shéfa y del mazal de Kéter se completa en el siguiente versículo, ya que el Jermón, el monte nevado del norte de Israel, es un símbolo de Kéter. El rocío es un símbolo de la Luz Infinita que desciende desde el cerebro del Anciano de los Días y que, según el Zohar, resucitará a los muertos en el mundo futuro. Tsión es un símbolo de Yesod (así como Yerushalaim lo es de Maljut). Yesod es el canal por el que la bendición y la vida descienden sobre Maljut, la bendición, la vida para siempre.

Así pues, regocijémonos, porque cuando estamos en amistad, en unión y en armonía, la Shejiná se manifiesta en nosotros y se operan todas estas maravillas espirituales y de vida.

Salmo 145

El salmo 145 se repite tres veces en la liturgia diaria (dos por la mañana y una por la tarde). Según el Talmud (Berajot 7) el que así hace –lo recita tres veces al día– asegura su lugar en el mundo futuro. En el servicio de oraciones se añaden dos versículos al principio (Sal 84, 5 y 144, 15) y uno al final (Sal 115, 18) que van inseparablemente unidos a su recitación. El conjunto se conoce con el nombre del Ashré. En la trascripción que sigue se han aumentado de tamaño algunas letras para señalar los puntos que se comentarán después y para facilitar la kavaná mientras se lee.

Sal 84:5 אַשְׁרֵי יוֹשְׁבֵי בֵיתֶךָ עוֹד יְהַלְלוּךָ סֶּלָה׃
Séla yehalelúja od betéja yoshvé Ashré

Sal 144:15 אַשְׁרֵי הָעָם שֶׁכָּכָה לּוֹ אַשְׁרֵי הָעָם שֶׁיְהֹוָה אֱלֹהָיו׃
Eloháv she'Adonái haám ashré lo shekája haám Ashré

Sal 145
1: תְּהִלָּה לְדָוִד אֲרוֹמִמְךָ אֱלוֹהַי הַמֶּלֶךְ וַאֲבָרְכָה שִׁמְךָ לְעוֹלָם וָעֶד׃
vaéd leolám shimjá vaavarejá hamélej Elohái Aromimjá LeDavíd Tehilá

2: בְּכָל־יוֹם אֲבָרְכֶךָּ וַאֲהַלְלָה שִׁמְךָ לְעוֹלָם וָעֶד׃
vaéd leolám shimjá vaahalelá avarejéka yom Bejól

3: גָּדוֹל יְהֹוָה וּמְהֻלָּל מְאֹד וְלִגְדֻלָּתוֹ אֵין חֵקֶר׃
jéquer en veligdulató meód umhulál Adonái Gadól

4: דּוֹר לְדוֹר יְשַׁבַּח מַעֲשֶׂיךָ וּגְבוּרֹתֶיךָ יַגִּידוּ׃
yaguídu ugvurotéja maaséja yeshabáj ledór Dor

5:הֲדַר כְּבוֹד הוֹדֶךָ וְדִבְרֵי נִפְלְאוֹתֶיךָ אָשִׂיחָה:
   asíja   nifleotéja vedibré odéja kebód Hadár

6:וֶעֱזוּז נוֹרְאֹתֶיךָ יֹאמֵרוּ וּגְדוּלָּתְךָ אֲסַפְּרֶנָּה:
   asaperéna ugdulatejá yoméru norotéja Veezúz

7:זֵכֶר רַב־טוּבְךָ יַבִּיעוּ וְצִדְקָתְךָ יְרַנֵּנוּ:
   yeranénu vetsidkatejá yabíu tuvejá rav Zéjer

8:חַנּוּן וְרַחוּם יְהֹוָה אֶרֶךְ אַפַּיִם וּגְדָל־חָסֶד:
   jásed ugdól apáim érej Adonái verajúm Janún

9:טוֹב־יְהֹוָה לַכֹּל וְרַחֲמָיו עַל־כָּל־מַעֲשָׂיו:
   maasáv kol al verajamáv lakól Adonái Tov

10:יוֹדוּךָ יְהֹוָה כָּל־מַעֲשֶׂיךָ וַחֲסִידֶיךָ יְבָרְכוּכָה:
    yevarejúja vajasidéja maaséja kol Adonái Yodúja

11:כְּבוֹד מַלְכוּתְךָ יֹאמֵרוּ וּגְבוּרָתְךָ יְדַבֵּרוּ:
    yedabéru ugvuratejá yoméru maljutejá Kebód

12:לְהוֹדִיעַ לִבְנֵי הָאָדָם גְּבוּרֹתָיו וּכְבוֹד הֲדַר מַלְכוּתוֹ:
    maljutó hadár ujbód guevurotáv haadám livné Leodía

13:מַלְכוּתְךָ מַלְכוּת כָּל־עֹלָמִים וּמֶמְשַׁלְתְּךָ בְּכָל־דּוֹר וָדוֹר:
    vadór dor bejól umemshaltejá olamím kol maljút Maljutejá

14:סוֹמֵךְ יְהֹוָה לְכָל־הַנֹּפְלִים וְזוֹקֵף לְכָל־הַכְּפוּפִים:
    hakefufím lejól vezokéf hanofelím lejól Adonái Soméj

15:עֵינֵי־כֹל אֵלֶיךָ יְשַׂבֵּרוּ וְאַתָּה נוֹתֵן־לָהֶם אֶת־אָכְלָם בְּעִתּוֹ:
    beitó ojlám et lahém notén veatá yesabeéu eléja jol Ené

16:פּוֹתֵחַ אֶת־יָדֶךָ וּמַשְׂבִּיעַ לְכָל־חַי רָצוֹן:
    ratsón jái lejól umasbía yadéja et Potéaj

17:צַדִּיק יְהֹוָה בְּכָל־דְּרָכָיו וְחָסִיד בְּכָל־מַעֲשָׂיו:
    maasáv bejól vejasíd derajáv bejól Adonái Tsadík

18:קָרוֹב יְהֹוָה לְכָל־קֹרְאָיו לְכֹל אֲשֶׁר יִקְרָאֻהוּ בֶאֱמֶת:
    beemét yikraúhu ashér lejól koreáv lejól Adonái Karóv

19:רְצוֹן־יְרֵאָיו יַעֲשֶׂה וְאֶת־שַׁוְעָתָם יִשְׁמַע וְיוֹשִׁיעֵם:
    Veyoshiém ishmá shavatám veét yaasé yeréav Retsón

20:שׁוֹמֵר יְהֹוָה אֶת־כָּל־אֹהֲבָיו וְאֵת כָּל־הָרְשָׁעִים יַשְׁמִיד:
    yashmíd harshaím kol veét ohaváv kol et Adonái Shomér

21:תְּהִלַּת יְהֹוָה יְדַבֶּר־פִּי וִיבָרֵךְ כָּל־בָּשָׂר שֵׁם קָדְשׁוֹ לְעוֹלָם וָעֶד:
    vaéd leolám kodshó shem basár kol vivaréj pi yedabér Adonái Tehilát

וַאֲנַחְנוּ נְבָרֵךְ יָהּ מֵעַתָּה וְעַד־עוֹלָם הַלְלוּ־יָהּ: Sal 115:18
    Haleluyáh olám veád meatá Yah nebaréj Vaanájnu

284

Sal 84, 5: Felices son los que moran en tu casa. Siempre te alaban. Selah.

Sal 144. 15: Feliz es la gente que está en ese caso. Feliz es la gente cuyo Dios es el Eterno.

Sal 145. 1: Alabanza de David. Te exaltaré, Dios mío, el Rey, y bendeciré tu Nombre por siempre y para siempre.

2: Todos los días te bendeciré y alabaré tu Nombre por siempre y para siempre.

3: Grande es el Eterno, y digno de ser alabado, y su grandeza es inmensa.

4: Las generaciones todas celebrarán tus obras y referirán tu poder.

5: La gloriosa hermosura de tu majestad y tus maravillosas obras he de ponderar.

6: Hablarán de cuán terrible es tu poder y tu grandeza pregonarán.

7: Rememorarán la abundancia de tu benevolencia y tu justicia cantarán.

8: Benigno es el Eterno y compasivo, lento en iras y de gran misericordia.

9: Bueno es el Eterno para con todos y sus benevolencias se extienden sobre todas sus obras.

10: Todas tus obras te alabarán, oh, Eterno, y tus piadosos te bendecirán.

11: Hablarán de la gloria de tu reino y anunciarán tu poder.

12: Para hacer conocer a los hijos de los hombre sus poderosas hazañas y la gloria de la majestad de su reino.

13: Tu reino es un reino para todas las edades y tu dominio perdura por todas las generaciones.

14: Sostiene el Eterno a todos los que caen y levanta a todos los que son derribados.

15: Los ojos de todos te esperan y tú les das su alimento a su debido tiempo.

16: Abres tu mano y satisfaces a todos los vivientes con favor.

17: Justo es el Eterno en todas sus disposiciones y santo en todas sus obras.

18: Cercano está el Eterno de cuantos le invocan, de los que le invocan de verdad.

19: Cumplirá el deseo de los que le temen. Oirá su clamor y los salvará.

20: Guarda el Eterno a todos los que le aman y exterminará a todos los malvados.

21: Mi boca dirá la alabanza del Eterno y bendiga toda carne su Santo Nombre por siempre y para siempre.

Sal 115:18: Y nosotros bendeciremos a Yah desde ahora y para toda la eternidad. Aleluya.

Según el *Sh. T.* el salmo 145 tiene la virtud de **liberarnos del miedo**, y en particular **del temor a fantasmas, espíritus malignos y apariciones**.

Éste es un salmo de **milagros**. Notemos, en primer lugar, que el número del Salmo, 145, קמה, es una permutación del Nombre de Dios חקם, uno de los 72 Nombres. Por su valor numérico, este Nombre tiene el significado general de Maté HaElohim, מטה אלהים, la vara de Dios (Ex 17, 9), con la que Moisés realizaba los milagros. 145 es también la suma de los valores de las trece primeras letras, de Alef a Mem, indicativo de la gran misericordia —las trece midot— que este número y este salmo canalizan. Por último, es la guematria de Seudá, סעודה, comida festiva o banquete, el símbolo de la integración y asimilación gozosa de la experiencia vital.

En Shabat hay obligación de realizar tres seudot, y eso está relacionado con las tres veces diarias que se lee este salmo,[21] que abre la esfera de Biná y establece la conexión con el mundo espiritual en general.

En efecto, se trata de un salmo de Tehilá, alabanza. Mientras que la Tefilá, la plegaria, es de Maljut, la Tehilá corresponde a Biná. En este caso, se trata de Tehilá LeDavid, literalmente «alabanza para David», que es Maljut, lo que indica que su objetivo es **unir Biná a Maljut**

---

21. Y con los tres Ashré incorporados al principio.

(mediante el Nombre de Dios y los veintidós canales, como vamos a ver a continuación).

El salmo 145 es un salmo alfabético. Cada versículo empieza sucesivamente por una letra del alfabeto, canalizando su energía. De hecho, falta la letra Nun (hay 21 versículos), y según el Talmud (Berajot 4) esto se debe a que esta letra está relacionada con la Caída (Nefilá). Sin embargo, la Nun aparece incluida en el versículo siguiente: «Soméj HaShem LeJol HaNofelim, Sostiene el Eterno a todos los caídos». Además, aparecen en el Ashré diez tetragramas, que en nuestro texto se encuentran cada uno con la puntuación vocálica de su sefirá correspondiente. Éstas son las kavanot generales que se aplican a todo el salmo. Establecemos, por tanto, una **conexión completa con el Árbol de la Vida**.

El versículo 3 es el de invocación del Nombre והו (n.º 49) y del ángel Vehuel.

Hay otros cuatro versículos estándares de invocación de un Nombre de los 72 y de su ángel correspondiente:

V. 8: דני

V. 9: ערי

V. 14: פוי

V. 17: מצר

Sobre su significado, consultar el capítulo correspondiente.

Además hay, por supuesto, otros Nombres implícitos en el salmo. Por ejemplo, en el versículo 14, además del ya citado PVY, tenemos el Nombre נמם, que también aparece resaltado en nuestro texto.

Vemos que este Nombre representa una gran canalización de energía de Jojmá y Biná a Maljut a través de Tiféret. Nun representa las 50 puertas (Biná) del universo de la Forma. Las dos letras Mem a los dos mares de Sabiduría: superior (Jojmá) e inferior (Maljut), oculta y manifestada. El Nombre en conjunto, que suma 130, equivale a la triangulación de la expansión Mah del tetragrama (Tiféret):

יוד

יוד הא

יוד הא ואו
יוד הא ואו הא

Recordamos el significado de la letra Nun, el «pez» que nada en el agua. Queda claro que el objetivo de la encarnación en la forma es para la obtención de Sabiduría. Esto no se consigue sin lucha. Ahora bien: **«Sostiene el Eterno a todos los que caen y levanta a todos los que son derribados»**.

Los dos códigos del versículo 16, **Pe Alef Yod** y **Jet Tav Jaf** final, han sido ya comentados en la explicación de la menorá (salmo 67): **«Potéaj et yadéja umasbía lejol-jái ratzón:** Abres tu mano (tu Yod, ya que mano en hebreo es Yad, YD) y sacias a toda vida hasta el máximo de su deseo».

16:פּוֹתֵחַ אֶת־יָדֶךָ וּמַשְׂבִּיעַ לְכָל־חַי רָצוֹן

Potéaj et yadéja. Sus iniciales son:

פא״י

Pe Alef Yod suma 91, el mismo valor que el entrelazado de nombres YHVH y ADNY, discutido antes, y que representa el descenso de la Berajá. Éste es el código de la abundancia y prosperidad, material, anímica y espiritual.

El número 91 es también el valor del Nombre סאל, que está implícito al principio del versículo 14: Soméj **Adonai** lejól, si consideramos el tetragrama tiferético sintetizado como una letra Alef, que encierra en su forma un Tetragrámaton: dos Yodim conectadas con una letra Vav (=26) que es el trazo central de la Alef.

Las tres letras finales de Potéaj el Yadéja, חתכ, suman 428, que es el mismo valor que la siguiente palabra umashbía, «y llenas». ¿Quién y qué es lo que llena? Las letras del tetragrama, YHVH. Por eso esas tres letras se visualizan entrelazadas con las Cuatro Letras, tal como se ha mostrado arriba, para **traer plenamente a tierra la Bendición Divina**.

יחהתוכה

Si al valor numérico de 428 (de Jet Tav Jaf) se añade el 3 de las tres letras, lo que da 431, tenemos la guematria de otro Nombre: דיקרנוסא (Dikarnusa), del que depende la abundancia del sustento material (parnasá).

Para terminar, un comentario sobre el término Aleluya, הללויה, que literalmente significa «Alabad a Yah». Vemos que además de este Nombre de Jojmá, Yod He, aparecen las cuatro letras del tetragrama (en el orden He Vav He Yod), aparece el Nombre Adonai (en la guematria de He Lamed Lamed = 65) y aparece el Nombre Elohim en el valor numérico total de 86. Notamos que cada vez que pronunciamos esta palabra estamos realizando una unificación de estos cuatro aspectos de lo Divino, correspondientes a los cuatro mundos de manifestación.

No hemos agotado con ello todas las kavanot de este salmo (en realidad, de ninguno de los analizados) ya que, como sabemos, todas las letras y sus combinaciones tienen significado. De hecho, hay escuelas jasídicas que desaconsejaron el uso durante la plegaria de las kavanot y yejudim específicos por considerar que eso era limitar el alcance de la oración al encerrarla en una forma fija. Su recomendación era concentrarse exclusivamente en todas las letras, sin activaciones específicas, dejando a éstas, por así decir, establecer su propia dinámica.

No les falta cierta razón, ya que es imposible actualizar todas las posibilidades de un texto tan multidimensional. Es posible, sin embargo, compaginar ambos puntos de vista si se hace una lectura muy lenta o si se hacen varias con distintos énfasis en cada una de ellas. Notemos que, si como dice el Talmud, los antiguos jasidim empleaban una hora completa en la recitación de la Amidá (más una hora de preparación mental y otra de asimilación de sus efectos) eso quiere decir que estaban al menos ocho segundos en cada palabra.

Nota: Hay muchos versículos individuales de salmos, además de los nombrados aquí, que se usan para intenciones particulares, para curación o como herramientas de desarrollo personal y místico. Se irán detallando en otros capítulos a los cuales remitimos al lector. La intención aquí ha sido la de abrir el libro de los salmos como una de las mejores herramientas tanto de uso práctico como de conexión espiritual.

CAPÍTULO 6

El Nombre de 42 letras. Los 72 Nombres de Dios

En este capítulo abordamos dos conjuntos de Nombres de Dios de una envergadura tal que por sí solos podrían llenar las páginas de todo un volumen. Son el Nombre de 42 letras –el Aná Bejóaj– y los 72 tripletes (216 letras) derivados de los tres versículos del Éxodo.

Sobre ellos ya hemos tratado ampliamente en otras obras (véase *La cábala de la Merkavá*).[1] Ahora pretendemos extender ciertos usos prácticos, incluyendo alguno de los allí incluidos que en aras de la completitud reproducimos de nuevo. Antes es conveniente hacer una breve recopilación de las correspondencias fundamentales.

El Nombre de 42 letras. Aná Bejóaj

Sabemos que el Nombre se divide en siete versículos de seis letras cada uno, en correspondencia con las siete sefirot de Jésed a Maljut.

Cada una de las seis letras de cada versículo se corresponde a su vez con las seis subsefirot –de Jésed a Yesod– de su sefirá asociada, atribuyendo a Maljut el versículo completo –las seis letras consideradas como unidad–. El Nombre opera, así, la unión entre Yetisrá y Asiá, y

---

1. www.lacabaladelaluz.com

energéticamente funciona en ambos sentidos: descendente y ascendente.

El sentido descendente es el de la creación, tanto en el aspecto cosmológico como en el de manifestar fenómenos (mágico).

El sentido ascendente es el de purificación y elevación, tanto de nuestras plegarias y meditaciones como de nuestro nivel de conciencia. Porque el Shabat –el séptimo día– no sólo representa Maljut en sí, sino también la elevación de Maljut a Biná. De ahí que el Nombre de 42 letras encierre no sólo el secreto de la unión del espíritu a la materia, sino igualmente el de la elevación de la materia a los mundos espirituales.

A. Aná Bejóaj

Es la versión más conocida y empleada del Nombre de 42 letras y, por ende, la que vamos a utilizar en las meditaciones que siguen.

El Nombre está codificado en la oración conocida como el Áná Bejóaj, nombre que deriva de sus dos primeras palabras, y atribuida a rabí Nejuniá Ben HaKaná, sabio y místico del siglo I, maestro de la merkavá (ascensión a los Palacios/Hejalot) y supuesto autor del *Séfer haBahir*, el primer texto cabalístico que vio la luz en la Provenza del siglo XII. Esta oración consta de 42 palabras y el Nombre se forma con las iniciales de cada una.

El texto hebreo es el siguiente:

אנא בכח גדולת ימינך תתיר צרורה
Aná Bejóaj Guedulat Yemineja Tatir Tserurá

קבל רנת עמך שגבנו טהרנו נורא
Kabel Rinat Ameja Saguevenu Taharenu Norá

נא גבור דורשי יחודך כבבת שמרם
Na Guibor Dorshé Yijudeja Kebabat Shomrem

ברכם טהרם רחמי צדקתך תמיד גמלם
Barejem Taharem Rajamé Tsidkateja Tamid Gomlem

חָסִין קָדוֹשׁ בְּרוֹב טוּבְךָ נַהֵל עֲדָתֶךָ
    Adateja Nahel Tuvjá Berov Kadosh Jasín

יָחִיד גֵּאֶה לְעַמְּךָ פְּנֵה זוֹכְרֵי קְדֻשָּׁתֶךָ
    Kedushateja Zojré Pené Leamejá Gueé Yajid

שַׁוְעָתֵנוּ קַבֵּל וּשְׁמַע צַעֲקָתֵנוּ יוֹדֵעַ תַּעֲלוּמוֹת
Taalumot Yodea Tsakatenu Ushmá Kabel Shavatenu

(En silencio: Baruj Shem Kevod Maljutó Leolam Vaed)

Traducción:
Por favor, por la grandeza de tu diestra libera las cadenas del cautiverio.
Recibe el cántico de tu pueblo; exáltanos, purifícanos, oh, Dios temible.
Oh, Todopoderoso, a los que inquieren por tu unidad guárdalos como a la pupila de tus ojos.
Bendícelos, purifícalos, que tu justa misericordia siempre los recompense.
Lleno de piedad, oh, Santo, con la abundancia de tu bondad guía a tu congregación.
Dios único y excelso, atiende a tu pueblo, quienes recuerdan tu Santidad.
Acepta nuestras súplicas y escucha nuestro clamor, tú que conoces todos los misterios.
(En voz baja) Bendito es el Nombre de su majestad gloriosa por siempre jamás.

Considerando las letras iniciales de cada palabra, se obtiene el Nombre de 42 cuya forma usual es la que se muestra:

אבג יתץ
קרע שטן

נגד יכש
בטר צתג
חקב טנע
יגל פזק
שקו צית

En escritura Ashirí (de la Torá):

אבג יתץ
קרע שטן
נגד יכש
בטר צתג
חקב טנע
יגל פזק
שקו צית

Como se ve, el Nombre se divide en siete líneas de seis letras cada una, separadas además en dos tripletes. Lo cual pone de manifiesto la regencia del Nombre sobre el septenario en general y los distintos septenarios en particular.

Son septenarios relevantes:

– Las seis direcciones más el centro, tanto del cubo del espacio como del cubo místico, tal como aparece definido en el Séfer Yetsirá.

– Las siete sefirot inferiores –de Jésed a Maljut– del Árbol de la Vida.

– Los siete planetas –de Luna a Saturno– de la astrología clásica. A través de las regencias planetarias el Nombre también rige sobre los signos zodiacales.

– Los siete días de la semana.

– Los siete días de la Creación del Génesis.

– Los siete milenios del calendario judío. En el momento de escribir esta obra (2019) nos encontramos en el año 5779 de ese calendario, es decir, en el sexto milenio. El séptimo milenio será el Shabat.

– Los siete centros psicofísicos (chakras) del cuerpo energético.

– Los siete brazos y lámparas de la Menorá, el candelabro del Templo de Jerusalem.

– Las siete semanas que transcurren entre las festividades de Pésaj (Pascua) y Shavuot (Pentecostés), correspondientes al tiempo transcurrido entre la salida de Egipto de los israelitas y la entrega de la Torá en el monte Sinaí. Este período se conoce como «la cuenta del Omer».

Como cada semana tiene siete días, se hacen corresponder las letras del Nombre de cada línea (cada línea es un Nombre) correspondiente con los seis primeros días de la semana –de domingo a viernes– y el Nombre completo (el conjunto de las seis letras) al Shabat. Todo esto se detallará en las meditaciones correspondientes.

– Las siete voces sefiróticas del salmo 29, que se reza en la Recepción del Sábado (Kabalat Shabat), y que marca la transición de los seis días activos de la semana al Shabat. Están en consonancia con los siete apelativos o títulos Divinos que aparecen en la oración del Aná Bejóaj: Norá (Imponente o Tremendo), Guibor (Omnipotente), Jasín (Poderoso), Kadosh (Santo), Yajid (Único), Gueé (Sublime) y Yodéa Taalumot (Conocedor de los misterios).

— También hay una relación de cada Nombre de seis letras con el Maguen David o hexagrama, la estrella de seis puntas. El primer triplete corresponde al triángulo ascendente (con el vértice hacia arriba) y el segundo al triángulo descendente (con el vértice hacia abajo).

— Cada letra del Aná Bejóaj es la inicial de un Nombre Divino específico, así como de un poderoso ángel.

— Y, por supuesto, se da una relación estrecha entre las siete líneas del Nombre y las siete letras dobles del alfabeto hebreo, tal como las define el Séfer Yetsirá.

Letra (doble)	Centro	Nombre de 42	Nombre Divino Tetragramático	Vocalización tetragrama	Día de la semana
Bet; ב	Corona Parte superior de la cabeza	אבג יתץ	Eheieh, אהיה	יְהֹוָה	Domingo
Guimel ג	Frente; entrecejo	קרע שטן	Eheví, אהוי	יֱהֹוִיהִ	Lunes
Dalet; ד	Garganta	נגד יכש	Ehevéh, אהוה	יֹהֹוִוהֹו	Martes
Kaf (Jaf); כ	Corazón	בטר צתג	YHVH, יהוה	יְהֹוָה	Miércoles
Pe (Fe); פ	Plexo solar; ombligo	חקב טנע	Aguelá, אגלא	יֱהֹוִיהִ	Jueves
Resh; ר	Genital; sacro	יגל פזק	ElJai, אלחי	יֹהֹוִוהֹו	Viernes
Tav; ת	Raíz; base de la columna	שקו צית	Adonai, אדני	יהוה	Sábado

Por otro lado, tenemos la siguiente correspondencia sefirótica y planetaria:

Jésed y Júpiter: אבג יתץ
Guevurá y Marte: קרע שטן

Tiféret y Sol:	נגד יכש
Nétsaj y Venus:	בטר צתג
Hod y Mercurio:	חקב טנע
Yesod y Luna:	יגל פזק
Maljut y Saturno:	שקו צית

Hay otra tradición antigua, transmitida por R. Eleazar de Worms (el Rokéaj) que enseña que cada una de las letras del Nombre de 42 es, de hecho, la inicial de un Nombre Divino. Damos a continuación la lista de los Nombres, que potencian enormemente nuestra meditación sobre las letras de cada línea:

אדירירון א	Adiriaron
בהירירון ב	Bahiriaron
גבירירון ג	Gabiriaron
יגבהיה י	Igbahiah
תלמיה ת	Telamiah
צפניה צ	Tsefaniah
קרמיה ק	Queramiah
רגריה ר	Regariah
עדריה ע	Adiriah
שגניה ש	Sheganiah
טלטיה ט	Telatiah
נהריה נ	Nehariah
נשמריה נ	Nishmariah
געריה ג	Gueariah
דוהריה ד	Dohariah
יעליה י	Yealiah
כסיה כ	Kesiah
שגיוניה ש	Shiguioniah
בועליה ב	Boeliah
טורריה ט	Toririah
רמיה ר	Ramiah
צצציה צ	Tsatsitsiah

תהנהיה ת	Tehanhiah
גלגליה ג	Galgaliah
חניה ח	Jananiah
קהקיה ק	Qahequiah
בהוהויה ב	Bahuhuiah
טבטניה ט	Tabtaniah
נעניה נ	Neaniah
עממיה ע	Amamiah
ידלשריה י	Yedalsheraiah
גורריה ג	Goreriah
למימריה ל	Lemiyimariah
פקורקדיה פ	Peqveraqdiah
זוהרזרעיה ז	Zoharzeraiah
קווליה ק	Qavulaiah
שתהורריה ש	Shathoreraiah
קרושיה ק	Qaroshiah
והאלאליה ו	Vehaaliliah
צעיריה צ	Tseiriah
יההריה י	Yahharaiah
תמתליה ת	Temetliah

También la tradición hermética ha transmitido (véase *Edipus Egyptiacus* de Athanasius Kircher) una lista de Nombres angélicos en relación con el Nombre de 42 letras:

1. Orphaniel   Angelus vultus lucidi;
2. Boel   Angelus in eo Deus;
3. Gabriel   Angelus fortitudinis;
4. Iophiel   Angelus pulchritudinis;
5. Thumiel   Angelus perfectionis;
6. Tsadkiel   Angelus iustitiæ;
7. Kabtsiel   Angelus congregationis;
8. Raphael   Angelus sanátionis;
9. Azuziel   Angelus vehementis roboris;

10.	Shemschiel	Angelus Solis;
11.	Thabiel	Angelus beatitudinis;
12.	Nagdiel	Angelus annunciationis;
13.	Najliel	Angelus possessionis;
14.	Gaboriel	Angelus virium & valoris;
15.	Daniel	Angelus iudicij;
16.	Iehudiel	Angelus confessionis;
17.	Kebaschiel	Angelus subiectionis;
18.	Shagnariel	Angelus apertionis portarum;
19.	Berachiel	Angelus benedictionis;
20.	Tabtabiel	Angelus magnæ beatitudinis;
21.	Rajmiel	Angelus miserationum;
22.	Tsaphiniel	Angelus reconditorum thesaurorum;
23.	Therumiel	Angelus exaltationis;
24.	Gedudiel	Angelus castrorum;
25.	Jaziel	Angelus visionum;
26.	Kumiel	Angelus resurrectionis;
27.	Bardkiel	Angelus fulguris seu gladij coruscantis;
28.	Tahariel	Angelus purificationis;
29.	Nuriel	Angelus ignis;
30.	Amiel	Angelus populorum;
31.	Isräel	Angelus rectitudinis;
32.	Geriel	Angelus peregrinationis;
33.	Lehabiel	Angelus flammæ
34.	Phaniel	Angelus facierum;
35.	Zachariel	Angelus memorialium;
36.	Kedoschiel	Angelus sanctificationis;
37.	Shalgiel	Angelus candoris niuei;
38.	Karbiel	Angelus oblationum;
39.	Vauiel	Angelus vncinorum;
40.	Tsuriel	Angelus angustiæ
41.	Ilphiel	Angelus vlcerum;
42.	Thabriel	Angelus fractionis.

B. Práctica

El programa propuesto de aplicaciones es el siguiente:

1. Meditación diaria de un versículo siguiendo los días de la semana. (Es la meditación 10 de *La cábala de la Merkavá,* pag. 210).
2. Meditación de un versículo con una intención concreta (med. 11 *op.cit.*).
3. Creación y/o materialización (med. 12 *op.cit.*).
4. Las 50 puertas de Biná como escalera de ascenso.
5. Limpieza de centros (chakras).
6. Meditación con movimientos de cabeza (med. 21 *op.cit.,* pág. 271).

Otras aplicaciones del Nombre de 42 letras en recursos talismánicos o para fortalecer intenciones concretas se verán en el capítulo 9.

1. Meditación del versículo diario

La práctica de la semana, centrada en el Shabat, es un mandamiento de la Torá. Aunque otras religiones hayan desplazado la festividad del sábado a diferentes días de la semana, no es menos cierto que la fórmula del septenario se ha universalizado y determina la manera de organizar el tiempo en prácticamente toda la humanidad.

Acostumbrados no tanto a vivir el tiempo como a la medida del tiempo –nuestra obsesión por los horarios–, no nos damos cuenta de que en cada día fluyen poderosas fuerzas espirituales, actualización de los arquetipos sefiróticos que estructuran la Creación.

Sobreponiéndonos a la rutina y a las fuerzas del hábito, debemos vivir cada día como único e irrepetible, ofreciéndonos oportunidades de crecimiento y acción creativa conducentes a nuestra realización personal y del tikún general.

Meditando sobre el Nombre del Aná Bejóaj correspondiente, nos sintonizamos con sus energías para realizar las tareas específicas del día bajo la guía y la protección de la Luz.

En general, la mejor hora para hacer esta meditación es temprano por la mañana. Hay que tener en cuenta, sin embargo, que, puesto que nuestro modelo es el de la Creación, en el relato del Génesis cada día comienza en la tarde del anterior: la noche precede al día; de forma que si hacemos una meditación nocturna es el nombre del día siguiente (según el modo convencional en el que el día empieza a las 0:00 h) el que debemos utilizar.

Recordamos las fases de la meditación:

1. Relajación.
2. Creación del marco meditativo (ensueño creativo).
3. Construcción del Nombre (visualización en el firmamento. En letras de fuego blanco, irradiando luz blanca o de algún color sefirótico adecuado).
4. Concentración completa en las letras.
5. Atracción de la Luz y canalización hasta la plenitud. Esto puede hacerse por varios procedimientos. Armonización de la Luz con la propia energía. Contemplación.
6. Proyección al entorno. Fase de compartir.
7. Intención concreta (si la hubiere).
8. Agradecimiento. Retorno. Cierre.

Éste es el marco general que puede sufrir adaptaciones y variaciones.

Así, en la fase 3), previamente a la visualización del Nombre del día, debemos hacer un recorrido completo por todo el texto del Ána Bejóaj, ya sea recitada o cantada.[2] Se debe hacer en actitud de oración, con sentimiento, involucrándose.

Es posible que algunas personas tengan dificultad en la visualización de las seis letras. Pueden proceder una a una, o bien pueden contemplar durante un tiempo las letras escritas y después cerrar los ojos, proyectando la imagen. O incluso proceder todo el tiempo con los

---

2. En YouTube se pueden escuchar muchas versiones de este tema.

ojos abiertos delante de la imagen, dejando que las letras irradien, hasta alcanzar el estado de contemplación (unificación en lo universal del meditador y lo meditado).

La canalización de la Luz puede hacerse de varias formas: o bien del Nombre desciende la Luz que circula por nuestros centros sefiróticos o/y órganos y partes del cuerpo hasta sentirse internamente totalmente bañados en Luz, o bien descienden las letras y vamos visualizando el Nombre en cada una de las sefirot del ser interno.

Una vez completada esta fase permanecemos un tiempo en meditación en vacío, abandonándonos a la experiencia y contemplación de la Luz. Podemos expandirnos infinitamente, en unificación (Devekut) con la esencia de la sefirá, que es una manifestación infinita del Infinito.

Desde el máximo nivel que seamos capaces de alcanzar, enviamos luz y bendiciones sobre todas las criaturas, visualizando como todas son liberadas de los velos de la ilusión y forman parte del Reino de Dios.

A continuación proyectamos nuestro día desde el punto de vista de la Luz, visualizándonos a nosotros y a todas las situaciones previstas en positivo.

Terminamos como siempre en agradecimiento a la Luz y retornando en paz a nuestro estado de conciencia habitual.

En fases más avanzadas incluimos en la meditación los Nombres Divinos y angélicos de sus letras.

Domingo

אבגיתץ

אדירירון בהירירון גבירירון יגבהיה תלמיה צפניה

אורפניאל בואל גבריאל יופיאל תומיאל צדקיאל

Lunes

קרעשׄטן

קרמיה רגריה עדריה שׄגניה טלטיה נהריה

קבציאל רפאל עזוזיאל שׄמשׄיאל טביאל נגדיאל

Martes

נגדיכשׄ

נשׄמריה געריה דוהריה יעליה כסיה שׄגיוניה

נחליאל גבוריאל דניאל יהודיאל כבשׄיאל שׄגנריאל

Miércoles

בטרצתג

בועליה תורריה רמיה צצציה תהנהיה גלגליה

ברכאיל טבטביאל רחמיאל צפניאל תרומיאל גדודיאל

Jueves

חקבטנע

חנניה קהקיה בהוהויה טבטניה נעניה עממיה

חזיאל קומיאל ברדקיאל טהריאל נוריאל עמיאל

Viernes

יגלפזק

ידלשריה גורריה למימריה פקורקדיה זוהרזרעיה קוןליה

יִשְׂרָאֵל גְרִיאֵל לַהֲבִיאֵל פְּנִיאֵל זְכַרִיאֵל קַדְשִׁיאֵל

Sábado

שֶׁקוּצִית

שתהורריה קרושיה והאלאליה צעיריה יההריה תמתליה

שַׁלְגִיאֵל קַרְבִיאֵל וִיאֵל צוּרִיאֵל יַלְפִיאֵל תַּבְרִיאֵל

2. Meditación de un versículo para trabajo de intenciones

Se trata de utilizar el versículo sefirótico que corresponda con la intención que queramos alcanzar. Ésta puede ser personal o referirse a otros, siempre para ayudar positivamente a otras personas. La intención tampoco tiene por qué referirse a algo material. Puede tratarse de un trabajo interno, de tikún, de crecimiento personal, de protección, guía, conexión espiritual, etc.

En realidad, todas estas intenciones están contenidas de manera genérica en la meditación diaria propuesta antes, pero en un momento dado podemos singularizar algo para necesidades específicas.

El primer paso es determinar a qué sefirá pertenece la intención a trabajar. Para lo cual es necesario un buen conocimiento del Árbol de la Vida. En las páginas anteriores se han dado correspondencias relativas a cada versículo.

El procedimiento a seguir es el mismo que en la meditación anterior. Únicamente en el punto 7 incidimos en la intención que nos motiva, pero hemos realizado previamente todos los pasos anteriores.

Un buen procedimiento es diseñar una representación esquemática o simbólica de la intención y visualizarla en el interior de un hexagrama con las seis letras del versículo en sus vértices (y los seis Nombres de Dios y/o angélicos asociados). Esta representación puede ser una palabra clave o incluso una breve frase en hebreo o en la lengua materna. La Luz del Nombre incide en la intención y la realiza.

Si, por ejemplo, quiero encontrar una casa que me ofrezca las máximas posibilidades de desarrollo personal, visualizaría mi casa ideal y utilizaría el séptimo versículo: Shequ Tsiat. Si lo que quiero es liberarme de la ira, utilizaría el segundo Nombre: Qará Satán. En el centro del hexagrama escribiría simplemente eso: «Quiero liberarme de la ira» o en hebreo: אני רוצה להיפטר מכעס.

En el proceso de meditación, el hexagrama actúa como un espejo. Veo en su interior reflejadas situaciones en las que me dejo llevar por la ira y cómo esas situaciones son limpiadas y transmutadas por la Luz del Nombre que incide hacia el interior.

Debe quedar claro que tengo la verdadera intención de querer superar mi ira. En una situación en la que normalmente reacciono con ella, voy a tener ayuda de la Luz, pero el trabajo –poner la voluntad en el instante anterior a que se dispare, que es cuando realmente tengo elección– es realmente mío.

De la contemplación del diseño anterior debe quedar claro que esa imagen, además de un objeto de meditación, es una figura talismánica.

El sentido de recorrido es siempre el de las agujas del reloj. El primer triplete está en el triángulo que apunta hacia arriba, con la primera letra en el vértice superior. El segundo triplete empieza con el vértice inferior y sigue el mismo recorrido en el triángulo que apunta hacia abajo.

3. Creación y/o materialización

En cierto modo, podemos considerar esta meditación como una extensión de la anterior, solo que en un contexto más amplio, más global.

Toda intención supone un cambio, ya sea interno o externo. Este cambio es el fruto de innumerables causas concurrentes. Estamos acostumbrados a considerar sólo las causas materiales y no vemos que éstas son el último eslabón de un proceso de causalidad vertical con origen en la Voluntad Suprema, la esfera del Infinito.

Según Aristóteles, todo movimiento –y el cambio es una forma de movimiento– es un tránsito de la potencia al acto. La esfera de la potencia –la pura potencialidad inherente– es el pleroma divino o, dicho de otro modo, la manifestación de la Voluntad Divina. Y el trayecto por el que desciende para ser actualizada en el plano fenoménico es el Rayo Relampagueante del Árbol de la Vida.

Ése es el proceso codificado en el Génesis –un proceso arquetípico– que no se refiere sólo al hecho, digamos, cosmológico, sino a toda forma de creación, la cual incluye tanto la aparición de lo nuevo como el sostenimiento de lo ya existente.

Porque la creación no es algo que tuviera lugar en cierta ocasión. Está sucediendo constantemente en el tiempo –creación continua– y fuera del tiempo, en el dominio de lo eterno. Mediante el Nombre de 42 letras trazamos un puente entre ambos planos. De ahí la insistencia en que éste es el Nombre de la Creación, moldeado a partir de las primeras 42 letras (de Bet a Bet) de la Torá.

El ser humano está llamado a ser cocreador; al menos a crear las condiciones de su propia vida. Aryeh Kaplan, en su extraordinario comentario al Séfer Yetsirá,[3] insiste en que el texto puede ser leído no como una acción pasada en tercera persona: grabó… creó; sino como una instrucción positiva (imperativo) en segunda persona: graba tú… crea tú…, etc. Ello se debe a la coincidencia de la forma verbal del tiempo imperfecto en tercera persona con el imperativo singular en segunda.

Pero es directa la generalización al primer capítulo del Génesis: En principio (con Sabiduría) crea tú a Elohim (según la interpretación

---

3. *Séfer Yetzirah. El libro de la Creación. Teoría y Práctica.* Editorial Mirach, S. L.

cabalística de que este Nombre es objeto directo del verbo crear en vez de sujeto), los cielos (Et Hashamaim) y la Tierra (VeEt HaÁrets).

¿Cómo? Mediante las letras (Et, Alef Tav, todo el alfabeto), las letras de los cielos y las letras de la Tierra; en particular mediante las letras del Nombre de 42, que son las que introducen la información (la Bet de Bohu, última del Nombre. El Bahir interpreta esta palabra como «En él») en el estado caótico original de Tohu («Y la Tierra era Tohu VaBohu…»).

No hay límite, salvo el de la propia mente, a la profundidad de este proceso. La fórmula creativa se aplica tanto a la creación del cosmos como a la realización de un proyecto concreto, a la creación artística, a la fabricación de algo material, etc. Primero vestimos nuestra voluntad personal con la Voluntad Divina –es decir, nos sometemos a ella–. Si vivimos nuestra vida de acuerdo con este principio de hacer la voluntad de Dios, Él Mismo viste su Voluntad con la nuestra –es decir, realiza nuestra voluntad–.

Vamos a ver con un ejemplo cómo se desarrollaría la meditación con una intención concreta, suficientemente abstracta, aunque el procedimiento se puede seguir igualmente como una meditación de iluminación y sintonía con las fuerzas sefiróticas.

1. Empezamos visualizándonos frente a un gran Árbol de la Vida. Frente a nosotros la esfera de Maljut. La esfera circunscribe un hexagrama o maguén David con las letras del séptimo Nombre, como se ha descrito en la meditación anterior. En este caso:

También podemos simplemente visualizar las letras en círculo alrededor, en cuyo caso seguiríamos el orden natural del Nombre, sin saltear:

2. Éste es el marco meditativo inicial. En el interior del círculo o del hexagrama planteamos la cuestión tal como la vemos ahora, siendo todo lo detallados que queramos. Dejamos que surjan las situaciones o imágenes tal como fluyen, en un estado de espontaneidad deliberada. Mientras lo hacemos podemos ir repitiendo el versículo a modo de mantra: shavaténu qabél ushmá tsaaqaténu yodéa taalumót. Al final hacemos una síntesis lo más ajustada posible; si somos capaces de focalizar todo en un símbolo único mucho mejor.

Con este proceso estamos poniendo nuestra intención en manos de la Shejiná. Quizá baste con que hagamos una oración espontánea al respecto, pidiendo gracia y bendiciones para nuestro trabajo.

3. Ahora, mediante algún recurso personal, elevamos el Maljut a Biná. Mantenemos la visualización de las letras, mantenemos la recitación mántrica, mantenemos la intención focalizada en el interior. Ahora bien, la vemos rodeada de luz, pulsando al unísono con la Luz Divina. Es aquí donde empezamos a ver nuestra intención con los ojos de la Neshamá, contemplada bajo el prisma de los arquetipos del espíritu. En el regazo de la Madre nuestra intención es recreada, reformulada, aunque todavía a un nivel muy abstracto, pero causal. Empieza entonces el descenso siguiendo el Rayo Relampagueante.

4. Al alcanzar Jésed, visualizamos esta esfera con sus letras correspondientes: A Be Gui Yo Ta Tsa, en hexagrama o en círculo. Pronunciamos el versículo como mantra: aná bejóaj guedulát yemineja tatir

tserurá; mientras que vemos cómo se reformula la intención, que sigue focalizada en el centro, a la luz de Jésed. Observamos qué tipo de *rapport* recibimos. Qué indicaciones se nos transmiten. Cargamos la intención con la energía de amor de Jésed, con su expansividad, positividad. Meditamos.

5. Repetimos el mismo proceso en cada sefirá: Guevurá, Tiféret, Nétsaj, Hod, y Yesod. En alguna esfera permaneceremos menos tiempo. En otras más. Es mucho lo que podemos aprender sobre nosotros y sobre la intención. Qué la bloquea, cuáles son los obstáculos, qué hemos de cambiar, etc. Es importante que la luz descienda, que nuestra intención se cargue con la energía de cada sefirá, que adquiera *momentum* hacia su manifestación en Maljut como realizada. En Yesod debemos recibir algún tipo de *feedback* al respecto, de que la forma energética está en lo astral y buscará su camino de realización en Maljut.

6. Cuando alcanzamos Maljut de nuevo, visualizando el hexagrama de letras del principio, simplemente descansamos y lo dejamos estar. Hacemos, por así decir, el Shabat de la intención, que ya está consagrada y santificada. Aceptamos y agradecemos lo que la luz quiera o haya querido darnos y permanecemos en paz, olvidándonos del asunto.

Esto termina la meditación. Si está bien hecha, no es necesario repetir ni reforzar la intención, por lo menos durante un tiempo suficiente. Si no sucede lo que esperamos, puede que no sea voluntad Divina, o que no esté en consonancia con nuestro tikún, o simplemente que todavía no es el momento apropiado. Nos hemos sometido a la voluntad del cielo y sabemos que Gam Zu LeTová: ¡También esto es para bien!

4. Las 50 puertas de Biná como escalera de ascenso

La Tradición habla de las 50 puertas de Biná (según la letra Nun de su nombre), así como de los 32 senderos de Sabiduría que pertenecen a la esfera de Jojmá. Podemos aproximarnos al tema de las 50 puertas según varias líneas complementarias.

Teniendo en cuenta que Biná tiene que ver con la Creación —es el símbolo de la Madre, que gesta la Creación en la circunferencia del útero cósmico—, las 50 puertas son, por así decir, los modos de entrada y salida de todos los órdenes de seres creados. Son las 7 sefirot de la forma por debajo del Abismo de Dáat —de Jésed a Maljut— cada una a su vez dividida en 7 sefirot, porque cada plano del ser se define en relación con los demás y por tanto contiene en sí sus posibilidades. Salida, en el descenso de los seres por los planos. Entrada, en el camino de retorno. Tenemos 7 planos por 7 subplanos, total 49, siendo la quincuagésima puerta la de entrada directa en Biná a través del Abismo.

Por otro lado, siguiendo una aproximación diacrónica, también podemos considerar las puertas como una escalera de ascenso y ése es el modo fundamental de la práctica que vamos a describir: un ascenso gradual hacia la iluminación y la liberación de Biná.

Esto en lo que supone de trabajo y esfuerzo por nuestra parte. Hay que considerar también el aspecto de Gracia Divina. Biná puede manifestarse en nosotros —lo que recibe el nombre de descenso del Espíritu Santo— en cualquier momento, o sea, por cualquiera de las puertas. Ahora bien, nuestra tarea no es permanecer pasivos, en una espera amorfa, sino trabajar activamente —el movimiento se empieza desde abajo— y considerar cada estadio como el todo y definitivo.

Consideremos el primer aspecto, más desde la perspectiva de la sustancia, es decir, de los planos y subplanos de la Creación.

Así, en primer lugar, tendríamos el plano de lo físico-etérico, nucleado en torno al arquetipo de Maljut, a su vez con sus 7 puertas o subplanos: 4 son de manifestación material y 3 de manifestación etérica. Los primeros 4, Maljut de Maljut, Yesod de Maljut, Hod de Maljut y Nétsaj de Maljut, corresponden respectivamente a los 4 elementos de los antiguos —Tierra, Agua, Aire y Fuego— que estructuran a la materia en los cuatro estados clásicos de sólido, líquido, gaseoso y termoquímico.[4] És-

---

4. Éste es un nivel energético que se manifiesta al nivel de las reacciones químicas; en particular, en las reacciones de combustión que producen las manifestaciones visibles —luminosa y calórica— del fuego físico.

tos constituyen los niveles concretos. Por encima están los 3 niveles abstractos o etéricos, que han recibido varios nombres y que corresponden a los subplanos de Tiféret de Maljut, Guevurá de Maljut y Jésed de Maljut. Son los llamados éter vital, éter luminoso y éter reflector. El significado del primero está claro: organiza las distintas formas de materia orgánica que componen el tejido de los seres vivos. El éter luminoso es una inmensa matriz de líneas de fuerza –rayos y auras– que constituye la parte sutil de la materia, bajo cuyas tensiones se organiza la forma de los seres. Todo ello realizado según las pautas (leyes) recibidas en el éter reflector que, como su nombre indica, es totalmente plástico –energía potencial o posibilidad pura– a las influencias de los planos superiores.

La misma estructura se repite en los demás planos: 4 concretos y 3 abstractos, según la fórmula del ternario y el cuaternario representada por la palabra Dag, דג, DG, que significa «pez» en hebreo. Así, sucesivamente, tras el plano físico-etérico ya descrito, tendríamos el nivel de la imaginación y el instinto (astral), nucleado en torno a Yesod, también con sus 7 puertas o subplanos; luego el plano del pensamiento –concreto y abstracto– bajo el arquetipo de Hod; a continuación el plano del sentimiento –concreto y abstracto– bajo Nétsaj. Éstos son los cuatro planos concretos del esquema general, cada uno con sus 7 subplanos. Los 3 de naturaleza abstracta corresponden a Tiféret, Guevurá y Jésed, siendo, respectivamente: 1) el plano de la intuición (de la esencia o de las cualidades), un nivel de puro ser, de belleza y armonía, de unidad en la pluralidad, regido por rajamim, la compasión por todos los seres; 2) el plano de la voluntad, del poder, de la necesidad (causa y efecto), de la discriminación, del mérito, de la afirmación de la verdad, y 3) el plano de la luz pura, de la plenitud, del uno y el todo, del mar de la existencia reflejando el impulso divino creativo representado por el Nombre, a su vez la imagen del Dios Vivo.

La puerta quincuagésima, que es la propia Biná en conjunto –la hebra invisible que pega, el cordón umbilical que une a cada ser con la madre, es decir, la totalidad de lo existente– permanece en poder de Dios mismo.

La tradición hermética, en tanto recogida por Athanasius Kircher (s. XVII; *Edipus Egyptiacus,* vol II, pág. 319), tiene su propio simbolismo, y así proporciona la siguiente descripción de las 50 puertas organizadas en 5 décadas (adaptada al conocimiento científico antiguo):

Primer orden: Década de los elementos
1. Materia prima, Hyle, Caos primordial.
2. Sin forma, vacía, sin vida.
3. Atracción natural, el Abismo.
4. Separación y origen de los elementos.
5. Tierra, sin incluir ninguna semilla.
6. Agua, que actúa sobre la tierra.
7. Aire, surgiendo del abismo de las aguas.
8. Fuego, que energiza y vivifica.
9. Diferenciación de las cualidades.
10. Mezcla y combinación de éstas.

Segundo orden: Década de la evolución
11. Diferenciación de los minerales.
12. Aparecen los principios vegetales.
13. Las semillas germinan en la humedad.
14. Hierbas, árboles, vegetación.
15. Fructificación en la vida vegetal.
16. Producción de la naturaleza sensible. Origen de las formas inferiores de la vida animal.
17. Insectos y reptiles.
18. Peces, la vida de los vertebrados en las aguas.
19. Aves, la vida de los vertebrados en los aires.
20. Cuadrúpedos, la vida de los vertebrados en la tierra.

Tercer orden: Década de la humanidad
21. Generación del ser humano.
22. Cuerpo humano material.
23. Le es conferida el alma humana. Aliento de vida.
24. Misterio de Adán y Eva.
25. Ser humano completo como el microcosmos.

26. Don de las cinco potencias externas.
27. Don de los cinco poderes del alma.
28. Adam kadmón, el ser humano celeste.
29. Ser humano angélico
30. Ser humano a imagen y semejanza de Dios.

Cuarto orden: Década de los cielos y mundos de las esferas
31. Cielo de la Luna.
32. Cielo de Mercurio.
33. Cielo de Venus.
34. Cielo del Sol.
35. Cielo de Marte.
36. Cielo de Júpiter.
37. Cielo de Saturno.
38. Cielo del firmamento.
39. Cielo del Primum Mobile.
40. Cielo empíreo.

Quinto orden: Década del mundo angélico
41. Ishim (almas de fuego). Jaiot HaKódesh.
42. Ofanim (Ruedas). Kerubim.
43. Erelim. Grandes y fuertes. Tronos.
44. Jashmalim. Dominaciones.
45. Serafim. Virtudes.
46. Malajim. Potestades.
47. Elohim. Principados.
48. Bene Elohim. Ángeles
49. Kerubim. Arcángeles.

Sexto orden: Mundo arquetípico
50. Dios, EnSof, a quien ningún ojo mortal ha visto jamás, ni mente alguna ha podido llegar a penetrar en su búsqueda. Es ésta la quincuagésima puerta que ni el mismo Moisés pudo llegar a cruzar.

En el simbolismo bíblico, se dice que Moisés fue capaz de abrir las 49 primeras puertas, pero no pudo penetrar la quincuagésima. Fue Yehoshúa (Josué) Ben Nun (Hijo de la Nun) el encargado de hacer entrar al pueblo de Israel en la Tierra que mana leche y miel, la Tierra superior de Biná. Es la Torá en su conjunto –en todas sus dimensiones que sólo se revelarán en la época mesiánica– la llave de la puerta quincuagésima: la Torá que fue entregada el día 50.º de la salida de Egipto, tras los 49 días de purificación de la cuenta del Omer, el tiempo necesario para liberarse de toda la impureza (también 49 puertas de la negatividad) del período de esclavitud en Egipto.

Y concluye Kircher:

> Tales son las 50 puertas a través de las cuales la Inteligencia o el Espíritu Santo ha preparado el camino hacia los 32 senderos de Sabiduría *[Jojmá]*, para el investigador inquieto y obediente a la ley.

El concepto es el mismo: cómo es necesario remontar la escalera de los planos de la forma desde abajo para poder cruzar el Abismo de Dáat y alcanzar la experiencia de la iluminación de Biná y la liberación que la acompaña.

Existen otras formulaciones de las 50 puertas, lo cual no quiere decir ni más ni menos que otras formas de recorrerlas. Por ejemplo, cada puerta estaría codificada en cada uno de los 50 capítulos del libro del Génesis o Bereshit. Un estudio en profundidad de este libro llevaría a la apertura de estas puertas.

También en el judaísmo, en el período de la cuenta del Omer –entre los 50 días que transcurren entre Pésaj y Shavuot– se medita cada día en una de estas puertas, en este caso de arriba abajo, es decir, empezando por Jésed (Jésed de Jésed) y terminando por Maljut (Maljut de Maljut), para purificar las cualidades morales y emocionales correspondientes como preparación para la recepción de la Torá en Shavuot. Es, de hecho, un tikún que, si bien en la liturgia judía se trabaja en el período temporal indicado, puede hacerse en cualquier período dado de 50 días como parte de un período de rectificación de la propia vasija, porque lo que se pretende es la recepción del Rúaj HaKódesh, el Espíritu Santo, que desciende de Biná a través de la puerta del Dáat.

La metodología es la siguiente:

Consideramos las 7 sefirot inferiores como representativas de las siguientes cualidades (esto no es dogmático, en el sentido de que puede adaptarse a la concepción y necesidad personal):

Jésed: Amor y benevolencia.

Guevurá: Justicia, disciplina, fuerza, restricción, temor.

Tiféret: Centración, equilibrio y armonía, rajamim (compasión).

Nétsaj: Polaridad, dar y recibir, persistencia, victoria.

Hod: Sinceridad, verdad, honestidad, humildad.

Yesod: Cohesión, creatividad, independencia, seguridad.

Maljut: Soberanía, nobleza, capacidad de liderazgo.

Cada una de estas cualidades predomina durante una semana, en la que recorren las siete subsefirot de la sefirá correspondiente.

Así, el primer día de la primera semana trabajaríamos Jésed en Jésed, o sea, amor y benevolencia en el amor, el amor sin condiciones, y nos analizaríamos en este contexto, tratando de generar el estado correspondiente.

El segundo día de la segunda semana correspondería a Guevurá de Jésed, es decir, la disciplina y la restricción en el amor, que no significa que renunciemos a él (estamos en la esfera de Jésed), pero sin ponerle límites necesarios para no vaciarnos por completo (como en una autoinmolación, que sería fuerza desequilibrada) y hacer que nuestro amor sea realmente fuerte, poderoso y realmente constructivo.

Y así sucesivamente. Existen magníficas guías pera este proceso en Internet y el lector puede buscarlas allí.

A mí me resulta muy interesante y útil la enumeración de las 50 puertas que se recita en algunos días, particularmente en la liturgia de Yom Kipur, por su alto contenido espiritual. Se dice:

> Que el Eterno, nuestro Dios, abra para nosotros y para todo Israel nuestros hermanos, puertas de luz, puertas de amor y de amistad, puertas de bendición, puertas de su Santuario, puertas de redención, puertas de

alegría, puertas de regocijo, puertas de sabiduría e inteligencia, puertas de hermosura y magnificencia, puertas de prosperidad y abundancia, puertas de buen presagio, puertas de firmeza, puertas de méritos, puertas de asiduidad, puertas de gozo, puertas de vidas buenas, puertas de ciencia, puertas de gracia y benevolencia, puertas de pureza, puertas de rocío y lluvias de bendición, puertas de salvación, puertas de expiación, puertas de sustento, puertas de honra, puertas de estudio de la Ley por su propio valor, puertas de corazón bueno, puertas de manutención, puertas de perdón, puertas de consolidación, puertas de corazón generoso, puertas de revelación de los secretos de la Ley, puertas de absolución, puertas de ayuda, puertas de liberación, puertas de fructificación y multiplicación, puertas de abundancia de alimentación, puertas de justicia, puertas de cantos alegres, puertas de independencia, puertas de oraciones bien recibidas, puertas de regreso del exilio, puertas de curación completa, puertas de piedades, puertas de buena voluntad, puertas de paz, puertas de tranquilidad, puertas de cumplimiento de la Torá, puertas de oración, puertas de socorro, puertas de arrepentimiento para el bien.

Que Dios aparte de vosotros los celos, el odio y la rivalidad, y cumpla en vosotros este versículo bíblico: «El Eterno, Dios de vuestros padres añada sobre vosotros mil veces lo que sois, y os bendiga como os prometió». Os inscriba en libros de vidas buenas, así sea su voluntad, y digamos Amén.

Parece claro que esta última formulación es de Briá, la anterior relativa a las cualidades emocionales (midot) es más de Yetsirá, y la de las 5 décadas expuesta antes más bien refleja la realidad de Asiá.

Nosotros, para trabajar el tema de las 50 puertas, considerándolas como una escalera gradual de ascenso tanto como el modo de sintonizarse y recibir la influencia de Biná, proponemos la siguiente meditación para profundizar e intensificar cualquiera de los procesos internos en los capítulos de la vida en Asiá, de la manifestación de la energía en Yetsirá o del espíritu divino en Briá.

La meditación se basa en las correspondencias sefiróticas del Nombre de 42 letras. Lo que hacemos es —considerando el proceso como dividido en 7 secciones sefiróticas con 7 subsefirot cada una, según lo explicado antes– poner en relación el versículo de la sefirá principal con el de la subsefirá que estemos tratando.

Por ejemplo, supongamos que estamos en Tiféret de Nétsaj. El versículo de Tiféret es יכש נגד y el de Nétsaj בטר צתג. Ahora entrelazando los Nombres podemos hacer el siguiente desarrollo de doce letras:

נבגטדריצכתשג

O bien, partir de la construcción geométrica:

El primer triplete del Nombre נגד está en los vértices del triángulo que apunta hacia arriba, y el segundo יכש está en el triángulo cuyo vértice vertical está hacia abajo. El sentido de recorrido en ambos es de las agujas del reloj.

Ahora podemos proceder con una de las meditaciones siguientes:

1. Visualizar una de las dos opciones anteriores en el firmamento en letras de fuego blanco irradiando luz blanca (o usando los colores sefiróticos) y recibir y canalizar su luz, purificando, transmutando y energizando el aspecto correspondiente de nuestra naturaleza, que habremos estado considerando previamente.

2. Visualizar igualmente como en el caso anterior, pero ahora soy yo el que asciende (hacia el Dáat) y contemplo el conjunto como una puerta que me permite acceder a la dimensión de la que es entrada. En

un momento dado, la puerta se abre y penetro, dejándome llevar y abriéndome a la experiencia correspondiente.

Después regreso por la misma puerta, que volvemos a visualizar como un Nombre completo, e integro, de vuelta a mi condición habitual, la experiencia en mi sistema energético.

Cuando un aspecto se repite, como en Jésed de Jésed por ejemplo, el Nombre simplemente se duplica: אאבבגגייתתצץ.

Se puede trabajar una puerta cada día durante un período de 49 días siguiendo el orden prescrito: 1. Maljut de Maljut. 2. Yesod de Maljut. 3. Hod de Maljut. 4. Nétsaj de Maljut. 5. Tiféret de Maljut. 6. Guevurá de Maljut. 7. Jésed de Maljut. 8. Maljut de Yesod. 9. Yesod de Yesod. 10. Hod de Yesod. ... 47. Tiféret de Jésed. 48. Guevurá de Jésed. 49. Jésed de Jésed. El día quincuagésimo, correspondiente a 50, Biná es necesario visualizar los 7 versículos del Nombre de 42 letras completo.

Con práctica suficiente se puede ascender de una vez la escalera de las 50 puertas (algo así como la escalera de Jacob). En ese caso, no sería necesario entrelazar los Nombres (lo que resultaría excesivamente complicado. Basta con adjuntarlos. Así, peldaño o puerta de Maljut de Maljut: שׂקוציב שׂקוצית; Yesod de Maljut: שׂקוצית יגלפזק; y así sucesivamente.

5. Limpieza de centros (chakras)

Hemos dicho ya que el Nombre de 42 letras rige todos los septenarios, en particular los 7 centros psicofísicos del pilar del medio.

El tema de los 7 centros –chakras en la tradición oriental, Shearim/puertas en hebreo– es muy extenso y puede contemplarse desde distintos planos.

No corresponde aquí hacer un tratamiento exhaustivo. Las aplicaciones de corte más místico y evolutivo ya han sido tratadas en otros lugares (véase *La cábala de la merkavá*). Existe, al mismo tiempo, una extensa literatura sobre la función y el impacto psicológico de los chakras, así como las consecuencias y patologías de un desequilibrio en éstos. También se remite al lector a los libros especializados sobre el tema.

Lo que nos interesa ahora es un método práctico de trabajar con ellos en el doble sentido de hacer una limpieza de la negatividad acumulada y después una energización positiva del centro.

En realidad, hay infinidad de métodos, dependiendo en gran medida del operador, desde los puramente mentales a los físicos, pasando por una serie de recursos, como imposición de manos, piedras, cristales, péndulo, etc.

Si se usa este último –un procedimiento bastante efectivo– aunque, de nuevo, cada prácticamente tiene su método, una forma de trabajar podría ser la siguiente:

Una vez situado el péndulo sobre la zona del centro psíquico –empezamos de abajo arriba–, es probable que éste empiece espontáneamente a girar en círculo como alrededor del chakra. Si lo hace en sentido contrario a las agujas del reloj, está expulsando energías tóxicas para el centro (limpieza). Hay que permitirlo hasta que el péndulo pare por sí mismo.

Entonces seguramente invertirá el sentido de giro y asumirá un movimiento circular en el sentido de las agujas del reloj, lo que indica que se están introduciendo contenidos positivos (energización).

En todo el proceso el operador estará visualizando alrededor del círculo la parte del Nombre (seis letras) que corresponde a ese centro –o quizá el versículo completo del Aná Bejóaj– así como otros posibles contenidos centrales específicos o en relación con el septenario (letras dobles, etc.). Se ve cómo las letras y el centro van aumentando en luminosidad.

Ejemplos:

Centro de la Corona; limpieza.

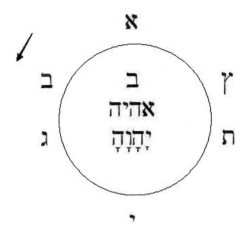

Centro de la Corona; energización.

Si se usan las manos, una posibilidad es que con una mano (generalmente la izquierda) se extraen las energías negativas y con la otra se dirigen las energías positivas hacia el centro. La visualización y pronunciación vibrada se puede hacer en este caso mediante el hexagrama de la siguiente forma:

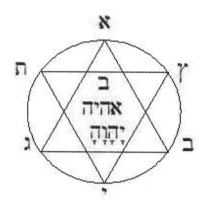

Los 72 Nombres de Dios

והו	ילי	סיט	עלם	מהש	ללה	אכא	כהת
הזי	אלד	לאו	ההע	יזל	מבה	הרי	הקם
לאו	כלי	לוו	פהל	נלך	ייי	מלה	חהו
נתה	האא	ירת	שאה	ריי	אום	לכב	ושר
יחו	להח	כוק	מנד	אני	חעם	רהע	ייז
ההה	מיכ	וול	ילה	סאל	ערי	עשל	מיה
והו	דני	החש	עמם	ננא	נית	מבה	פוי
נמם	ייל	הרח	מצר	ומב	יהה	ענו	מחי
דמב	מנק	איע	חבו	ראה	יבמ	היי	מום

Yesod de	Hod de	Nétsaj de	Tiféret de	Guevurá de	Jésed de	Biná de	Jojmá de	
כהת Ka He Ta	אכא A Ja A	ללה La La He	מהש Me He Shi	עלם A La Me	סיט Sa Yo Te	ילי Yo La Yo	והו Va He Va	Kéter
הקם He Qo Me	הרי He Re Yo	מבה Me Be He	יזל Yo Za La	ההע He He A	לאו La A Va	אלד A La Da	הזי He Za Yo	Jojmá
חהו Je He Va	מלה Me La He	独 Yo Yo Yo	נלך Nu La Ja	פהל Pe He La	לוו La Va Va	כלי Ka La Yo	לאו La A Va	Biná
ושר Va Shi Re	לכב La Ja Be	אום A Va Me	ריי Re Yo Yo	שאה Shi A He	ירת Yo Re Ta	האא He A A	נתה Nu Ta He	Jésed
ייז Yo Yo Za	רהע Re He A	חעם Je A Me	אני A Nu Yo	מנד Me Nu Da	כוק Ka Va Qo	להח La He Je	יחו Yo Je Va	Guevurá
מיה Me Yo He	עשל A Shi La	ערי A Re Yo	סאל Sa A La	ילה Yo La He	וול Va Va La	מיכ Me Yo Ja	ההה He He He	Tiféret
פוי Pe Va Yo	מבה Me Be He	נית Nu Yo Ta	ננא Nu Nu A	עמם A Me Me	החש He Je Shi	דני Da Nu Yo	והו Va He Va	Nétsaj
מחי Me Je Yo	ענו A Nu Va	יהה Yo He He	ומב Va Me Be	מצר Me Tsa Re	הרח He Re Je	ייל Yo Yo La	נמם Nu Me Me	Hod
מום Me Va Me	היי He Yo Yo	יבמ Yo Be Me	ראה Re A He	חבו Je Be Va	איע A Yo A	מנק Me Nu Qo	דמב Da Me Be	Yesod

Otro conjunto de ilimitadas aplicaciones es el de los 72 Nombres de Dios. Como siempre —éste no es un libro de teoría–, su génesis y esquema general se han comentado en el capítulo 3 y en general se suponen ya conocidos. Nos centramos en algunas aplicaciones.

1. Conexión sefirótica (subsefirot, senderos)

Es conocida la organización de los 72 Nombres en una matriz 9 × 8, es decir, un cuadro de 9 filas y 8 columnas. Las filas corresponden a las sefirot primarias, de Kéter a Yesod, y las columnas corresponden a las subsefirot, esta vez de Jojmá a Yesod. Estamos, pues, considerando un Árbol dentro de cada Árbol.

Si queremos sintonizarnos con la energía completa de una sefirá, podemos utilizar todos los Nombres de su fila correspondiente. Sea, por ejemplo, Jojmá:

Esta construcción puede utilizarse como mandala de meditación, como talismán, como acumulador de energía y empoderamiento (haciéndolo recorrer por todo el sistema interno), como una puerta de entrada a las dimensiones de la esfera, como un instrumento de curación para las afecciones que dependan de Jojmá (ojo izquierdo, lado izquierdo de la cara en general, incluyendo hemisferio cerebral, enfermedades que parecen estancarse...).

Otra posibilidad es utilizar no sólo la fila de Jojmá (segunda del cuadro), sino también la primera columna correspondiente al aspecto Jojmá de las demás sefirot:

Ello nos proporciona una gran proyección de energía.

Algunos Nombres, los que repiten sefirá y subsefirá, nos conectan directamente con la esencia de la sefirá. Son los siguientes:

הזי	Jojmá
כלי	Biná
ירת	Jésed
מנד	Guevurá
סאל	Tiféret
נית	Nétsaj
ענו	Hod
מום	Yesod

Podemos utilizar estos Nombres en relación con intenciones sefiróticas. Por ejemplo, supongamos que queremos desarrollar una condición de abundancia y plenitud, tanto en sentido material como espiritual. Es lo que en hebreo traduciríamos por Shéfa, שפע. Es una cualidad tiferética y podemos, por tanto, utilizar el Nombre סאל. Un posible recurso sería meditar en la construcción

O bien directamente entrelazar el Nombre con el tetragrama vocalizado como en Tiféret y dirigir la Luz hacia la intención deseada:

↓

(visualizarse en la condición de abundancia ya realizada)

Recordamos el protocolo general de meditación sobre Nombres, letras, etc.

1. Relajación.
2. Creación del marco meditativo (ensueño creativo).
3. Construcción del Nombre (visualización en el firmamento. En letras de fuego blanco, irradiando luz blanca o de algún color sefirótico adecuado. En este caso se puede visualizar el Nombre en el color de la subsefirá sobre un fondo de color de la sefirá de la cual forma parte).
4. Concentración completa en las letras.

5. Atracción de la Luz y canalización hasta la plenitud. Esto puede hacerse por varios procedimientos (por ejemplo haciendo recorrer la Luz por los centros sefiróticos personales). Armonización de la Luz con la propia energía. Contemplación.

6. Proyección al entorno. Fase de compartir.

7. Intención específica. La intención preside la meditación desde el principio, pero en este punto se reformula, concreta y proyecta.

8. Agradecimiento. Retorno. Cierre.

2. La conexión zodiacal (quinarios y grados)

El círculo del Zodíaco consiste en 72 quinarios (conjunto de 5 grados; 5 × 72 = 360), seis por cada signo del Zodíaco.

Tenemos así una nueva tabla de correspondencias:

6º quinario	5º quinario	4º quinario	3er quinario	2º quinario	1er quinario	
ללה	מהש	עלם	סיט	ילי	והו	♈
ההע	לאו	אלד	הזי	כהת	אכא	♉
כלי	לאו	הקם	הרי	מבה	יזל	♊
חהו	מלה	ייי	נלך	פהל	לוו	♋
אום	ריי	שאה	ירת	האא	נתה	♌
מנד	כוק	ההה	יחו	ושר	לכב	♍
מיכ	ההה	ייז	רהע	חעם	אני	♎
מיה	עשל	ערי	סאל	ילה	וול	♏
נית	ננא	עממ	החש	דני	והו	♐
מצר	הרח	ייל	נממ	פוי	מבה	♑
מנק	דמב	מחי	ענו	יהה	ומב	♒
מום	היי	יבמ	ראה	חבו	איע	♓

Es bien sabido que la Luz de los Nombres se focaliza a través de un ángel que es, por así decir, su inteligencia formativa. Si añadimos al Nombre las terminaciones Yah o El, que son asimismo Nombres de Dios, obtenemos el nombre de los 72 ángeles: Por ejemplo, el número 17, LAV, con la terminación Yah, se convierte en LAUVIAH. El siguiente triplete KLI, con la terminación El, se convierte en KELIEL, etc.

Ésta es una forma tradicional de construir nombres angélicos sobre la base de una función específica: Así, RAFA-EL, significa la Curación (o el médico) de Dios, GABRI-EL significa el Fuerte o el Poderoso de Dios, y así sucesivamente.

En la cabalá judía se hace un uso extensivo de los Nombres; en la cabalá hermética se prefiere utilizar los 72 ángeles. En esta obra empleamos ambos, teniendo en cuenta que los ángeles son, por así decir, la lente o ispaklaria de focalización de los Nombres.

Por otro lado, siguiendo con la conexión astrológica, si asociamos un grado a cada Nombre, o a cada ángel, en toda la banda zodiacal está contenido 5 veces el conjunto de 72 elementos (de nuevo, 5 × 72 = 360).

Especificamos este dato en las siguientes tablas, en las que escribimos, por ese orden, el grado zodiacal en cada signo, el número de orden en el conjunto de 72 que estamos recorriendo, el nombre transcrito del ángel y el atributo sefirótico correspondiente.

Así:

Aries

0-1   1.º Vehuiah Jojmà de Kèter, quiere decir que estamos en el primer grado de Aries (es decir, de 0´00 a 0´59 de Aries), que es el primero (1.º) del primer recorrido de los 72 en el Zodíaco, que corresponde al ángel Vehuiah, que a su vez canaliza el atributo Jojmá de Kéter.

Otro ejemplo:

Géminis

6-7   67.º Eyael Jèsed de Yesod, quiere decir que estamos en el séptimo grado de Géminis (es decir, de 6′00 a 6′59 de Géminis), que es el número sesenta y siete (67.º) del segundo recorrido de los 72 en el Zodíaco, que corresponde al ángel Eyael, que a su vez canaliza el atributo Jèsed de Yesod.

Aries

0-1	1.º Vehuiah Jojmà de Kèter
1-2	2.º Yeliel Binà de Kèter
2-3	3.º Sitael Jèsed de Kèter
3-4	4.º Alamiah Guevurà de Kèter
4-5	5.º Mahashiah Tifèret de Kèter
5-6	6.º Lelahel Nètsaj de Kèter
6-7	7.º Ajaiah Hod de Kèter
7-8	8.º Kahetel Yesod de Kèter
8-9	9.º Haziel Jojmà de Jojmà
9-10	10.º Aladiah Binà de Jojmà
10-11	11.º Lauviah Jèsed de Jojmà
11-12	12.º Hahaiah Guevurà de Jojmà
12-13	13.º Yezalel Tifèret de Jojmà
13-14	14.º Mebahel Nètsaj de Jojmà
14-15	15.º Hariel Hod de Jojmà
15-16	16.º Haqamiah Yesod de Jojmà
16-17	17.º Lauviah Jojmà de Binà
17-18	18.º Kaliel Binà de Binà
18-19	19.º Leuviah Jèsed de Binà
19-20	20.º Pahaliah Guevurà de Binà
20-21	21.º Neljael Tifèret de Binà
21-22	22.º Yeiaiel Nètsaj de Binà
22-23	23.º Melahel Hod de Binà
23-24	24.º Jahuyah Yesod de Binà

24-25	25.º Nithaiah Jojmà de Jèsed
25-26	26.º Haaiah Binà de Jèsed
26-27	27.º Yeratel Jèsed de Jèsed
27-28	28.º Sheheiah Guevurà de Jèsed
28-29	29.º Reiyel Tifèret de Jèsed
29-30	30.º Omael Nètsaj de Jèsed

Tauro

0-1	31.º Lekabel Hod de Jèsed
1-2	32.º Vashariah Yesod de Jèsed
2-3	33.º Yejuiàh Jojmà de Guevurà
3-4	34.º Lehajiàh Binà de Guevurà
4-5	35.º Kavaquiàh Jèsed de Guevurà
5-6	36.º Menadel Guevurà de Guevurà
6-7	37.º Aniel Tifèret de Guevurà
7-8	38.º Jaamiah Nètsaj de Guevurà
8-9	39.º Rehael Hod de Guevurà
9-10	40.º Ieiazel Yesod de Guevurà
10-11	41.º Hahahel Jojmà de Tifèret
11-12	42.º Mijael Binà de Tifèret
12-13	43.º Veuliàh Jèsed de Tifèret
13-14	44.º Yelahiah Guevurà de Tifèret
14-15	45.º Sealiah Tifèret de Tifèret
15-16	46.º Ariel Nètsaj de Tifèret
16-17	47.º Ashaliah Hod de Tifèret
17-18	48.º Mihael Yesod de Tifèret
18-19	49.º Vehuel Jojmà de Nètsaj
19-20	50.º Daniel Binà de Nètsaj
20-21	51.º Hajashiah Jèsed de Nètsaj
21-22	52.º Imamiah Guevuràde Netsaj
22-23	53.º Nanael Tifèret de Nètsaj
23-24	54.º Nithael Nètsaj de Nètsaj
24-25	55.º Mebahiah Hod de Nètsaj
25-26	56.º Poiel Yesod de Nètsaj

26-27	57.º Nemamiah Jojmà de Hod
27-28	58.º Yeyalel Binà de Hod
28-29	59.º Harajel Jèsed de Hod
29-30	60.º Mitsrael Guevurà de Hod

Géminis

0-1	61.º Umabel Tifèret de Hod
1-2	62.º Yah-hel Nètsaj de Hod
2-3	63.º Anuel Hod de Hod
3-4	64.º Mejiel Yesod de Hod
4-5	65.º Damabiah Jojmà de Yesod
5-6	66.º Manaquel Binà de Yesod
6-7	67.º Eyael Jèsed de Yesod
7-8	68.º Jabuyah Guevurà de Yesod
8-9	69.º Rohel Tifèret de Yesod
9-10	70.º Yabamiah Nètsaj de Yesod
10-11	71.º Hayayel Hod de Yesod
11-12	72.º Mumiah Yesod de Yesod
12-13	1.º Vehuiah Jojmà de Kèter
13-14	2.º Yeliel Binà de Kèter
14-15	3.º Sitael Jèsed de Kèter
15-16	4.º Alamiah Guevurà de Kèter
16-17	5.º Mahashiah Tifèret de Kèter
17-18	6.º Lelahel Nètsaj de Kèter
18-19	7.º Ajaiah Hod de Kèter
19-20	8.º Kahetel Yesod de Kèter
20-21	9.º Haziel Jojmà de Jojmà
21-22	10.º Aladiah Binà de Jojmà
22-23	11.º Lauviah Jèsed de Jojmà
23-24	12.º Hahaiah Guevurà de Jojmà
24-25	13.º Yezalel Tifèret de Jojmà
25-26	14.º Mebahel Nètsaj de Jojmà
26-27	15.º Hariel Hod de Jojmà
27-28	16.º Haqamiah Yesod de Jojmà

28-29   17.º Lauviah Jojmà de Binà
29-30   18.º Kaliel Binà de Binà

Cáncer

0-1   19.º Leuviah Jèsed de Binà
1-2   20.º Pahaliah Guevurà de Binà
2-3   21.º Neljael Tifèret de Binà
3-4   22.º Yeiaiel Nètsaj de Binà
4-5   23.º Melahel Hod de Binà
5-6   24.º Jahuyah Yesod de Binà
6-7   25.º Nithaiah Jojmà de Jèsed
7-8   26.º Haaiah Binà de Jèsed
8-9   27.º Yeratel Jèsed de Jèsed
9-10   28.º Sheheiah Guevurà de Jèsed
10-11   29.º Reiyel Tifèret de Jèsed
11-12   30.º Omael Nètsaj de Jèsed
12-13   31.º Lekabel Hod de Jèsed
13-14   32.º Vashariah Yesod de Jèsed
14-15   33.º Yejuiàh Jojmà de Guevurà
15-16   34.º Lehajiàh Binà de Guevurà
16-17   35.º Kavaquiàh Jèsed de Guevurà
17-18   36.º Menadel Guevurà de Guevurà
18-19   37.º Aniel Tifèret de Guevurà
19-20   38.º Jaamiah Nètsaj de Guevurà
20-21   39.º Rehael Hod de Guevurà
21-22   40.º Ieiazel Yesod de Guevurà
22-23   41.º Hahahel Jojmà de Tifèret
23-24   42.º Mijael Binà de Tifèret
24-25   43.º Veuliàh Jèsed de Tifèret
25-26   44.º Yelahiah Guevurà de Tifèret
26-27   45.º Sealiah Tifèret de Tifèret
27-28   46.º Ariel Nètsaj de Tifèret
28-29   47.º Ashaliah Hod de Tifèret
29-30   48.º Mihael Yesod de Tifèret

Leo

0-1	49.º	Vehuel Jojmà de Nètsaj
1-2	50.º	Daniel Binà de Nètsaj
2-3	51.º	Hajashiah Jèsed de Nètsaj
3-4	52.º	Imamiah Guevurà de Netsaj
4-5	53.º	Nanael Tifèret de Nètsaj
5-6	54.º	Nithael Nètsaj de Nètsaj
6-7	55.º	Mebahiah Hod de Nètsaj
7-8	56.º	Poiel Yesod de Nètsaj
8-9	57.º	Nemamiah Jojmà de Hod
9-10	58.º	Yeyalel Binà de Hod
10-11	59.º	Harajel Jèsed de Hod
11-12	60.º	Mitsrael Guevurà de Hod
12-13	61.º	Umabel Tifèret de Hod
13-14	62.º	Yah-hel Nètsaj de Hod
14-15	63.º	Anuel Hod de Hod
15-16	64.º	Mejiel Yesod de Hod
16-17	65.º	Damabiah Jojmà de Yesod
17-18	66.º	Manaquel Binà de Yesod
18-19	67.º	Eyael Jèsed de Yesod
19-20	68.º	Jabuyah Guevurà de Yesod
20-21	69.º	Rohel Tifèret de Yesod
21-22	70.º	Yabamiah Nètsaj de Yesod
22-23	71.º	Hayayel Hod de Yesod
23-24	72.º	Mumiah Yesod de Yesod
24-25	1.º	Vehuiah Jojmà de Kèter
25-26	2.º	Yeliel Binà de Kèter
26-27	3.º	Sitael Jèsed de Kèter
27-28	4.º	Alamiah Guevurà de Kèter
28-29	5.º	Mahashiah Tifèret de Kèter
29-30	6.º	Lelahel Nètsaj de Kèter

Virgo

0-1	7.º Ajaiah Hod de Kèter
1-2	8.º Kahetel Yesod de Kèter
2-3	9.º Haziel Jojmà de Jojmà
3-4	10.º Aladiah Binà de Jojmà
4-5	11.º Lauviah Jèsed de Jojmà
5-6	12.º Hahaiah Guevurà de Jojmà
6-7	13.º Yezalel Tifèret de Jojmà
7-8	14.º Mebahel Nètsaj de Jojmà
8-9	15.º Hariel Hod de Jojmà
9-10	16.º Haqamiah Yesod de Jojmà
10-11	17.º Lauviah Jojmà de Binà
11-12	18.º Kaliel Binà de Binà
12-13	19.º Leuviah Jèsed de Binà
13-14	20.º Pahaliah Guevurà de Binà
14-15	21.º Neljael Tifèret de Binà
15-16	22.º Yeiaiel Nètsaj de Binà
16-17	23.º Melahel Hod de Binà
17-18	24.º Jahuyah Yesod de Binà
18-19	25.º Nithaiah Jojmà de Jèsed
19-20	26.º Haaiah Binà de Jèsed
20-21	27.º Yeratel Jèsed de Jèsed
21-22	28.º Sheheiah Guevurà de Jèsed
22-23	29.º Reiyel Tifèret de Jèsed
23-24	30.º Omael Nètsaj de Jèsed
24-25	31.º Lekabel Hod de Jèsed
25-26	32.º Vashariah Yesod de Jèsed
26-27	33.º Yejuiàh Jojmà de Guevurà
27-28	34.º Lehajiàh Binà de Guevurà
28-29	35.º Kavaquiàh Jèsed de Guevurà
29-30	36.º Menadel Guevurà de Guevurà

Libra

0-1	37.º	Aniel Tiféret de Guevurà
1-2	38.º	Jaamiah Nètsaj de Guevurà
2-3	39.º	Rehael Hod de Guevurà
3-4	40.º	Ieiazel Yesod de Guevurà
4-5	41.º	Hahahel Jojmà de Tiféret
5-6	42.º	Mijael Binà de Tiféret
6-7	43.º	Veuliàh Jèsed de Tiféret
7-8	44.º	Yelahiah Guevurà de Tiféret
8-9	45.º	Sealiah Tiféret de Tiféret
9-10	46.º	Ariel Nètsaj de Tiféret
10-11	47.º	Ashaliah Hod de Tiféret
11-12	48.º	Mihael Yesod de Tiféret
12-13	49.º	Vehuel Jojmà de Nètsaj
13-14	50.º	Daniel Binà de Nètsaj
14-15	51.º	Hajashiah Jèsed de Nètsaj
15-16	52.º	Imamiah Guevuràde Netsaj
16-17	53.º	Nanael Tiféret de Nètsaj
17-18	54.º	Nithael Nètsaj de Nètsaj
18-19	55.º	Mebahiah Hod de Nètsaj
19-20	56.º	Poiel Yesod de Nètsaj
20-21	57.º	Nemamiah Jojmà de Hod
21-22	58.º	Yeyalel Binà de Hod
22-23	59.º	Harajel Jèsed de Hod
23-24	60.º	Mitsrael Guevurà de Hod
24-25	61.º	Umabel Tiféret de Hod
25-26	62.º	Yah-hel Nètsaj de Hod
26-27	63.º	Anuel Hod de Hod
27-28	64.º	Mejiel Yesod de Hod
28-29	65.º	Damabiah Jojmà de Yesod
29-30	66.º	Manaquel Binà de Yesod

Escorpio

0-1	67.º Eyael Jèsed de Yesod
1-2	68.º Jabuyah Guevurà de Yesod
2-3	69.º Rohel Tifèret de Yesod
3-4	70.º Yabamiah Nètsaj de Yesod
4-5	71.º Hayayel Hod de Yesod
5-6	72.º Mumiah Yesod de Yesod
6-7	1.º Vehuiah Jojmà de Kèter
7-8	2.º Yeliel Binà de Kèter
8-9	3.º Sitael Jèsed de Kèter
9-10	4.º Alamiah Guevurà de Kèter
10-11	5.º Mahashiah Tifèret de Kèter
11-12	6.º Lelahel Nètsaj de Kèter
12-13	7.º Ajaiah Hod de Kèter
13-14	8.º Kahetel Yesod de Kèter
14-15	9.º Haziel Jojmà de Jojmà
15-16	10.º Aladiah Binà de Jojmà
16-17	11.º Lauviah Jèsed de Jojmà
17-18	12.º Hahaiah Guevurà de Jojmà
18-19	13.º Yezalel Tifèret de Jojmà
19-20	14.º Mebahel Nètsaj de Jojmà
20-21	15.º Hariel Hod de Jojmà
21-22	16.º Haqamiah Yesod de Jojmà
22-23	17.º Lauviah Jojmà de Binà
23-24	18.º Kaliel Binà de Binà
24-25	19.º Leuviah Jèsed de Binà
25-26	20.º Pahaliah Guevurà de Binà
26-27	21.º Neljael Tifèret de Binà
27-28	22.º Yeiaiel Nètsaj de Binà
28-29	23.º Melahel Hod de Binà
29-30	24.º Jahuyah Yesod de Binà

Sagitario

0-1	25.º Nithaiah Jojmà de Jèsed
1-2	26.º Haaiah Binà de Jèsed
2-3	27.º Yeratel Jèsed de Jèsed
3-4	28.º Sheheiah Guevurà de Jèsed
4-5	29.º Reiyel Tifèret de Jèsed
5-6	30.º Omael Nètsaj de Jèsed
6-7	31.º Lekabel Hod de Jèsed
7-8	32.º Vashariah Yesod de Jèsed
8-9	33.º Yejuiàh Jojmà de Guevurà
9-10	34.º Lehajiàh Binà de Guevurà
10-11	35.º Kavaquiàh Jèsed de Guevurà
11-12	36.º Menadel Guevurà de Guevurà
12-13	37.º Aniel Tifèret de Guevurà
13-14	38.º Jaamiah Nètsaj de Guevurà
14-15	39.º Rehael Hod de Guevurà
15-16	40.º Ieiazel Yesod de Guevurà
16-17	41.º Hahahel Jojmà de Tifèret
17-18	42.º Mijael Binà de Tifèret
18-19	43.º Veuliàh Jèsed de Tifèret
19-20	44.º Yelahiah Guevurà de Tifèret
20-21	45.º Sealiah Tifèret de Tifèret
21-22	46.º Ariel Nètsaj de Tifèret
22-23	47.º Ashaliah Hod de Tifèret
23-24	48.º Mihael Yesod de Tifèret
24-25	49.º Vehuel Jojmà de Nètsaj
25-26	50.º Daniel Binà de Nètsaj
26-27	51.º Hajashiah Jèsed de Nètsaj
27-28	52.º Imamiah Guevuràde Netsaj
28-29	53.º Nanael Tifèret de Nètsaj
29-30	54.º Nithael Nètsaj de Nètsaj

Capricornio

0-1	55.º	Mebahiah Hod de Nètsaj
1-2	56.º	Poiel Yesod de Nètsaj
2-3	57.º	Nemamiah Jojmà de Hod
3-4	58.º	Yeyalel Binà de Hod
4-5	59.º	Harajel Jèsed de Hod
5-6	60.º	Mitsrael Guevurà de Hod
6-7	61.º	Umabel Tifèret de Hod
7-8	62.º	Yah-hel Nètsaj de Hod
8-9	63.º	Anuel Hod de Hod
9-10	64.º	Mejiel Yesod de Hod
10-11	65.º	Damabiah Jojmà de Yesod
11-12	66.º	Manaquel Binà de Yesod
12-13	67.º	Eyael Jèsed de Yesod
13-14	68.º	Jabuyah Guevurà de Yesod
14-15	69.º	Rohel Tifèret de Yesod
15-16	70.º	Yabamiah Nètsaj de Yesod
16-17	71.º	Hayayel Hod de Yesod
17-18	72.º	Mumiah Yesod de Yesod
18-19	1.º	Vehuiah Jojmà de Kèter
19-20	2.º	Yeliel Binà de Kèter
20-21	3.º	Sitael Jèsed de Kèter
21-22	4.º	Alamiah Guevurà de Kèter
22-23	5.º	Mahashiah Tifèret de Kèter
23-24	6.º	Lelahel Nètsaj de Kèter
24-25	7.º	Ajaiah Hod de Kèter
25-26	8.º	Kahetel Yesod de Kèter
26-27	9.º	Haziel Jojmà de Jojmà
27-28	10.º	Aladiah Binà de Jojmà
28-29	11.º	Lauviah Jèsed de Jojmà
29-30	12.º	Hahaiah Guevurà de Jojmà

Acuario

0-1	13.º Yezalel Tiferet de Jojmà
1-2	14.º Mebahel Nètsaj de Jojmà
2-3	15.º Hariel Hod de Jojmà
3-4	16.º Haqamiah Yesod de Jojmà
4-5	17.º Lauviah Jojmà de Binà
5-6	18.º Kaliel Binà de Binà
6-7	19.º Leuviah Jèsed de Binà
7-8	20.º Pahaliah Guevurà de Binà
8-9	21.º Neljael Tiferet de Binà
9-10	22.º Yeiaiel Nètsaj de Binà
10-11	23.º Melahel Hod de Binà
11-12	24.º Jahuyah Yesod de Binà
12-13	25.º Nithaiah Jojmà de Jèsed
13-14	26.º Haaiah Binà de Jèsed
14-15	27.º Yeratel Jèsed de Jèsed
15-16	28.º Sheheiah Guevurà de Jèsed
16-17	29.º Reiyel Tiferet de Jèsed
17-18	30.º Omael Nètsaj de Jèsed
18-19	31.º Lekabel Hod de Jèsed
19-20	32.º Vashariah Yesod de Jèsed
20-21	33.º Yejuiàh Jojmà de Guevurà
21-22	34.º Lehajiàh Binà de Guevurà
22-23	35.º Kavaquiàh Jèsed de Guevurà
23-24	36.º Menadel Guevurà de Guevurà
24-25	37.º Aniel Tiferet de Guevurà
25-26	38.º Jaamiah Nètsaj de Guevurà
26-27	39.º Rehael Hod de Guevurà
27-28	40.º Ieiazel Yesod de Guevurà
28-29	41.º Hahahel Jojmà de Tiferet
29-30	42.º Mijael Binà de Tiferet

Piscis

0-1	43.º Veuliàh Jèsed de Tifèret
1-2	44.º Yelahiah Guevurà de Tifèret
2-3	45.º Sealiah Tifèret de Tifèret
3-4	46.º Ariel Nètsaj de Tifèret
4-5	47.º Ashaliah Hod de Tifèret
5-6	48.º Mihael Yesod de Tifèret
6-7	49.º Vehuel Jojmà de Nètsaj
7-8	50.º Daniel Binà de Nètsaj
8-9	51.º Hajashiah Jèsed de Nètsaj
9-10	52.º Imamiah Guevuràde Netsaj
10-11	53.º Nanael Tifèret de Nètsaj
11-12	54.º Nithael Nètsaj de Nètsaj
12-13	55.º Mebahiah Hod de Nètsaj
13-14	56.º Poiel Yesod de Nètsaj
14-15	57.º Nemamiah Jojmà de Hod
15-16	58.º Yeyalel Binà de Hod
16-17	59.º Harajel Jèsed de Hod
17-18	60.º Mitsrael Guevurà de Hod
18-19	61.º Umabel Tifèret de Hod
19-20	62.º Yah-hel Nètsaj de Hod
20-21	63.º Anuel Hod de Hod
21-22	64.º Mejiel Yesod de Hod
22-23	65.º Damabiah Jojmà de Yesod
23-24	66.º Manaquel Binà de Yesod
24-25	67.º Eyael Jèsed de Yesod
25-26	68.º Jabuyah Guevurà de Yesod
26-27	69.º Rohel Tifèret de Yesod
27-28	70.º Yabamiah Nètsaj de Yesod
28-29	71.º Hayayel Hod de Yesod
29-30	72.º Mumiah Yesod de Yesod

Si queremos saber qué ángeles rigen cada día por quinario y por grado, según la posición del Sol, nos encontramos con que el Sol recorre aproximadamente un grado por día, pero no es exacto, de modo que aunque las siguientes tablas trabajan bien, es necesario en aquellos casos en los que surgen dudas consultar las efemérides astrológicas (lo cual hoy en día no supone ningún problema ya que toda la información es accesible en Internet).

Tendríamos así las siguientes tablas :

Número	Zodíaco Quinario	Ángel	Desde- -hasta	Días I	Días II	Días III	Días IV	Días V
01	Aries	VEHUIAH	21 al 25 de marzo	21 marzo	3 junio	18 agosto	30 octubre	9 enero
02	Aries	YELIEL	26 al 30 de marzo	22 marzo	4 junio	19 agosto	31 octubre	10 enero
03	Aries	SITAEL	31 de marzo al 4 de abril	23 marzo	5 junio	20 agosto	1 noviembre	11 enero
04	Aries	ELEMIAH	5 al 9 de abril	24 marzo	6 junio	21 agosto	2 noviembre	12 enero
05	Aries	MAHASIAH	10 al 15 de abril	25 marzo	7 junio	22 agosto	3 noviembre	13 enero
06	Aries	LELAHEL	15 al 20 de abril	26 marzo	8 junio	23 agosto	4 noviembre	14 enero
07	Tauro	AJAIAH	21 al 25 de abril	27 marzo	9/10 junio	24 agosto	5 noviembre	15 enero
08	Tauro	KAHETEL	26 al 30 de abril	28 marzo	10/11 junio	25 agosto	6 noviembre	16 enero
09	Tauro	HAZIEL	1 al 5 de mayo	29 marzo	12 junio	26 agosto	7 noviembre	17 enero
10	Tauro	ALADIAH	6 al 11 de mayo	30 marzo	13 junio	27 agosto	8 noviembre	18 enero

11	Tauro	LAUVIAH	12 al 16 de mayo	31 marzo	14 junio	28 agosto	9 noviembre	19 enero
12	Tauro	HAHAIAH	17 al 21 de mayo	1 abril	15 junio	29 agosto	10 noviembre	20 enero
13	Géminis	YEZALEL	22 al 26 de mayo	2 abril	16 junio	30 agosto	11 noviembre	21 enero
14	Géminis	MEBAHEL	27 al 31 de mayo	3 abril	17 junio	31 agosto	12 noviembre	22 enero
15	Géminis	HARIEL	1 al 6 de junio	4 abril	18 junio	1 septiembre	13 noviembre	23 enero
16	Géminis	HEKAMIAH	7 al 11 de junio	5 abril	19 junio	2 septiembre	14 noviembre	24 enero
17	Géminis	LAUVIAH	12 al 16 de junio	6 abril	20 junio	3 septiembre	15 noviembre	25 enero
18	Géminis	KALIEL	17 al 21 de junio	7 abril	21 junio	4 septiembre	16 noviembre	26 enero
19	Cáncer	LEUVIAH	22 al 27 de junio	8 abril	22 junio	5 septiembre	17 noviembre	27 enero
20	Cáncer	PAHALIAH	28 de junio al 2 de julio	9 abril	23 junio	6 septiembre	18 noviembre	28 enero
21	Cáncer	NELJAEL	3 al 7 de julio	10/11 abril	24 junio	7 septiembre	19 noviembre	29 enero
22	Cáncer	YEIAYEL	8 al 12 de julio	11/12 abril	25 junio	8 septiembre	20 noviembre	30 enero
23	Cáncer	MELAHEL	13 al 18 de julio	13 abril	26 junio	9 septiembre	21 noviembre	31 enero
24	Cáncer	JAHEVIAH	19 al 23 de julio	14 abril	27 junio	10/11 septiembre	22 noviembre	1 febrero

25	Leo	NITHAIAH	24 al 28 de julio	15 abril	28 junio	11/12 septiembre	23 noviembre	2 febrero
26	Leo	HAAIAH	29 de julio al 2 de agosto	16 abril	29 junio	13 septiembre	24 noviembre	3 febrero
27	Leo	YERATEL	3 al 7 agosto	17 abril	30/1 julio	14 septiembre	25 noviembre	4 febrero
28	Leo	SHEHEIAH	8 al 13 de agosto	18 abril	1/2 julio	15 septiembre	26 noviembre	5 febrero
29	Leo	REIYEL	14 al 18 de agosto	19 abril	3 julio	16 septiembre	27 noviembre	6 febrero
30	Leo	OMAEL	19 al 23 de agosto	20 abril	4 julio	17 septiembre	28 noviembre	7 febrero
31	Virgo	LEKABEL	24 al 28 de agosto	21 abril	5 julio	18 septiembre	29 noviembre	8 febrero
32	Virgo	VASHARIAH	29 de agosto al 2 de sept.	22 abril	6 julio	19 septiembre	30 noviembre	9 febrero
33	Virgo	YEJUIAH	3 al 8 de septiembre	23 abril	7 julio	20 septiembre	1 diciembre	10(mañana) febrero
34	Virgo	LEHAJIAH	9 al 13 de septiembre	24 abril	8 julio	21 septiembre	2 diciembre	10(tarde) febrero
35	Virgo	KAVAQIAH	14 al 18 de septiembre	25 abril	9 julio	22 septiembre	3 diciembre	11 febrero
36	Virgo	MENADEL	19 al 23 de septiembre	26 abril	10 julio	23 septiembre	4 diciembre	12 febrero
37	Libra	ANIEL	24 al 28 de septiembre	27 abril	11 julio	24 septiembre	5 diciembre	13 febrero
38	Libra	JAAMIAH	29 de sept. al 3 de octubre	28 abril	12 julio	25 septiembre	6 diciembre	14 febrero

39	Libra	REHAEL	4 al 8 de octubre	29 abril	13 julio	26 septiembre	7 diciembre	15 febrero
40	Libra	YEIAZEL	9 al 13 de octubre	30 abril	14 julio	27 septiembre	8 diciembre	16 febrero
41	Libra	HAHAHEL	14 al 18 de octubre	1 mayo	15 julio	28 septiembre	9 diciembre	17 febrero
42	Libra	MIJAEL	19 al 23 de octubre	2 mayo	16 julio	29 septiembre	10 diciembre	18 febrero
43	Escorpio	VEULIAH	23 al 28 de octubre	3 mayo	17 julio	30 septiembre	11 diciembre	19 febrero
44	Escorpio	YLAHIAH	29 de octubre al 2 de nov.	4 mayo	18 julio	1 octubre	12 diciembre	20 febrero
45	Escorpio	SEALIAH	3 al 7 de noviembre	5 mayo	19 julio	2 octubre	13 diciembre	21 febrero
46	Escorpio	ARIEL	8 al 12 de noviembre	6 mayo	20 julio	3 octubre	14 diciembre	22 febrero
47	Escorpio	ASHALIAH	13 al 17 de noviembre	7 mayo	21 julio	4 octubre	15 diciembre	23 febrero
48	Escorpio	MIHAEL	18 al 22 de noviembre	8 mayo	22/23 julio	5 octubre	16 diciembre	24 febrero
49	Sagitario	VEHUEL	23 al 27 de noviembre	9 mayo	23/24 julio	6 octubre	17 diciembre	25 febrero
50	Sagitario	DANIEL	28 de nov. al 2 de diciembre	10 mayo	25 julio	7 octubre	18 diciembre	26 febrero
51	Sagitario	HAJASHIAH	3 al 7 de diciembre	11 mayo	26 julio	8 octubre	19 diciembre	27 febrero
52	Sagitario	IMAMIAH	8 al 12 de diciembre	12/13 mayo20	27 julio	9 octubre	20 diciembre	28 febrero

53	Sagitario	NANAEL	13 al 17 de diciembre	13/14 mayo	28 julio	10 octubre	21 diciembre	1 marzo
54	Sagitario	NITAEL	18 al 22 de diciembre	15 mayo	29 julio	11 octubre	22 diciembre	2 marzo
55	Capricornio	MEBAHIAH	23 al 27 de diciembre	16 mayo	30 julio	12 octubre	23 diciembre	3 marzo
56	Capricornio	POIEL	28 al 31 de diciembre	17 mayo	31 julio	13 octubre	24 diciembre	4 marzo
57	Capricornio	NEMAMIAH	1 al 5 de enero	18 mayo	1 agosto	14 octubre	25 diciembre	5 marzo
58	Capricornio	YEIALEL	6 al 10 de enero	19 mayo	2 agosto	15 octubre	26 diciembre	6 marzo
59	Capricornio	HARAJEL	11 al 15 de enero	20 mayo	3 agosto	16 octubre	27 (m) diciembre	7 marzo
60	Capricornio	MITZRAEL	16 al 20 de enero	21 mayo	4 agosto	17 octubre	27 (tarde) diciembre	8 marzo
61	Acuario	UMABEL	21 al 25 de enero	22 mayo	5 agosto	18 octubre	28 diciembre	9 marzo
62	Acuario	IAH-HEL	26 al 30 de enero	23 mayo	6 agosto	19 octubre	29 diciembre	10 marzo
63	Acuario	ANUEL	31 de ene. al 4 de febrero	24 mayo	7 agosto	20 octubre	30 diciembre	11 marzo
64	Acuario	MEJIEL	5 al 9 de febrero	25 mayo	8 agosto	21 octubre	31 diciembre	12 marzo
65	Acuario	DAMABIAH	10 al 14 de febrero	26 mayo	9 agosto	22 octubre	1 enero	13 marzo
66	Acuario	MANAQUEL	15 al 19 de febrero	27 mayo	10 agosto	23 octubre	2 enero	14 marzo

67	Piscis	EYAEL	20 al 24 de febrero	28 mayo	11 agosto	24 octubre	3 enero	15 marzo
68	Piscis	JABUIAH	25 de feb. al 1º de marzo	29 mayo	12 agosto	25 octubre	4 enero	16 marzo
69	Piscis	ROHEL	2 al 6 de marzo	30 mayo	13 agosto	26 octubre	5 enero	17 marzo
70	Piscis	YABAMIAH	7 al 11 de marzo	31 mayo	14 agosto	27 octubre	6 enero	18 marzo
71	Piscis	HAIAIEL	12 al 16 de marzo	1 junio	15/16 agosto	28 octubre	7 enero	19 marzo
72	Piscis	MUMIAH	17 al 20 de marzo	2 junio	16/17 agosto	29 octubre	8 enero	20 marzo

3. Conexión temporal diaria

También cada día se produce la revolución de los 72 Nombres, o, dicho de otra forma, cada período temporal del día se halla bajo la regencia de uno de los 72 Nombres o de su ángel.

Hay varias formas de establecer la correspondencia. La más utilizada es la siguiente:

El día tiene 24 horas, que son 1440 minutos. Si dividimos este número por 72 obtenemos un cociente de 20, es decir, podemos considerar que cada Nombre o ángel rige un período de 20 minutos. Para determinar el momento de iniciar el día no consideramos la hora oficial, sino el momento de la salida del sol en cada localidad concreta. Hoy en día no es difícil conocer ese dato con los recursos informáticos. Así, por ejemplo, si el sol ha salido a las 7:45 h, ese día desde ese instante hasta las 8:05 h rige Vehuiah, desde las 8:05 hasta las 8:25 Yeliel, y así sucesivamente.

4. Versículo de salmos

También cada Nombre tiene asociado un versículo de salmos de siete palabras que contiene el Nombre de Dios, YHVH, y que es empleado para invocación y como mantra de meditación. Suelen figurar en todas las aplicaciones talismánicas de los 72 Nombres.

Los versículos que se muestran a continuación proceden de la tradición hermética. Se encuentran, por ejemplo, en la obra *Edipus Egyptiacus* de Athanasius Kircher. De modo aproximado, cada versículo expone un atributo divino implícito en el significado del ángel focalizador de la energía del Nombre. En tamaño mayor se destacan las letras que codifican el Nombre Divino correspondiente al versículo.

Los 72 Atributos Divinos (tradición hermética)

1: וְהוּאֵל: Vehuiah, Dios exaltador

(Salmos 3:4)

וְאַתָּה יְהוָה מָגֵן בַּעֲדִי כְּבוֹדִי וּמֵרִים רֹאשִׁי

roshi umerim kebodi baadi maguén Adonáy Veatá
Mas tú, HaShem, eres escudo alrededor de mí; mi gloria, y el que levanta mi cabeza

2: יְלִיאֵל: Yeliel, Dios auxiliador

(Salmo 22:20)

וְאַתָּה יְהוָה אַל־תִּרְחָק אֱיָלוּתִי לְעֶזְרָתִי חוּשָׁה

júsha le'ezráti eyaluti tirjáq al Adonai Veatá
apresúrate a-ayudarme fuerza-mia te-alejes no HaShem Y-Tú

3: סִיטָאֵל: Sitael, Dios esperanza de todas las criaturas

Salmos 91:2

אֹמַר לַיהוָה מַחְסִי וּמְצוּדָתִי אֱלֹהַי אֶבְטַח־בּוֹ

bo ebtáj Elohái umtsudati majsí lAdonáy Omár
Diré yo a HaShem: mi refugio y mi fortaleza; mi Dios, en quien confiaré.

4: עֶלֶמִיָה: Elemiah, Dios oculto

(Salmos 6:5)

שׁוּבָה יְהוָה חַלְּצָה נַפְשִׁי הוֹשִׁיעֵנִי לְמַעַן חַסְדֶּךָ

jasdéja lemaán hoshiéni nafshi jaletsá Adonáy Shubá
Torna a mi, HaShem, salva mi alma; sálvame por tu misericordia.

5: **מהשיה**: Mahashiah, Dios salvador

(Salmos 34:5)

דָּרַשְׁתִּי אֶת־יְהוָה וְעָנָנִי וּמִכָּל־מְגוּרוֹתַי הִצִּילָנִי:
hitsiláni megurotáy umikol ve'anáni Adonai et Daráshti
Busqué a HaShem y me respondió y de todos mis temores me libró

6: **ללהאל**: Lelahel, Dios loable

(Salmos 9:12)

זַמְּרוּ לַיהוָה יֹשֵׁב צִיּוֹן הַגִּידוּ בָעַמִּים עֲלִילוֹתָיו:
'alilotáv ba'amim haguidu Tsiyón yoshéb lAdonai Zamerú
Load a HaShem que mora en Tsión; relatad entre los pueblos sus proezas

7: **אכאיה**: Ajaiah, Dios bueno y lento para la ira

(Salmos 103:8)

רַחוּם וְחַנּוּן יְהוָה אֶרֶךְ אַפַּיִם וְרַב־חָסֶד
jásed verab apaim érej Adonai vejanún Rajúm
Compasivo y clemente es HaShem tardo para la cólera y abundante en misericordia

8: **כהתאל**: Kahetel, Dios adorable

(Salmos 95:6)

בֹּאוּ נִשְׁתַּחֲוֶה וְנִכְרָעָה נִבְרְכָה לִפְנֵי־יְהוָה עֹשֵׂנוּ:
osénu Adonáy lifné nibrejá venijráa nishtajavé Bóu
Venid, nos inclinaremos y nos prosternaremos, nos arrodillaremos frente a HaShem nuestro hacedor.

9: **הזיאל**: Haziel, Dios misericordioso

(Salmos 25:6)

זְכֹר־רַחֲמֶיךָ יְהוָה וַחֲסָדֶיךָ כִּי מֵעוֹלָם הֵמָּה:
héma meolám ki vajasadéja Adonáy rajaméja Zejór
Recuerda tu compasión, oh HaShem, y tus bondades, pues ellas son eternas

10: **אלדיה**: Aladiah, Dios propicio

(Salmos 33:22)

יְהִי־חַסְדְּךָ יְהוָה עָלֵינוּ כַּאֲשֶׁר יִחַלְנוּ לָךְ:
laj yjálnu kaasher 'alénu Adonai jasdejá Yehi
Sea HaShem tu misericordia sobre nosotros según esperamos en ti.

11: **לאויה**: Lauviah, Dios alabado y exaltado

(Salmos 18:47)

חַי־יְהוָה וּבָרוּךְ צוּרִי וְיָרוּם אֱלוֹהֵי יִשְׁעִי:
ish'i Elohé veyarúm tsuri ubarúj Adonai Jái
Vive HaShem y bendita sea mi roca y sea exaltado el Dios de mi salvación

12: **ההעיה**: Hahaiah, Dios refugio

(Salmos 10:1)

לָמָה יְהוָה תַּעֲמֹד בְּרָחוֹק תַּעְלִים לְעִתּוֹת בַּצָּרָה:
batsará leitót talim berajóq taamód Adonáy Láma
¿Porqué HaShem te mantienes alejado, te escondes en tiempos de angustia?

13: **יזלאל**: Yezalel, Dios glorificado sobre todas las cosas

(Salmos 98:4)

הָרִיעוּ לַיהוָה כָּל־הָאָרֶץ פִּצְחוּ וְרַנְּנוּ וְזַמֵּרוּ:
vezamérú veranenú pitsjú haárets kol lAdonai Hari'u
Aclamad con júbilo a HaShem toda la Tierra; vociferad y salmodiad y cantad con gozo

14: **מבהאל**: Mebahel, Dios custodio y salvador

(Sal 9:10)

וִיהִי יְהוָה מִשְׂגָּב לַדָּךְ מִשְׂגָּב לְעִתּוֹת בַּצָּרָה:
batsará le'itót misgáb ladái misgáb Adonay Vihi

348

15: הריאל: Hariel, Dios confortador

(Sal 94:22)

וַיְהִי יְהוָה לִי לְמִשְׂגָּב וֵאלֹהַי לְצוּר מַחְסִי

majsí letsur vElohai lemisgáb li Adonai Vaihí
Y ha sido HaShem para mí por baluarte y mi Dios por roca de mi refugio.

16: הקמיה: Hekamiah, Dios constructor

(Sal 88:2)

יְהוָה אֱלֹהֵי יְשׁוּעָתִי יוֹם־צָעַקְתִּי בַלַּיְלָה נֶגְדֶּךָ

negdéja baláyla tsaáqti yom yeshuatí Elohé Adonáy
HaShem Dios de mi salvación de día clamé en la noche delante de ti.

17: לאויה: Lauviah, Dios maravilloso

(Sal 8:2):

יְהוָה אֲדֹנֵינוּ מָה־אַדִּיר שִׁמְךָ בְּכָל־הָאָרֶץ

haárets bejol shimjá adir ma adonénu Adonai
la-Tierra en-toda tu-Nombre poderoso cuán nuestro-Señor HaShem

18: כלי: Kaliel, Dios invocable

(Sal 35:24)

שָׁפְטֵנִי כְצִדְקְךָ יְהוָה אֱלֹהָי וְאַל־יִשְׂמְחוּ־לִי

li ysmeju veal Elohai Adonai jetsidquejá Shofténi
de-mí se-alegren y-no mi-Dios YHVH según-tu-rectitud Júzgame

19: לוויה: Leuviah, Dios ansioso de escuchar

Salmos 40:2

קַוֹּה קִוִּיתִי יְהוָה וַיֵּט אֵלַי וַיִּשְׁמַע שַׁוְעָתִי

shavatí vayshmá eláy vayét Adonáy quiviti Qavó
Esperando esperé en HaShem, y se inclinó hacia mí, y oyó mi grito de socorro.

20: פהליה: Pahaliah, Dios redentor

(Sal 116:4)

וּבְשֵׁם־יְהוָה אֶקְרָא אָנָּה יְהוָה מַלְּטָה נַפְשִׁי

nafshí maletá Adonáy ánna eqrá Adonáy Uvshem
Invoqué el nombre de YHVH: Oh YHVH, libra ahora mi alma.

21: נלכאל: Neljael, Dios sólo y único

(Sal 31:15)

וַאֲנִי עָלֶיךָ בָטַחְתִּי יְהוָה אָמַרְתִּי אֱלֹהַי אָתָּה

atá Elohái amárti Adonáy batájti aléja Vaaní
Mas yo en Ti confié YHVH; dije mi Dios eres Tú

22: ייאל: Yeiayel, la derecha de Dios

(Sal 121:5)

יְהוָה שֹׁמְרֶךָ יְהוָה צִלְּךָ עַל־יַד יְמִינֶךָ

yeminéja yad al tsilejá Adonáy shoméreja Adonáy
YHVH es tu cuidador YHVH es tu sombra sobre tu mano derecha

23: מלהאל: Melahel, Dios que libra del mal

(Sal 121: 8)

יְהוָה יִשְׁמָר־צֵאתְךָ וּבוֹאֶךָ מֵעַתָּה וְעַד־עוֹלָם

olám veád meatá uboéja tsetejá yishmor YHVH
YHVH cuidará tu salida y tu llegada desde ahora y hasta siempre

24: **חהויה**: Jaheviah, Dios bueno por sí mismo

Salmos 147:11

רוֹצֶה יְהוָה אֶת־יְרֵאָיו אֶת־הַמְיַחֲלִים לְחַסְדּוֹ׃
lejasdó hamyajalím et yereáv et Adonáy Rotsé
Se complace YHVH en los que le temen, y en los que esperan en su misericordia.

25: **נתהיה**: Nithaiah, Dios dador

(Sal 9:2)

אוֹדֶה יְהוָה בְּכָל־לִבִּי אֲסַפְּרָה כָּל־נִפְלְאוֹתֶיךָ׃
nifleotéja kol asaperá libí bejol Adonáy Odé
Te alabaré, oh YHVH, con todo mi corazón; contaré todas tus maravillas.

26: **האאיה**: Haaiah, Dios que escucha en secreto

(Sal 119 145)

קְרָאתִי בְכָל־לֵב עֲנֵנִי יְהוָה חֻקֶּיךָ אֶצֹּרָה׃
etsorá juquéja Adonáy anéni leb bejol Qaráti
Clamé con todo mi corazón; respóndeme, YHVH, y guardaré tus estatutos.

27: **ירתאל**: Yeratel, Dios que previene e impide

(Sal 140:2)

חַלְּצֵנִי יְהוָה מֵאָדָם רָע מֵאִישׁ חֲמָסִים תִּנְצְרֵנִי׃
tintseréni jamasim meish ra meadám Adonáy Jaletséni
Líbrame YHVH del hombre malo, de la persona de violencias cuídame

28: **שאהיה**: Sheheiah, Dios que cura a los enfermos

(Sal 71:12)

אֱלֹהִים אַל־תִּרְחַק מִמֶּנִּי אֱלֹהַי לְעֶזְרָתִי חוּשָׁה׃
júsha leezráti Eloháy miméni tirjáq al Elohím
Elohim no te alejes de mi; Dios mío en mi ayuda apresúrate

29: **רייאל**: Reiyel, Dios pronto a socorrer

(Sal 54:6)

הִנֵּה אֱלֹהִים עֹזֵר לִי אֲדֹנָי בְּסֹמְכֵי נַפְשִׁי׃
nafshí besomejé Adonáy li ozér Elohím hiné
He aquí que Elohim me socorre Adonáy está con los que apoyan mi vida

30: **אומאל**: Omael, Dios paciente

(Sal 71:5)

כִּי־אַתָּה תִקְוָתִי אֲדֹנָי יְהוִה מִבְטַחִי מִנְּעוּרָי׃
mineuráy mibtají Adonáy Adonáy tiqvatí atá ki
Pues tú eres mi esperanza Adonáy YHVH en ti cnfío desde mi juventud

31: **לכבאל**: Lekabel, Dios que inspira

(Sal 71:16)

אָבוֹא בִּגְבֻרוֹת אֲדֹנָי יְהוִה אַזְכִּיר צִדְקָתְךָ לְבַדֶּךָ׃
lebadéja tsidqatejá azkir Adonáy Adonáy bigburót Abó
Vendré a relatar tus proezas mi Señor YHVH traeré a la memoria solamente tu justicia

32: **ושריה**: Vashariah, Dios recto

(Sal 33:4)

כִּי־יָשָׁר דְּבַר־יְהוָה וְכָל־מַעֲשֵׂהוּ בֶּאֱמוּנָה׃
beemuná maaséu vejól Adonáy débar yashár Ki
Porque recta es la palabra de YHVH y todo su obrar es con fidelidad

33: **יחויה**: Yejuiah, Dios que conoce todas las cosas

(Sal 94:11)

יְהוָה יֹדֵעַ מַחְשְׁבוֹת אָדָם כִּי־הֵמָּה הָבֶל׃
hábel héma ki adám majshebot yodéa Adonáy
YHVH conoce los pensamientos del hombre que son vanidad

34: **להחיה**: Lehajiah, Dios clemente

(Sal 131:3)

יַחֵל יִשְׂרָאֵל אֶל־יְהוָה מֵעַתָּה וְעַד־עוֹלָם:

olám veád meatá Adonáy el Israel Yajél
Espera, Israel, en YHVH, desde ahora y para siempre.

35: **כוקיה**: Kavaquiah, Dios de la alegría

(Sal 116:1)

אָהַבְתִּי כִּי־יִשְׁמַע יְהוָה אֶת־קוֹלִי תַּחֲנוּנָי:

tajanunái qoli et Adonáy yishmá ki Ahábti
Amé que oirá YHVH mi voz mis rogativas

36: **מנדאל**: Menadel, Dios honorable

Salmos 26:8

יְהוָה אָהַבְתִּי מְעוֹן בֵּיתֶךָ וּמְקוֹם מִשְׁכַּן כְּבוֹדֶךָ:

kebodéja mishkán umqóm betéja me'ón ahábti Adonáy
YHVH, la habitación de tu casa he amado, y el lugar de la morada de tu gloria.

37: **אניאל**: Aniel, Dios de las virtudes

(Sal 80:8)

אֱלֹהִים צְבָאוֹת הֲשִׁיבֵנוּ וְהָאֵר פָּנֶיךָ וְנִוָּשֵׁעָה:

venivashéa panéja vehaér hashivénu Tsebaót Elohim
Elohim de los Ejércitos haznos tornar, ilumina tu rostro y seremossalvos

38: **חעמיה**: Jaamiah, Dios esperanza de todos los confines de la Tierra.

Salmos 91:9

כִּי־אַתָּה יְהוָה מַחְסִי עֶלְיוֹן שַׂמְתָּ מְעוֹנֶךָ:

meonéja sámta Elión majsi Adonáy atá Ki
Porque has puesto a HaShem, que es mi refugio, al Altísimo por tu habitación.

39: **רהעאל**: Rehael, Dios rápido en el perdón

(Sal 30:11)

שְׁמַע־יְהוָה וְחָנֵּנִי יְהוָה הֱיֵה־עֹזֵר לִי:

li ozér héye Adonáy vejonéni Adonáy Shemá
Escúchame YHVH y concédeme gracia YHVH sé socorro para mi

40: **ייזאל**: Yeiazel, Dios que regocija

(Sal 88:15)

לָמָה יְהוָה תִּזְנַח נַפְשִׁי תַּסְתִּיר פָּנֶיךָ מִמֶּנִּי:

miméni panéja tastir nafshi tiznáj Adonáy Lamá
¿Por qué YHVH has de dejar mi alma ocultando tu Presencia de mí?

41: **ההחאל**: Hahahel, Dios triuno

(Sal 120:2)

יְהוָה הַצִּילָה נַפְשִׁי מִשְּׂפַת־שֶׁקֶר מִלָּשׁוֹן רְמִיָּה:

remiyá milashón shéquer-mishefát nafshi hatsila Adonáy
engañosa de-lengua de-mentira de-labio mi-alma libra HaShem

42: **מיכאל**: Mijael, Virtud de Dios

Salmos 121:7

יְהוָה יִשְׁמָרְךָ מִכָּל־רָע יִשְׁמֹר אֶת־נַפְשֶׁךָ:

nafshéja et yishmór ra mikól yishmorjá Adonáy
HaShem te guardará de todo mal; El guardará tu alma.

43: **וולייה**: Veuliah, Dios rey dominador

Salmos 88:14

וַאֲנִי אֵלֶיךָ יְהוָה שִׁוַּעְתִּי וּבַבֹּקֶר תְּפִלָּתִי תְקַדְּמֶךָּ:

teqademéka tefilati ubabóquer shivá'ti Adonáy eléja Vaani
llega-ante-Ti mi-oración y-en-la-mañana clamo YHVH a Ti Y-yo

44: יְלָהִיָה: Yelahiah, Dios que permanece por siempre

(Salmos 119:108)

נִדְבוֹת פִּי רְצֵה־נָא יְהוָה וּמִשְׁפָּטֶיךָ לַמְּדֵנִי:

lamedéni umishpatéja Adonáy retse-ná pi Nidbót
enséñame y-tus-juicios YHVH te-ruego acepta de-mi-boca (Las)-ofrendas-voluntarias

45: סָאלִיָה: Sealiah, Dios motor de todas las cosas

(Salmos 94:18)

אִם־אָמַרְתִּי מָטָה רַגְלִי חַסְדְּךָ יְהוָה יִסְעָדֵנִי:

ysadéni Adonai jasdéja ragli máta amárti Im
me-sustentaba YHVH Tu-misericordia mi-pie resbala yo-decía Cuando

46: עֲרִיאֵל: Ariel, Dios revelador

(Salmos 145:9)

טוֹב־יְהוָה לַכֹּל וְרַחֲמָיו עַל־כָּל־מַעֲשָׂיו:

maasáv kol al verajamáv lakól Adonáy Tov
Bueno es YHVH para con todos y sus benevolencias se extienden sobre todas sus obras.

47: עָשָׁלִיָה: Ashaliah, Dios juez justo que muestra la verdad

(Salmos Sal 92:6)

מַה־גָּדְלוּ מַעֲשֶׂיךָ יְהוָה מְאֹד עָמְקוּ מַחְשְׁבֹתֶיךָ:

majshebotéja ameqú meód Adonái maaséja gadelú Ma
Cuán grandes son tus obras YHVH; muy profundos son tus pensamientos

48: מִיהָאֵל: Mihael, Dios padre auxiliador

(Salmos Sal 98:2)

הוֹדִיעַ יְהוָה יְשׁוּעָתוֹ לְעֵינֵי הַגּוֹיִם גִּלָּה צִדְקָתוֹ:

tsidkató guilá hagoim le'ené yeshu'ató Adonai Hodia'
Ha dado a conocer YHVH su salvación; a la vista de las naciones ha revelado su justicia (su caridad).

49: וְהוּאֵל: Vehuel, Dios grande y alto

(Salmos 145:3)

גָּדוֹל יְהוָה וּמְהֻלָּל מְאֹד וְלִגְדֻלָּתוֹ אֵין חֵקֶר:

jéquer en veligdulató meód umhulál Adonái Gadól
Grande es YHVH, y muy loado; y su grandeza no tiene fin

50: דָּנִיאֵל: Daniel, Dios juez misericordioso (ángel de la confesión)

(Salmos 145:8)

חַנּוּן וְרַחוּם יְהוָה אֶרֶךְ אַפַּיִם וּגְדָל־חָסֶד:

jásed ugdol apáym érej Adonai verajûm Janún
Clemente y compasivo es YHVH lento para la ira y grande en misericordia

51: הַחֲשִׁיָה: Hajashiah, Dios secreto e impenetrable

(Salmos 104:31)

יְהִי כְבוֹד יְהוָה לְעוֹלָם יִשְׂמַח יְהוָה בְּמַעֲשָׂיו:

bemaasáv Adonái ysmáj / leolám Adonái jebód Yehi
en-sus-obras YHVH alégrese; para-siempre YHVH la-gloria-de Sea

52: עַמְמִיָה: Imamiah, Dios oculto en la oscuridad

(Salmos 7:18)

אוֹדֶה יְהוָה כְּצִדְקוֹ וַאֲזַמְּרָה שֵׁם־יְהוָה עֶלְיוֹן:

'elyón Adonai shem vaazamerá ketsidqó Adonai Odé
(el)-Altísimo al-nombre-de-YHVH y-cantaré-alabanzas conforme-a-su-justicia a-YHVH Agradeceré

53: נַנָאֵל: Nanael, Dios que humilla a los orgullosos

(Salmos 119:75)

יָדַעְתִּי יְהוָה כִּי־צֶדֶק מִשְׁפָּטֶיךָ וֶאֱמוּנָה עִנִּיתָנִי:

initáni veemuná mishpatéja tsédeq ki Adonáy Yadáti
Conozco Hashem que tus juicios son justos, y que conforme a tu fidelidad me afligiste.

54: נִיתָאֵל Nitael, Rey de los cielos

(Salmos 103:19)

יְהוָה בַּשָּׁמַיִם הֵכִין כִּסְאוֹ וּמַלְכוּתוֹ בַּכֹּל מָשָׁלָה

mashála bakól umaljutó kis'ó hejín bashamáym Adonái
Hashem en los cielos ha establecido su trono y su reino sobre todo domina.

55: מְבַהְיָה Mebahiah, Dios eterno

(Salmos 102:13)

וְאַתָּה יְהוָה לְעוֹלָם תֵּשֵׁב וְזִכְרְךָ לְדֹר וָדֹר׃

vadór ledór vezijrejá teshéb leolám Adonay Veatá
Y Tú HaShem te sientas entronizado por siempre y tu Nombre es para todas las generaciones

56: פּוֹיָאֵל Poiel, Dios que sostiene el universo

Salmos 145:14

סוֹמֵךְ יְהוָה לְכָל־הַנֹּפְלִים וְזוֹקֵף לְכָל־הַכְּפוּפִים׃

hakefufim lejól vezokéf hanofelim lejól Adonái Soméj
Sostiene HaShem a todos los que caen y levanta a todos los que son derribados

57: נְמַמְיָה Nemamiah, Dios amado

(Salmos 115:11)

יִרְאֵי יְהוָה בִּטְחוּ בַיהוָה עֶזְרָם וּמָגִנָּם הוּא

hu umaguinám ezrám bAdonái bitjú Adonai Yré
Los que teméis a HaShem confiad en HaShem. Él es vuestra ayuda y vuestro escudo

58: יְיָלאֵל Yeialel, Dios que escucha los gemidos

(Salmos 6:4)

וְנַפְשִׁי נִבְהֲלָה מְאֹד וְאַתָּ(ה) יְהוָה עַד־מָתָי

matáy 'ad Adonay veatá me'od nibhalá Venafshi
Y mi alma está muy turbada; y tú HaShem, ¿hasta cuándo?

59: הַרָחאֵל Harajel, Dios que penetra todas las cosas

(Salmos 113:3)

מִמִּזְרַח־שֶׁמֶשׁ עַד־מְבוֹאוֹ מְהֻלָּל שֵׁם יְהוָה׃

Adonáy shem mehulál meboó ad shémesh Mimizráj
Desde la salida del sol hasta su ocaso es alabado el nombre de HaShem

60: מִצְרָאֵל Mitsrael, Dios que libera a los oprimidos

Salmos 145:17

צַדִּיק יְהוָה בְּכָל־דְּרָכָיו וְחָסִיד בְּכָל־מַעֲשָׂיו

ma'asáv bejól vejasid derajáv bejol Adonáyi Tsadiq
Justo es HaShem en todos sus caminos y misericordioso en todas sus obras

61: וּמְבָאֵל Umabel, Dios elevado sobre todos los nombres

Salmos 113:2

יְהִי שֵׁם יְהוָה מְבֹרָךְ מֵעַתָּה וְעַד־עוֹלָם

olam vead meatá meboráj Adonáy shem Yehi
Sea el Nombre de HaShem bendecido desde ahora y para siempre

62: יַהְהאֵל Yahhel, Dios el Ser supremo

Salmos 119:159

רְאֵה כִּי־פִקּוּדֶיךָ אָהָבְתִּי יְהוָה כְּחַסְדְּךָ חַיֵּנִי׃

jayéni kejasdejá Adonáy ahábti piqdéja ki Reé
Mira, ohHaShem, que amo tus mandamientos; vifícame conforme a tu misericordia.

63: עֲנוּאֵל Anuel, Dios manso

(Salmos 100:2)

עִבְדוּ אֶת־יְהוָה בְּשִׂמְחָה בֹּאוּ לְפָנָיו בִּרְנָנָה

birnaná lefanáv bóu besimjá Adonai et 'Ibdú
Servid a HaShem con alegría; venid a su presencia con cantos de júbilo

64: **מחיאל**: Mejiel, Dios que vivifica todas las cosas

(Salmos 33:18)

הִנֵּה עֵין יְהוָה אֶל־יְרֵאָיו לַמְיַחֲלִים לְחַסְדּוֹ

lejasdó lamyajalim yereáv el Adonai 'en Hiné
He aquí que el ojo de HaShem está sobre los que le temen para los que esperan en su misericordia

65: **דמביה**: Damabiah, Dios fuente de la sabiduría

(Salmos 90:13)

שׁוּבָה יְהוָה עַד־מָתָי וְהִנָּחֵם עַל־עֲבָדֶיךָ

'abadéja 'al vehinajém matái 'ad Adonai Shuvá
tus-siervos a y-conforta ¿cuándo hasta? HaShem Torna

66: **מנקאל**: Manaquel, Dios que sostiene y conserva todas las cosas

(Salmos 38:22)

אַל־תַּעַזְבֵנִי יְהוָה אֱלֹהַי אַל־תִּרְחַק מִמֶּנִּי

miméni tirjáq al Elohái Adonáy taázbeni Al
No me abandones HaShem mi Dios no te alejes de mí.

67: **איעאל**: Eyael, Dios delicia de los hijos de los hombres

Sal 37:4

וְהִתְעַנַּג עַל־יְהוָה וְיִתֶּן־לְךָ מִשְׁאֲלֹת לִבֶּךָ

libéja mish'alot lejá veytén Adonai al Vehit'anág
de-tu-corazón (las)-peticiones a-ti y-él-dará YHVH en Y-deléitate

68: **חבויה**: Jabuiah, Dios que da con liberalidad

(Sal 106:1)

הַלְלוּיָהּ הוֹדוּ לַיהוָה כִּי־טוֹב כִּי לְעוֹלָם חַסְדּוֹ׃

jasdó leolám ki tob ki lAdonáy hodú Haleluyá
Haleluya alabad a YHVH porque es bueno porque su misericordia es eterna

69: **ראהאל**: Rohel, Dios que todo lo ve

(Sal 16:5)

יְהוָה מְנָת־חֶלְקִי וְכוֹסִי אַתָּה תּוֹמִיךְ גּוֹרָלִי׃

gorali tomij atá vejosi jelqui menát Adonai
YHVH es la porción de mi herencia y de mi copa; Tú sustentas mi suerte.

70: **יבמיה**: Yabamiah, Dios que produce todas las cosas con su Palabra

(Gen 1:1)

בְּרֵאשִׁית בָּרָא אֱלֹהִים אֵת הַשָּׁמַיִם וְאֵת הָאָרֶץ

haárets veet hashamaim et Elohim bará Bereshit
En el principio creó Elohim los cielos y la tierra

71: **הייאל**: Haiaiel, Dios señor del universo

(Salmos 109:30)

אוֹדֶה יְהוָה מְאֹד בְּפִי וּבְתוֹךְ רַבִּים אֲהַלְלֶנּוּ

ahalelénu rabim ubtój befi meód Adonai Odé
Daré gracias a HaShem en gran manera con mi boca y en medio de muchos le alabaré

72: **מומיה**: Mumiah, Dios fin de todas las cosas

(Salmos 116:7)

שׁוּבִי נַפְשִׁי לִמְנוּחָיְכִי כִּי־יְהוָה גָּמַל עָלָיְכִי

'aláyji gamál Adonai ki limnujáyji nafshi Shubi
Vuelve, alma mía, a tu descanso porque HaShem te ha prodigado el bien

5. Significados individuales

Como Nombres de Dios, individualmente y sus múltiples combinaciones, los marcos de trabajo y las aplicaciones de cada Nombre son infinitas. Modernamente han sido trabajados por numerosos autores, lo que ha dado lugar a diversas listas de usos prácticos. Los que se dan a continuación son los propios de este autor, a su vez un resumen de los que se encuentran en su página www.lacabaladelaluz.com. En absoluto son exclusivos o dogmáticos. Ojalá cada persona sea capaz de desarrollar su propia conexión. De alguna forma sería su marca personal en el código genético cósmico, del cual los 72 Nombres son los elementos constituyentes.

1. Jojmá de Kéter

Vocalización: Véhu (Moshé Cordovéro); Va/He/Va (Abulafia). Valor numérico: 17
Ángel portador del Nombre: והו״ה, Vehuyah. Valor numérico: 32
Cualidades:
Voluntad.
Retorno al origen.
Conexión con la Neshamá Suprema.
Luz del Kavod.
Visión de Dios.

2. Biná de Kéter

Vocalización: Yeli (Moshé Cordovéro); Yo/La/Yo (Abulafia). Valor numérico: 50
Ángel portador del Nombre: ילי״אל, Yeliel. Valor numérico: 81
Cualidades:
Creación.
Conciencia cuántica.

Paz conyugal. Fidelidad.
Equilibra lo masculino y femenino en nosotros.
Compasión y amor por todos los seres.

3. Jésed de Kéter

סיט

Vocalización: Seyat (Moshé Cordovéro); Sa/Yo/Te (Abulafia). Valor numérico: 79

Ángel portador del Nombre: סיטאל, Sitael. Valor numérico: 110
Cualidades:
Absoluto de misericordia. Trece midot.
Milagros.
Terminar con la adversidad.
Asumir responsabilidad (p. ej. en lo laboral).

4. Guevurá de Kéter

עלם

Vocalización: Alam (Moshé Cordovéro); A/La/Me (Abulafia). Valor numérico: 140

Ángel portador del Nombre: עלמיה Alamiah. Valor numérico: 155
Cualidades:
Salvación.
Liberación de pautas autodestructivas.
Control del pensamiento.
Voluntad espiritual inquebrantable.
Escudo contra la negatividad.
Éxito profesional.
Evitar crisis de empresa.

5. Tiféret de Kéter

מהש

Vocalización: Mehash (Moshé Cordovéro); Me/He/Shi (Abulafia) Valor numérico: 345

Ángel portador del Nombre: מהשיה Mahashiah. Valor numérico: 360.

Cualidades:
Paz interior y exterior.
Curación por el espíritu.
Chispa Divina.
El poder del Nombre de Dios.
El maestro interior.
El Shadai = 345

6. Nétsaj de Kéter

ללה

Vocalización: Lelah (Moshé Cordovéro); La/La//He (Abulafia). Valor numérico: 65

Ángel portador del Nombre: ללהאל Lelahel. Valor numérico: 96
Cualidades:
Luz-en-extensión.
Salud. Curación rápida.
Aspecto espiritual de la luz astral.
Acceso a otras dimensiones.
Experiencia visionaria.

7. Hod de Kéter

אכא

Cualidades:
Emet veemuná: Verdad y fe.
ADN del alma.
Comprensión del propio diseño y destino.
Saber cuál es nuestra tarea en la vida.
Dar significado espiritual a las experiencias.

8. Yesod de Kéter

כהת

Vocalización: Kehat (Moshé Cordovéro); Ka/He/Ta (Abulafia). Valor numérico: 425

Ángel portador del Nombre: כהתאל, Kahetel. Valor numérico: 456

Cualidades:
Bendición de Dios.
Espejo de Dios. Presencia en todos los ámbitos del cosmos.
Neutraliza y desactiva la negatividad.

9. Jojmá de Jojmá

הזי

Vocalización: Hazay (Moshé Cordovéro); He/Za/Yo (Abulafia). Valor numérico: 22

Ángel portador del Nombre: הזיאל, Haziel. Valor numérico: 53
Cualidades:
Conexión con las letras hebreas.
Energía de los Nombres.

Perdón.
Ángeles.
Cuerpo de luz.

10. Biná de Jojmá

Vocalización: Alad (Moshé Cordovéro); A/La/Da (Abulafia). Valor numérico: 35
Ángel portador del Nombre: אלדיה, Aladiah. Valor numérico: 50
Cualidades:
Concebir y dar a luz.
Nacimiento divino.
Purificación y regeneración moral.
Curación.

11. Jésed de Jojmá

Vocalización: Lav (Moshé Cordovéro); La/A/Va (Abulafia). Valor numérico: 37
Ángel portador del Nombre: לאויה, Lauviah. Valor numérico: 52
Cualidades:
Victoria.
Liderazgo religioso y político.
Conexión con la mente abstracta y los arquetipos del inconsciente colectivo.
Grandeza de alma. Benefactor de la humanidad.
Vencer el orgullo.

12. Guevurá de Jojmá

הה‎ע

Vocalización: Haha (Moshé Cordovéro); He/He/A (Abulafia). Valor numérico: 80
Ángel portador del Nombre: הה‎עיה, Hahaiah. Valor numérico: 95
Cualidades:
Energía del rayo.
Liberación de todas las ataduras mediante la sabiduría
El poder de la conciencia.
Desapego. Conciencia pura.

13. Tiféret de Jojmá

יזל

Vocalización: Yezal (Moshé Cordovéro); Yo/Za/La (Abulafia). Valor numérico: 47
Ángel portador del Nombre: יזלאל, Yezalel. Valor numérico: 78
Cualidades:
Identidad trascendente, la raíz divina del alma. Su potencia activa.
Revelación.
Shalom, plenitud, a todos los niveles.
Encontrar pareja.
Fidelidad.

14. Nétsaj de Jojmá

מבה

Vocalización: Maba (Moshé Cordovéro); Me/Be/He (Abulafia). Valor numérico: 47
Ángel portador del Nombre: מבהאל, Mebahel. Valor numérico: 78

Cualidades:
El camino del amor-dar.
Victoria sobre las emociones.
Liberación de los sufrimientos afectivos, las dependencias mentales, las falsas expectativas.
Sabiduría de la naturaleza.
Vibración.
El mantra de la Creación.

15. Hod de Jojmá

Vocalización: Heri (Moshé Cordovéro); He/Re/Yo (Abulafia)
Ángel portador del Nombre: הריאל Hariel 246
Cualidades:
Claridad mental.
Visión.
Meditación.
Silencio hablante.
Sentido de las visiones.
Protección de la crítica destructiva y de los pensamientos negativos, tanto propios como ajenos.
Liberación de malos hábitos.
Inspiración en el trabajo.

16. Yesod de Jojmá

Vocalización: Heqam (Moshé Cordovéro); He/Qo/Me (Abulafia). Valor numérico: 145
Ángel portador del Nombre: הקמיה, Haqamiah. Valor numérico: 160

Cualidades:
Poder de la imaginación.
El doble astral.
Elevación de la serpiente.
La vara de Dios.

17. Jojmá de Biná

לאו

Vocalización: Leú (Moshé Cordovéro); La/A/Va (Abulafia). Valor numérico: 37

Ángel portador del Nombre: לאויה Lauviah. Valor numérico: 52

Cualidades:
Inspiración, genialidad.
Sabiduría de cómo hacer las cosas.
Sanador.
Vencer el insomnio.
Vuelta del afecto.

18. Biná de Biná

Vocalización: Kili (Moshé Cordovéro); Ka/La/Yo (Abulafia). Valor numérico: 60

Ángel portador del Nombre: כליאל Kaliel. Valor numérico: 91

Cualidades:
Canaliza los poderes creativos de la madre: Fertilidad, abundancia, fructificación, procreación.

Rectificación de nuestra vasija (tikún).

Abre a la conciencia cósmica.

Justicia.

Ayuda rápida en la adversidad.

19. Jésed de Biná

לוו

Vocalización: Levu (Moshé Cordovéro); La/Va/Vo (Abulafia) = 42
Ángel portador del Nombre: Leuviáh. לוויה = 57
Cualidades:
Canaliza la acción de la Providencia.
Sacar lo mejor de las situaciones y de las personas.
Conservar la alegría incluso en momentos de adversidad.
Conexión con Dios siempre abierta.

20. Guevurá de Biná

פהל

Vocalización: Pehil (Moshé Cordovéro); Pe/He/La (Abulafia)
Ángel portador del Nombre: Pahaliah. פהליה suma 130
Cualidades:
Gran poder y fuerza.
Jazáq, jazáq venitjazeq: Fuerza, fuerza y seamos fuertes.
Liberación de adicciones.
Paso del mar Rojo.

21. Tiféret de Biná

נלך

Vocalización: Nalaj (Moshé Cordovéro); Nu/La/Ja (Abulafia). Valor numérico: 100 (considerando Kaf como no final). 580 (con Kaf final).
Cualidades:
Entendimiento profundo de la dinámica cósmica.
Repara nuestra conexión con la raíz de nuestra alma.

Escuchar a nuestro yo profundo, inmanente y trascendente a nuestra encarnación.

Victoria absoluta sobre las fuerzas del mal.

22. Nétsaj de Biná

ייי

Vocalización: Yeyai (Moshé Cordovéro); Yo/Yo/Yo (Abulafia). Valor numérico: 30.

Ángel portador d el Nombre: Yeiaiel. ייאל. Valor numérico: 61.

Cualidades:

Poner una semilla espiritual y energizarla.

Bendición de las tres columnas.

Poder manifestante y activo.

Fama.

Protección contra los naufragios, en sentido lirteral y figurado.

23. Hod de Biná.

מלה

Vocalización: Melah (Moshé Cordovéro); Me/La/He (Abulafia). Valor numérico: 75.

Ángel portador d el Nombre: Melahel. מלהאל. Valor numérico: 106.

Cualidades:

Comprensión intelectual y lucidez.

Creación mediante la palabra.

Gran poder de curación.

Medicina natural.

Poder de crear nuestro propio mundo.

24. Yesod de Biná

חדוּ

Vocalización: Jahú (Moshé Cordovéro); Je/He/Va (Abulafia). Valor numérico: 19.
Ángel portador d el Nombre: Jahuyah. חהויה. Valor numérico: 34.
Cualidades:
Cordón umbilical que nos une a la Madre de la Vida.
Inyección de vitalidad y salud.
Escudo para protegernos de las emociones negativas propias y ajenas.
Invisibilidad.

25. Jojmá de Jésed

נתה

Vocalización: Neta (Moshé Cordovéro); Nu/Ta/He (Abulafia). Valor numérico: 455.
Ángel portador del Nombre: Nithaiah. נתהיה. Valor numérico: 470.
Cualidades:
Energía del Maestro espiritual, del guía interno.
Gracia Divina expansiva.
Sabiduría.
La luz del primer día: 470.
Contra encantamientos.

26. Biná de Jésed

Vocalización: Haia (Moshé Cordovéro); He/A/A (Abulafia). Valor numérico: 7.

Ángel portador del Nombre: Haaiah. האא׳ה. Valor numérico: 22.
Cualidades:
Perseguir la realización de los propios deseos y metas legítimos.
Armonía entre el yo y el proceso del mundo.
El estado de flujo, en conexión con el Todo.
Acción iluminada.

27. Jésed de Jésed

Vocalización: Irat (Moshé Cordovéro); Yo/Re/Ta (Abulafia). Valor numérico: 610.
Ángel portador del Nombre: Yeratel ירתאל. Valor numérico: 641.
Cualidades:
Prosperidad y abundancia, tanto material como espiritual.
Expande todo proyecto.
Optimismo y alegría de vivir.
Institución del מעשר, maaser, el diezmo (su valor numérico es también 610).

28. Guevurá de Jésed

שאה

Vocalización: ShAH (Moshé Cordovéro); Shi/A/He (Abulafia). Valor numérico: 306.
Ángel portador del Nombre: שאהיה, Sheheiah. Valor numérico: 321.
Cualidades:
Energía de fuego del Amor Divino: entre Rostros Divinos, entre Dios y la Creación, entre el alma y el espíritu y, por supuesto, en el amor entre el hombre y la mujer.
Protección contra accidentes.

29. Tiféret de Jésed

Vocalización: Reyi (Moshé Cordovéro); Re/Yo/Yo (Abulafia). Valor numérico: 220.
Ángel portador del Nombre: רייאל, Reiyel. Valor numérico: 251.
Cualidades:
Luz de la Compasión universal.
Planos Internos.
Liberación de enemigos, visibles e invisibles.
Liberación de encantamientos, mal de ojo.

30. Nétsaj de Jésed

Vocalización: Avam (Moshé Cordovéro); A/Va/Me (Abulafia). Valor numérico: 47.
Ángel portador del Nombre: אומאל, Omael. Valor numérico: 78.
Cualidades:
Fertilidad y plenitud en todos los niveles.
Energía de felicidad y abundancia material y espiritual.
Niños.
Hacer descender la energía sobre una intención concreta.

31. Hod de Jésed

לכב

Vocalización: Lekab (Moshé Cordovéro); La/Ja/Be (Abulafia). Valor numérico: 52.
Ángel portador del Nombre: לכבאל, Lekabel. Valor numérico: 83.

Cualidades:
Inteligencia práctica.
Capacidad mental aplicada a la consecución de objetivos.
Ideas para la resolución de dificultades.
Llevar a buen término lo que empezamos.
Meditación.

32. Yesod de Jésed

Vocalización: Veshar (Moshé Cordovéro); Va/Shi/Re (Abulafia). Valor numérico: 506.

Ángel portador del Nombre: ושריה, Vashariah. Valor numérico: 521.

Cualidades:
Energía del tsadiq.
Unión y armonización de polaridades.
Control del aspecto fuerza de la personalidad y de la sombra o arquetipo oscuro.
Elevación de la serpiente.
Protección contra agresores.

33. Jojmá de Guevurá

Vocalización: Yejú (Moshé Cordovéro); Yo/Je/Va (Abulafia). Valor numérico: 24.

Ángel portador del Nombre: יחויה, Yejuiáh. Valor numérico: 39.

Cualidades:
Gran fuerza, voluntad y determinación.
Apoya todas las acciones que tienden a la realización de nuestro tikún.
Desmontar toda maniobra hostil.

34. Biná de Guevurá

לִהח

Vocalización: Lehaj (Moshé Cordovéro); La/He/Je (Abulafia). Valor numérico: 43.

Ángel portador del Nombre: להחיה, Lehajiáh. Valor numérico: 58.

Cualidades:

Virtudes del guerrero.

Ley de la limitación.

Antídoto contra la cólera y la depresión.

Escudo de energía.

Acción desapegada de los resultados.

Autoanulación para la trascendencia.

35. Jésed de Guevurá

Vocalización: Kevaq (Moshé Cordovéro); Ka/Va/Qo (Abulafia). Valor numérico: 126.

Ángel portador del Nombre: כוקיה, Kavaquiáh. Valor numérico: 141.

Cualidades:

Energía del perdón

Restauración del equilibrio.

Reconciliación. Idem en herencias.

Fuerza de la motivación.

Energía de la sexualidad.

36. Guevurá de Guevurá

Vocalización: Menad (Moshé Cordovéro); Me/Nu/Da (Abulafia). Valor numérico: 94.

Ángel portador del Nombre: מנדאל, Menadel. Valor numérico: 125.

Cualidades:
Negación de emociones negativas y la realización de su tikún.
Protección de débiles y oprimidos.
Superar nuestro miedo.
Conservar el empleo.
Subida de sueldo.

37. Tiféret de Guevurá

אני

Vocalización: Ani (Moshé Cordovéro); A/Nu/Yo (Abulafia). Valor numérico: 61.

Ángel portador del Nombre: אניאל, Aniel. Valor numérico: 92.

Cualidades:
Ascensión por el pilar del medio.
Actualización del yo.
El espectro de la conciencia.
Romper el círculo.
Remontar cualquier dificultad en la vida.

38. Nétsaj de Guevurá

חעם

Vocalización: Jam (Moshé Cordovéro); Je/A/Me (Abulafia). Valor numérico: 118.

Ángel portador del Nombre: חעמיה, Jaamiah. Valor numérico: 133.

Cualidades:

Control o manejo de las emociones, de las fuerzas de la naturaleza y, en general, de las energías del plano astral.
Magia.
Superación de bloqueos y traumas.
Trae paz y serenidad al alma.

39. Hod de Guevurá

רהע

Vocalización: Riha (Moshé Cordovéro); Re/He/A (Abulafia). Valor numérico: 275.
Ángel portador del Nombre: רחעאל, Rehael. Valor numérico: 306.
Cualidades:
Análisis preciso.
Diagnóstico.
Transmutación de enrgías negativas.
Disciplina mental.
Padres e hijos.

40. Yesod de Guevurá

ייז

Vocalización: Iyaz (Moshé Cordovéro); Yo/Yo/Za (Abulafia). Valor numérico: 27.
Ángel portador del Nombre: ייזאל, Ieiazel. Valor numérico: 58.
Cualidades:
Cuerpo de deseos y cuerpo vital.
Circulación de la energía vital.
Conjunción de imaginación y acción.
Superar la reactividad inconsciente.

41. Jojmá de Tiféret

הההו

Vocalización: Hahah (Moshé Cordovéro); He/He/He (Abulafia). Valor numérico: 15.
Ángel portador del Nombre: הההאל, Hahahel. Valor numérico: 46.
Cualidades:
Sabiduría interior.
Alma: Anima Mundi y alma humana.
Revelación y profecía.
Bendición de los kohanim.

42. Biná de Tiféret

מיכ

Vocalización: Miyak (Moshé Cordovéro); Me/Yo/Ja (Abulafia). Valor numérico: 70.
Ángel portador del Nombre: מיכאל, Mijael. Valor numérico: 101.
Cualidades:
Conexión con los 72 Nombres.
Liberación.
Abre nuestro canal interno.
Trae iluminación.
Descenso del Rúaj HaKódesh.
Conexión de la razón con la fuente superconsciente.

43. Jésed de Tiféret

Vocalización: Veval (Moshé Cordovéro); Va/Va/La (Abulafia, vocal natural de cada letra). Valor numérico: 42.

Ángel portador del Nombre: וליה, Veuliáh. Valor numérico: 57.
Cualidades:
Cómo mediante el espíritu se transcienden las condiciones de la materia.
Pasar del deseo de recibir al deseo de dar.
Generosidad, compasión, apertura del corazón, grandeza de alma.
Guía interior, maguidim (maestros de los planos internos).
Prosperidad en las empresas.

44. Guevurá de Tiféret

Vocalización: Yelah (Moshé Cordovéro); Yo/La/He (Abulafia, vocal natural de cada letra). Valor numérico: 45.
Ángel portador del Nombre: ילהיה, Yelahiah. Valor numérico: 60.
Cualidades:
El poder del self, de ser uno mismo.
Juicio dulce para el que se juzga a sí mismo.
Saber decir no.

45. Tiféret de Tiféret

Vocalización: Sal (Moshé Cordovéro); Sa/A/La (Abulafia, vocal natural de cada letra). Valor numérico: 91.
Ángel portador del Nombre: סאליה, Sealiah. Valor numérico: 106.
Cualidades:
91, unión de los Cielos y la Tierra.
Poder del centro.
Equilibrio.
Poder del sol: prosperidad, vitalidad, salud, creatividad.

Shefa: plenitud espiritual y prosperidad material.
Curación espiritual.

46. Nétsaj de Tiféret

ערי

Vocalización: Ari (Moshé Cordovéro); A/Re/Yo (Abulafia, vocal natural de cada letra). Valor numérico: 280.
Ángel portador del Nombre: עריאל, Ariel. Valor numérico: 311.
Cualidades:
Certeza absoluta contra la duda.
Conexión arcangélica.
Une Biná con Maljut mediante la mente.
Tiene las llaves de la energía cósmica.
Es un guía.

47. Hod de Tiféret

עשל

Vocalización: Esal (Moshé Cordovéro); A/Si/La (Abulafia, vocal natural de cada letra). Valor numérico: 400.
Ángel portador del Nombre: עשליה, Asaliah. Valor numérico: 415.
Cualidades:
Meditación, contemplación.
La Luz de la Verdad expresándose a través de la mente.
Canal directo de comunicación con Dios.
Transformación completa.

48. Yesod de Tiféret

Vocalización: Miah (Moshé Cordovéro); Me/Yo/He (Abulafia, vocal natural de cada letra). Valor numérico: 55.

Ángel portador del Nombre: מיהאל, Mihael. Valor numérico: 86.
Cualidades:
Unión de polaridades.
Armonía ego-self.
Unificación masculino-femenino de la psique.
Relaciones de pareja.
Relaciones sexuales fecundas.
Armonía en el hogar.

49. Jojmá de Nétsaj

Vocalización: Vahu (Moshé Cordovéro); Va/He/Va (Abulafia, vocal natural de cada letra). Valor numérico: 17.

Ángel portador del Nombre: והואל, Vehuel. Valor numérico: 48.
Cualidades:
Felicidad.
«Gam zu letová. También esto es para bien».
Poner la confianza en Dios y en nada más.
¿Quién es sabio? El que se conforma con su parte.

50. Biná de Nétsaj

דני

Vocalización: Dani (Moshé Cordovéro); Da/Nu/Yo (Abulafia, vocal natural de cada letra). Valor numérico: 64.

Ángel portador del Nombre: דניאל, Daniel. Valor numérico: 95.
Cualidades:
Inteligencia activa, creativa.
Victoria a través de la comprensión.
Palabra inspirada. 64 = Nebuáh = profecía.
También mediante imágenes y visiones.
Energía y motivación para conseguir plenamente nuestro objetivo.
Remedio a todos los males.

51. Jésed de Nétsaj

Vocalización: Hajash (Moshé Cordovéro); He/Je/Shi (Abulafia, vocal natural de cada letra). Valor numérico: 313.
Ángel portador del Nombre: החשיה, Hajashiah. Valor numérico: 328.
Cualidades:
Energía espiritual.
Victoria de la Luz.
Transformación de la oscuridad en Luz.
Curación mediante el fuego liberador del Espíritu.
Asumir la Deidad Interior.

52. Guevurá de Nétsaj

Vocalización: Amam (Moshé Cordovéro); A/Me/Me (Abulafia, vocal natural de cada letra). Valor numérico: 150.
Ángel portador del Nombre: עממיה, Imamiah. Valor numérico: 165.
Cualidades:
Victoria sobre las propias fuerzas negativas.

Energía emocional. Pasión.
Tikún de la ira.
El fuego del amor.

53. Tiféret de Nétsaj

נבא

Vocalización: Nina (Moshé Cordovéro); Nu/Nu/A (Abulafia, vocal natural de cada letra). Valor numérico: 101.
Ángel portador del Nombre: נבאאל, Nanael. Valor numérico: 132.
Cualidades:
Claridad emocional.
Energía de la individuación.
Sacar a relucir el self, el yo auténtico.
Terapia. Crecimiento personal.

54. Nétsaj de Nétsaj

נית

Vocalización: Niyat (Moshé Cordovéro); Nu/Yo/Ta (Abulafia, vocal natural de cada letra). Valor numérico: 460.
Ángel portador del Nombre: ניתאל, Nitael. Valor numérico: 491.
Cualidades:
Inteligencia emocional.
Curación de heridas emocionales.
Arte, belleza.
Relaciones de pareja.
Chorro de amor.
Devekut, la Unión con Dios.
Victoria sobre la muerte.

55. Hod de Nétsaj

מבה

Vocalización: Mevah (Moshé Cordovéro); Me/Be/He (Abulafia, vocal natural de cada letra). Valor numérico: 47.

Ángel portador del Nombre: מבהיה, Mebahiah. Valor numérico: 62.

Cualidades:
Unir los planos material y espiritual mediante la mente abstracta.
Energías del plano arquetípico.
Captación de la verdad espiritual y la capacidad de transmitirla y propagarla.
Agente activo en la realización del plan divino.
Hijos.

56. Yesod de Nétsaj

פוי

Vocalización: Peví (Moshé Cordovéro); Pe/Va/Yo (Abulafia, vocal natural de cada letra). Valor numérico: 96.

Ángel portador del Nombre: פויאל, Poiel. Valor numérico: 127.

Cualidades:
Todo.
Sacar a luz nuestro subconsciente. Descargarlo.
Carta del tarot de la Estrella.

57. Jojmá de Hod

נמם

Vocalización: Nemím (Moshé Cordovéro); Nu/me/mé (Abulafia). Valor numérico: 130.

Ángel portador del Nombre: נממיה, Nemamiah. Valor numérico: 145.

Cualidades:
130 = Ayin (Ojo); capacidad de ver, claridad, inteligencia.
La fuente de la conciencia.
Discriminar en nuestros pensamientos.
Escuchar a nuestra alma.
Prosperidad.

58. Biná de Hod

Vocalización: Yiyál (Moshé Cordovéro); Yo/yo/la (Abulafia). Valor numérico: 50.
Ángel portador del Nombre: יילאל, Yeyalel. Valor numérico: 81.
Cualidades:
Construcción y reparación.
Curación de todas las enfermedades.
Mente analítica y reflexiva.
Soluciones lógicas.
YHVH Ylajem Lajem (YHVH luchará por vosotros). Sigue el versículo: Veatém tajarishún (y vosotros estad quietos). Ex 14, 14.
Nos salva cuando nos encontramos frente a una situación terrible y no sabemos qué hacer.

59. Jésed de Hod

הרח

Vocalización: Haraj (Moshé Cordovéro); He/Re/Je (Abulafia). Valor numérico: 213.
Ángel portador del Nombre: הרחאל, Harajel. Valor numérico: 244.

Cualidades:
Pensamiento positivo.
Adoptar el punto de vista de la Luz Divina.
Contra la esterilidad.

60. Guevurá de Hod

מצר

Vocalización: Metsar (Moshé Cordovéro); Me/Tsa/Re (Abulafia). Valor numérico: 330

Ángel portador del Nombre: מצראל, Mitsrael. Valor numérico: 361.

Cualidades:
Nos da la capacidad para salir de cualquier problema.
Nos libra de nuestros perseguidores (internos y externos).
Fuerza mental.
Posibilidad de liberarnos de la prisión de nuestra propia mente.
Curación de enfermedades mentales.

61. Tiféret de Hod

ומב

Vocalización: Vamav (Moshé Cordovéro); Va/Me/Be (Abulafia). Valor numérico: 48

Ángel portador del Nombre: ומבאל, Umabel. Valor numérico: 79.

Cualidades:
El poder del Nombre de Dios.
Muestra el arquetipo detrás de sus manifestaciones.
Vínculo entre las mentes abstracta y concreta.
Unión de las mentes lógica e imaginal.
Amistad.

62. Nétsaj de Hod

יהה

Vocalización: Yehah (Moshé Cordovéro); Yo/He/He (Abulafia). Valor numérico: 20

Ángel portador del Nombre: יההאל, Yah-hel. Valor numérico: 51.

Cualidades:

Berajá y tsedaqá.

Conexión con la Shejiná.

Impacto emocional de la palabra.

Comprender y expresar nuestras emociones.

Relación entre el pensamiento, la palabra y la respiración.

63. Hod de Hod

ענו

Vocalización: Anú (Moshé Cordovéro); A/Nu/Va (Abulafia). Valor numérico: 126

Ángel portador del Nombre: ענואל, Anauel. Valor numérico: 157.

Cualidades:

Humildad, mansedumbre.

Disfrutar con las cosas que tenemos.

Todo el abanico de poderes mentales.

Manejo de la información.

Mensajero.

Medicina preventiva.

64. Yesod de Hod

מחי

Vocalización: Mejí (Moshé Cordovéro); Me/Je/Yo (Abulafia). Valor numérico: 58

Ángel portador del Nombre: מחיאל, Mejiel. Valor numérico: 89.
Cualidades:
Plenitud vital.
Materialización de ideas.
Intuición y percepción psíquica.
Flujo.
Estado de gracia.
Protección contra el llamado bajo astral.

65. Jojmá de Yesod

Vocalización: Demav (Moshé Cordovéro); Da/Me/Be (Abulafia). Valor numérico: 46.
Ángel portador del Nombre: דמביה, Damabiah. Valor numérico: 61.
Cualidades:
Sabiduría que se expresa más a través profundas intuiciones.
Gran sensibilidad.
Percepciones extrasensoriales.
Amor/sabiduría. Sabiduría del corazón.
Protección contra encantamientos y sortilegios.

66. Biná de Yesod

Vocalización: Menaq (Moshé Cordovéro); Me/Nu/Qo (Abulafia). Valor numérico: 190
Ángel portador del Nombre: מנקאל, Manaquel. Valor numérico: 221.
Cualidades:
Liberación de la culpa.

Contra el insomnio.
Asumir la responsabilidad por uno mismo.
Sentido de nuestras experiencias.
La conciencia espiritual en medio de lo físico.

67. Jésed de Yesod

Cualidades:
Luna creciente.
Vivir el presente. Cocentrarse en el ahora en plenitud.
Gozo, deleite, bienaventuranza, consuelo.

68. Guevurá de Yesod

Vocalización: Jabú (Moshé Cordovéro); Je/Be/Va (Abulafia). Valor numérico = 16.
Ángel portador del Nombre: חבויה Jabuyah. Valor numérico = 31
Cualidades:
Energía etérica/astral.
Energía sexual. Corrige disfuncionalidades a ese nivel representa la Fase contractiva de la luna (de llena a nueva).
Sellar el aura.
Contra ataques psíquicos.
Cortar vínculos psíquicos.
Entrada al mundo de ultratumba.
Curación de todo.

69. Tiféret de Yesod

ראה

Vocalización: Reh (Moshé Cordovéro); Re/A/He (Abulafia). Valor numérico: 206

Ángel portador del Nombre: ראהאל Rohel. Valor numérico: 237.
Cualidades:
Intuición. Ver claramente.
Percepción directa de la verdad.
Equilibrio yin-yang, unión interior.
El camino hacia el sí-mismo.
El camino a nuestra casa espiritual.
Encontrar.

70. Nétsaj de Yesod

יבמ

Vocalización: Yebam (Moshé Cordovéro); Yo/Be/Me (Abulafia). Valor numérico: 52

Ángel portador del Nombre: יבמיה Yabamiah. Valor numérico: 67
Cualidades:
El poder interno de la naturaleza.
Conexión de lo instintivo y lo subconsciente con la naturaleza.
Poder creativo.
Eterna e inagotable fecundidad divina.
Regeneración.
Todo.

71. Hod de Yesod

הֵיִי

Vocalización: Hayai (Moshé Cordovéro); He/Yo/Yo (Abulafia). Valor numérico: 25.

Ángel portador del Nombre: הייאל, Hayayel. Valor numérico: 56.

Cualidades:

Lucidez en la toma de decisiones.

Libertad mental.

Instrumentos para el combate interior y la reestructuración de nuestra psique.

Memoria.

Teshuvá. reprogramación de la película mental.

Conecta la dimensión del tiempo con el plano atemporal arquetípico.

72. Yesod de Yesod

מוּם

Vocalización: Mum (Moshé Cordovéro); Me/Va/Me (Abulafia). Valor numérico: 86

Ángel portador del Nombre: מומיה, Mumiah. Valor numérico: 101.

Cualidades:

Todo Yesod.

Contra las ilusiones y espejismos.

Purifica nuestro espejo mental.

Concreta y materializa.

Vitalidad lunar. Sanación.

Rige sobre todo final.

Renacer de nuestras cenizas.

6. Aplicaciones

Supongamos que queremos liberarnos (o bien queremos ayudar a una persona en ese sentido) de nuestros hábitos mentales que experimentamos como esclavizantes. Es decir, no somos capaces de trascender la estructura rígida de nuestra propia mente. Podemos apelar al Nombre número 60, que es Mem Tsadi Resh. En la lista anterior encontramos los siguientes significados:

60. Guevurá de Hod

מצר

Vocalización: Metsar (Moshé Cordovéro); Me/Tsa/Re (Abulafia). Valor numérico: 330

Ángel portador del Nombre: מצראל, Mitsrael. Valor numérico: 361.

Cualidades:
Nos da la capacidad para salir de cualquier problema.
Nos libra de nuestros perseguidores (internos y externos).
Fuerza mental.
Posibilidad de liberarnos de la prisión de nuestra propia mente.
Curación de enfermedades mentales.

La meditación seguiría el protocolo habitual que, una vez más, reseñamos:

Relajación.
Creación del marco meditativo (ensueño creativo).
Repetición como un mantra del versículo de salmos correspondiente.
Construcción del Nombre (visualización en el firmamento. En letras de fuego blanco, irradiando luz blanca o de algún color sefirótico adecuado. En este caso se puede visualizar el Nombre en el color de la subsefirá sobre un fondo de color de la sefirá de la cual forma parte).

Concentración completa en las letras.

Atracción de la luz y canalización hasta la plenitud. Esto puede hacerse por varios procedimientos (por ejemplo haciendo recorrer la luz por los centros sefiróticos personales). Armonización de la luz con la propia energía. Contemplación.

Proyección al entorno. Fase de compartir.

Intención específica. La intención preside la meditación desde el principio, pero en este punto se reformula, concreta y proyecta.

Agradecimiento. Retorno. Cierre.

Podemos enriquecer la meditación utilizando una palabra clave de nuestra intención que en este caso podría ser Jerut, חרות, Libertad. En el momento de proyectar nuestra intención podemos visualizar la palabra mientras vertemos en ella el contexto personalizado del que nos queremos liberar. Podemos utilizar diversas construcciones geométricas (creamos campos morfogenéticos):

O bien directamente entrelazar el Nombre con el tetragrama y dirigir la luz hacia la intención deseada:

ימהצורה

חרות

(visualizarse en la condición de libertad interior ya realizada)

O incluso elaborar un elaborado talismán (la construcción en sí es ya una forma de meditación)

En los capítulos siguientes (Volumen II) se verán múltiples aplicaciones prácticas de los 72 nombres.

Lista de tikunim
(Volumen I)

Aburrimiento	72
Altivez	73
Ambición	73
Angustia	73
Arrogancia	74
Ansiedad	74
Avaricia	74
Avidez	75
Calumnia	75
Celos	76
Codicia	76
Cólera	76
Confusión, turbación, agitación, desorden, querella, calumnia	76
Depresión	77
Desprecio	78
Discordia	78
Duda	79
Envidia	79
Error	80
Gula	80
Ilusión	80
Intrigar	81

Ira 81

Irritación 82

Lujuria 82

Maldad 82

Maldiciones 83

Malicia 83

Mentira 83

Miedo 83

Odio 85

Orgullo 85

Pereza 86

Perversidad 86

Rabia 86

Rencor 87

Soberbia 87

Tristeza 87

Venganza 88

Violencia 89

Lista de cualidades positivas (Volumen I)

Abundancia 92
¡Adelante! 92
Alegría 92
Amor 93
Arrepentimiento 93
Bondad 93
Calma 94
Caridad 94
Claridad 94
Conceptualización 94
Confianza 95
Coraje 95
Creación 95
Corazón puro 95
Derecho, recto, honrado 95
Descanso 96
Despertar 96
Dicha 96
Diferenciación 96
Disciplina 96
Esperanza 96
Éxito 97
Fe 97

Felicidad	97
Fidelidad	97
Fortaleza	98
Franqueza	98
Humildad	98
Inocencia	98
Integridad	99
Íntegro	99
Justicia	99
Lealtad	99
Meditación	100
Misericordia	100
Modestia	101
Obediencia	101
Orden	101
Paz	101
Perdón	102
Piedad	102
Pobre	102
Pobreza	102
Precisión	103
Protección	103
Pureza	103
Realización	103
Rectitud	103
Recuerdo	104
Retorno	104
Sabiduría	104
Signo	105
Silencio	105
Tranquilidad	105
Verdad	105
Vida	106

Índice de ilustraciones (Volumen I)

Figura 1: Hexagrama de Tiféret de Briá 21
Figura 2: El Árbol extendido 22
Figura 3: Submundos en el Árbol extendido 23
Figura 4: El espectro de la conciencia 43
Figura 5: La tríada Hombre Solo en el Árbol de la Vida 64
Figura 6: Los siete centros 117
Figura 7: Shiviti. Menorá 264
Figura 8: Salmo 91. Menorá 273

Avance índice
(Volumen II)

Capítulo 7: El cuerpo de luz
Capítulo 8: Sanación
Capítulo 9: Recursos generales
Capítulo 10: La carta natal. Reprogramación
Capítulo 11: Adivinación. El tarot cabalístico
Capítulo 12: Guía para la práctica diaria avanzada

Índice

Preámbulo 11
Introducción 15

PRIMERA PARTE. DESARROLLO PERSONAL 29

Capítulo 1: El Yo Cuántico. 31
Principios generales 31
Notas sobre el paradigma cuántico: 34
I. Meditación Yo no soy 44
II. Meditación Yo soy 51
   Contextos en los que puede ampliarse la meditación Yo soy 52
III. Meditación Yo Superior 52

Capítulo 2: El tránsito de Yetsirá a Briá: Tikunim y yejudim 59
Justificación 59
El alfabeto hebreo. 68
Metodología. 69
Yejudim de transmutación 72
Generación de cualidades positivas. 90

Capítulo 3: El Dáat de Yetsirá 107
   1. Apertura. 111
   Cruz Arcangélica: 112
   2. Ascenso vibratorio por el canal central 116

3. Ascenso por la escala sefirótica 119
4. Meditación del cuerpo de luz (Merkavá) mediante el Nombre de Dios .. 119
Proseguimos con la meditación: 123
5. Cierre... 128
Meditación de los 72 Nombres de Dios 128
Práctica de la meditación:...................................... 132

Capítulo 4: Maljut de Atsilút/Tiféret de Briá/Kéter de Yetsirá: Devekut 139
Meditación de generación e identificación con la Neshamá Suprema 141
Identificación (I)... 142
Identificación (II).. 147
Shejiná.. 148
[Pasamos a la siguiente fase]:................................... 150

SEGUNDA PARTE. RECURSOS PRÁCTICOS I..................... 159

Capítulo 5: El uso de salmos 161
Salmo 1 168
Salmo 2 178
Salmo 3 182
Salmo 4 186
Salmo 5 190
Salmo 6 198
Salmo 7 203
Salmo 8 208
Salmo 9 215
Salmo 10 222
Salmo 11 227
Salmo 12 233
Salmo 13 237
Salmo 14 241
Salmo 20 246
Resumen meditativo:... 251
Salmo 23 252
Salmo 24 255
Salmo 29 258
Salmo 67 260
Salmo 91 267

Salmo 92 274
Salmo 93 277
Salmo 119 278
Salmo 133 281
Salmo 145 283

Capítulo 6: El Nombre de 42 letras. Los 72 Nombres de Dios 291
El Nombre de 42 letras. Aná Bejóaj 291
   A. Aná Bejóaj 292
   B. Práctica 300
1. Meditación del versículo diario................................ 300
2. Meditación de un versículo para trabajo de intenciones 304
3. Creación y/o materialización 306
4. Las 50 puertas de Biná como escalera de ascenso 310
5. Limpieza de centros (chakras).................................. 319
Los 72 Nombres de Dios 322
1. Conexión sefirótica (subsefirot, senderos)......................... 324
2. La conexión zodiacal (quinarios y grados)......................... 327
   Aries... 328
   Géminis 329
   Aries... 329
   Tauro 330
   Géminis 331
   Cáncer 332
   Leo 333
   Virgo 334
   Libra.. 335
   Escorpio 336
   Sagitario 337
   Capricornio 338
   Acuario.. 339
   Piscis 340
3. Conexión temporal diaria 346
4. Versículo de salmos... 347
Los 72 Atributos Divinos (tradición hermética) 347
5. Significados individuales 354
   1. Jojmá de Kéter 355
   2. Biná de Kéter 355

3. Jésed de Kéter 356
4. Guevurá de Kéter 356
5. Tiféret de Kéter 357
6. Nétsaj de Kéter 357
7. Hod de Kéter 358
8. Yesod de Kéter 358
9. Jojmá de Jojmá 358
10. Biná de Jojmá 359
11. Jésed de Jojmá 359
12. Guevurá de Jojmá 360
13. Tiféret de Jojmá 360
14. Nétsaj de Jojmá 360
15. Hod de Jojmá 361
16. Yesod de Jojmá 361
17. Jojmá de Biná 362
18. Biná de Biná 362
19. Jésed de Biná 363
20. Guevurá de Biná 363
21. Tiféret de Biná 363
22. Nétsaj de Biná 364
23. Hod de Biná. 364
24. Yesod de Biná 365
25. Jojmá de Jésed 365
26. Biná de Jésed 365
27. Jésed de Jésed 366
28. Guevurá de Jésed 366
29. Tiféret de Jésed 367
30. Nétsaj de Jésed 367
31. Hod de Jésed 367
32. Yesod de Jésed. 368
33. Jojmá de Guevurá 368
34. Biná de Guevurá 369
35. Jésed de Guevurá 369
36. Guevurá de Guevurá 369
37. Tiféret de Guevurá 370
38. Nétsaj de Guevurá 370
39. Hod de Guevurá. 371
40. Yesod de Guevurá 371

41. Jojmá de Tiféret 372
42. Biná de Tiféret 372
43. Jésed de Tiféret 372
44. Guevurá de Tiféret 373
45. Tiféret de Tiféret 373
46. Nétsaj de Tiféret 374
47. Hod de Tiféret 374
48. Yesod de Tiféret 375
49. Jojmá de Nétsaj 375
50. Biná de Nétsaj 375
51. Jésed de Nétsaj 376
52. Guevurá de Nétsaj 376
53. Tiféret de Nétsaj 377
54. Nétsaj de Nétsaj 377
55. Hod de Nétsaj 378
56. Yesod de Nétsaj 378
57. Jojmá de Hod 378
58. Biná de Hod 379
59. Jésed de Hod 379
60. Guevurá de Hod 380
61. Tiféret de Hod 380
62. Nétsaj de Hod 381
63. Hod de Hod 381
64. Yesod de Hod 381
65. Jojmá de Yesod 382
66. Biná de Yesod 382
67. Jésed de Yesod 383
68. Guevurá de Yesod 383
69. Tiféret de Yesod 384
70. Nétsaj de Yesod 384
71. Hod de Yesod 385
72. Yesod de Yesod 385
6. Aplicaciones 386
60. Guevurá de Hod 386

Lista de tikunim (Volumen I) 389
Lista de cualidades positivas (Volumen I) 391
Índice de ilustraciones (Volumen I) 393